GOLDMANN

Buch

Torey L. Hayden, Psychologin und Sonderpädagogin für geistig behinderte und emotional gestörte Kinder, tritt Ende der siebziger Jahre eine Stelle an der Sonderschule der Kleinstadt Pecking in den USA an. Bereits am ersten Tag fasziniert ein Kind aus ihrer Klasse sie ganz besonders: Jadie, acht Jahre alt, ein niedliches Mädchen mit dunklem Lockenkopf, leidet an Mutismus. Unter Fremden spricht sie kein einziges Wort, zu Hause aber zeigt sie ein völlig normales Sprechverhalten.

Torey L. Hayden gelingt es mit unendlicher Geduld und viel psychologischem Einfühlungsvermögen, die Kleine schon nach wenigen Tagen zum Sprechen zu bewegen. Doch was Torey von Jadie erfährt, übersteigt jedes menschliche Fassungsvermögen: von ihrer Freundin Tashee, die von Maskierten ermordet wurde; von geheimnisvollen nächtlichen Zusammenkünften, die Schlimmstes ahnen lassen; von brutalen Ereignissen, in die auch Jadies jüngere Schwestern miteinbezogen sind.

Nach anfänglichen Zweifeln dringt Torey Hayden immer tiefer in die gequälte Seele des Kindes ein – und kann Jadie schließlich aus einem fast unglaublichen Abgrund menschlicher Verwirrungen retten.

Autorin

Torey L. Hayden, 1951 in Montana/USA geboren, studierte an der Universität von Minnesota und entwickelte für ihre Promotion eine Methode zur Behandlung von Mutismus, die international Furore machte.

Seit 1980 lebt Torey L. Hayden mit ihrem Mann und ihrer kleinen Tochter auf einer Farm in Wales. Sie zählt in ihrer Heimat und im europäischen Sprachraum zu den bekanntesten und erfolgreichsten Autorinnen psychologischer Sachbücher. Ihre brillanten biographischen Berichte widmet sie jeweils dem Schicksal eines einzelnen Schützlings.

Zuletzt erschienen in der Reihe „Schicksale“

Gerd Gramke: Kinder aus zweiter Hand (12478)
Sara Plager Zyskind: Auf immer verlorene Jahre (12454)

TOREY L. HAYDEN

Jadie

Das Mädchen, das nicht sprechen wollte

Aus dem Amerikanischen
übertragen von
Mechtild Sandberg-Ciletti

GOLDMANN VERLAG

Originaltitel: Ghost Girl. The True Story of a Child in Peril
and the Teacher Who Saved Her
Originalverlag: Little, Brown and Company, Publishers, Boston

Umwelthinweis:
Alle bedruckten Materialien dieses Taschenbuches
sind chlorfrei und umweltschonend.

Der Goldmann Verlag
ist ein Unternehmen der Verlagsgruppe Bertelsmann

Umschlaggestaltung: Design Team München
Umschlagfoto: Mauritius/Superstock, Mittenwald
Druck: Presse-Druck Augsburg
Verlagsnummer: 12480
Lektorat: Silvia Kuttny
Herstellung: Heidrun Nawrot
Made in Germany
ISBN 3-442-12480-8

10 9 8 7 6 5 4 3

1 Von der Stadt bis Falls River waren es 152 Meilen und von dort noch einmal 23 bis Pecking. Nichts als weite, offene, flache Prärielandschaft, durchschnitten nur vom Interstate Highway. Es lagen natürlich Ortschaften an der Strecke, Dörfer genauer gesagt, und sie alle trugen hoffnungsfroh stimmende Namen: Harmony, New Marseilles, Valhalla...

Ich hatte zweieinhalb Stunden für die Fahrt eingeplant und war, mit einem Sandwich und einer Thermosflasche Kaffee ausgerüstet, in der Dunkelheit des frühen Morgens aufgebrochen. Wenn das Januarwetter keine unangenehmen Überraschungen bereithielt, mußte ich spätestens um acht in Pecking sein.

Über weite Strecken war mein Wagen das einzige Fahrzeug auf der Straße. In und um Falls River geriet ich in die Hektik des morgendlichen Berufsverkehrs, sonst jedoch störte nichts die stille, weiße Weite der Ebene. Ein schwacher Wind wirbelte leichten Pulverschnee über die Fahrbahn, und die Spuren meiner Reifen waren so schnell wieder verwischt, wie sie gezeichnet worden waren. Die Sonne stieg blaß und diffus am weißen Himmel auf. Es hatte, wie auf der Zeit- und Temperaturanzeige an einem Gebäude zu lesen war, 15 Grad unter Null.

Ich war in den Rocky Mountains Montanas geboren und aufgewachsen, und seither gehörte mein Herz den weiten, rauhen Landstrichen. So anregend das Leben in der Stadt sein konnte, fand ich doch die Enge, den Schmutz und besonders den Lärm bedrückend. Daher beschäftigte mich auf dieser morgendlichen Fahrt durch die schneebedeckte Prärie kaum ein Gedanke an den neuen Lebensabschnitt, der vor mir lag; ich war vielmehr ganz erfüllt von einem Gefühl schrankenloser Freiheit. Ich war der Stadt entronnen. Ich war allein mit diesen stillen, weiten Landschaften. Das Gefühl der Befreiung grenzte ans Ekstatische. Ich glaube, ich dachte überhaupt nicht daran, wohin mein Weg mich führte.

Wahrscheinlich wagte ich schlichtweg nicht, daran zu denken. Nach fast dreijähriger Tätigkeit als Forschungskoordinatorin und Therapeutin an der Sandry-Klinik hatte ich in einem Anflug reiner Impulsivität einfach alles hingeworfen. Bei der Zeitungslektüre am letzten Wochenende vor Weihnachten war mein Blick auf eine Annonce gefallen: Ein Schulbezirk, in dem mitten im Jahr eine Stelle freigeworden war, suchte für eine Gruppe verhaltensgestörter Kinder eine Sonderschullehrkraft. Eine klare Aussage. Ebenso klar war meine Reaktion darauf gewesen. Ich sah und wollte.

Das Merkwürdige war, daß ich gar nicht wirklich gesucht hatte. Ich hatte nicht einmal daran gedacht, mich nach etwas Neuem umzusehen. Meine Arbeit an der Sandry-Klinik machte mir Freude und füllte mich aus. An der kleinen, hübsch gelegenen Privatklinik arbeiteten sieben Psychiater und eine Handvoll Fachpsychologen wie ich. Man hatte mich vor allem wegen meiner Sachkenntnis in der Forschung und meiner Erfahrung in der Behandlung von Kindern mit psychisch bedingten Sprachstörungen eingestellt. In den folgenden Jahren hatte ich häufig sehr hart arbeiten müssen – und natürlich Höhen und Tiefen erlebt –, aber die Aufgaben waren es wert gewesen. Ich hatte wirklich geglaubt, dort glücklich zu sein. Nicht ein einziger greifbarer Hinweis hatte mir verraten, daß es mich insgeheim danach verlangen könnte, den großen, luftigen Therapieraum voller Spielsachen, die angenehme Kollegengruppe und die anregende Forschungsarbeit aufzugeben, um wieder einmal in strapazierfähige Jeans zu steigen und für ein Gehalt, das an der Klinik gerade die Reisespesen gedeckt hätte, auf einem staubigen Schulzimmerboden herumzurobben. Aber die Sirenen lockten, und ich folgte ihren Gesängen ohne einen Blick zurück.

Pecking döste, wie viele der anderen kleinen Ortschaften, durch die ich auf der Fahrt gekommen war, in einem Zustand schläfrigen Verfalls vor sich hin. Die breiten, von Bäumen gesäumten Straßen erzählten von einer Zeit, bevor die Eisenbahnlinie verlegt und der Highway, der weit vom Ort entfernt vorbeiführte, gebaut worden war; heute jedoch war das Städtchen nur noch geisterhafter Abklatsch einer amerikanischen Kleinstadt. Der »A & W-Root-Beer«-Stand war noch da, aber verlassen; das »Trinkt Coca-Cola«-Mädchen lächelte immer noch tapfer, wenn auch ausgebleicht, von der Mauer des Sparkassengebäudes. Die Geschäfte, die ehemals im Zentrum gelegen waren, waren fast alle in das Einkaufszentrum von Falls River umgezogen. Es gab in der Main Street noch eine Bank und einen Drugstore, zwei Restaurants, ein Immobilienbüro und eine Tankstelle und um die Ecke, in der First Street, ein Geschäft, das Sättel, Stiefel und Hüte verkaufte, aber ein richtiges Einkaufsviertel gab es nicht. Die Geschäftsleute, die in Pecking geblieben waren, hatten ihre Läden, in der Hoffnung auf Kundschaft vom Interstate Highway, weit hinaus an den südlichen Ortsrand verlegt. Das Einkaufszentrum, das vor einigen Jahren gebaut worden war, bestand aus einem Supermarkt, einem weiteren Drugstore und einem Parkplatz, der so groß war, daß zweifellos sämtliche Autos in Pecking und näherer Umgebung darauf Platz gehabt hätten.

Die Schule lag in einer Seitenstraße parallel zur Main Street. 1898 erbaut, war sie einmal die *high school* von Pecking gewesen. Das kunstvoll geschnitzte Holzschild hing noch über der Tür, wenn auch das Wort »*high*« längst zugekittet worden war. Ich hatte keine Ahnung, wie viele Schulen Pecking während seiner Blütezeit gehabt hatte, jetzt jedenfalls war nur diese eine übrig. Ein monströser Riesenbau aus einheimischem Sandstein, in dem alle Jahrgänge von der Vorschule bis zur sechsten Klasse untergebracht waren, und dazu die einzige Sonderschulklasse im Bezirk.

»Guten Morgen!« sagte jemand freundlich, als ich die breite Steintreppe hinaufstieg. Glen Tinbergen der Schulleiter, öffnete mir die Tür. »Nun, schon eingelebt?«

»Noch nicht ganz«, antwortete ich und stampfte mir den Schnee von den Füßen. »Ich bekomme die Wohnungsschlüssel erst am Freitag. Darum bin ich heute morgen aus der Stadt hergefahren.«

»So eine lange Fahrt haben Sie schon hinter sich?«

Er war groß und mager, in einen grauen Anzug gekleidet. Ich schätzte ihn auf Mitte Vierzig; allerdings hatte er eines dieser weichen, sanftmütigen Gesichter, die praktisch alterslos waren. Sein Lächeln war herzlich.

»Na, ich hoffe jedenfalls, Sie werden sich hier gut einleben und sich in Pecking wohl fühlen. Wir sind sehr froh, daß Sie zu uns gekommen sind.« Wir gingen den Flur hinunter. »Ich mache Sie in der Mittagspause mit den Kollegen bekannt. Jetzt möchten Sie sicher erst einmal Ihr Zimmer sehen. Es wartet schon auf Sie.«

Mein neues Klassenzimmer lag im ersten Stock, der letzte Raum links. Ich hatte es bisher noch nicht gesehen. Man war an der Schule in verständlicher Eile gewesen, die freigewordene Stelle wieder zu besetzen, und ich hatte bei meinen Besuchen hier gerade genug Zeit für die Gespräche mit den zuständigen Leuten und einen Nachmittag Wohnungssuche gehabt. Ich war auf das Schlimmste gefaßt, da mir die Neigung der Schulleiter, ihre Sonderschüler in Bibliotheken, ehemalige Rumpelkammern oder andere unwirtliche Räume zu stecken, nur zu gut bekannt war.

Welch angenehme Überraschung erwartete mich jedoch, als wir in ein geräumiges Eckzimmer traten, dessen große Fenster in beiden Außenwänden freien Blick auf den verschneiten Schulhof und die ihn umgrenzenden alten Ulmen boten. Das Zimmer war übersichtlich und freundlich eingerichtet, und ich dankte im stillen meiner Vorgängerin. Ich wußte nichts über sie, auch nicht, warum sie unmittelbar nach den Weihnachtsferien so plötzlich gegangen war, und ich hatte nicht fragen wollen, da niemand ein Wort darüber verloren hatte. Angesichts der freundlichen Atmosphäre des Zimmers jedoch war ich überzeugt, daß ich sie gemocht hätte.

An das Zimmer schloß sich ein altmodischer Garderobenraum an, mit Haken für Mäntel und Jacken an zwei gegenüberliegenden Wänden und langen, schmalen Bänken darunter, wo die Kinder sich niedersetzen konnten, um die Stiefel auszuziehen. Man hatte das Lehrerpult kurzerhand hierher verfrachtet, es stand in der hinteren Ecke des Raumes. Diesen Einfall fand ich großartig. Ich hatte nie gewußt, was ich mit einem Pult anfangen sollte, an dem ich nur selten sitzen konnte; doch diese Lösung war ideal: So war das Pult aus dem Weg und doch jederzeit verfügbar. Ich zog eine der unteren Schubladen auf und legte meinen Pausebeutel hinein.

»Sie können sich hier natürlich gern nach Ihrem Geschmack einrichten«, sagte Tinbergen, während ich meine Jacke auszog und an einen der Haken hängte. »Wir haben der Kinder wegen alles so gelassen, wie es bei Mrs. Harriman war. Auch wegen der vielen Vertretungen. Drei Wochen lang immer wieder andere Lehrkräfte. Die Kinder mußten viel aushalten. Es war schwierig für sie. Ich glaube, wir hatten in der Zeit acht oder neun Aushilfen. Ich weiß es nicht mehr genau – auf jeden Fall zu viele. Darum sollte wenigstens die Umgebung die alte bleiben. Aber jetzt ist es Ihr Zimmer, und wenn Sie hier etwas umstellen wollen, dann tun Sie das ruhig.«

Tinbergen war wieder ins Klassenzimmer gegangen und schob, um Ordnung zu machen, die Stühle unter die kleinen Arbeitstische, die im Raum verteilt standen.

»Soll ich bleiben, um Sie mit den Kindern bekannt zu machen?«

Es wäre mir lieber gewesen, er wäre gegangen. Ich hätte jetzt gern ein wenig Zeit für mich gehabt, um noch einmal die Unterlagen durchzublättern, mir anzusehen, wie weit die Kinder waren, mich mit den Nischen und Winkeln des Klassenzimmers vertraut zu machen und mein neues kleines Reich in Besitz zu nehmen. Doch da ich ihn kaum kannte, glaubte ich ihm das nicht sagen zu können; deshalb nickte ich lächelnd und meinte, es wäre sehr nett, wenn er bleiben wolle.

Die Gruppe bestand aus nur vier Kindern, die kleinste, die ich je außerhalb einer Institution unterrichtet hatte. Angesichts dieser Tatsache, angesichts aber auch des hellen, gut ausgestatteten Raums, des freundlichen Schulleiters und der Möglichkeit, fern der Stadt zu leben, konnte ich mich zu meiner Entscheidung nur beglückwünschen. Sie war impulsiv gewesen, aber gut.

Um Viertel vor neun kam das erste Kind. Reuben, ein schöner Junge von neun Jahren, wurde von seiner Mutter gebracht. Er war groß und schlank, mit einem feingliedrigen, wohlgeformten Körper. Das glänzende dunkle Haar trug er in schulterlangen Locken, was seiner Erscheinung etwas Romantisches, beinahe Unwirkliches verlieh, als wäre er ein Schauspieler, der sich auf seine Rolle in einem Kostümstück vorbereitete. Sein Blick aus großen dunklen Augen wanderte überall herum, nur nicht zu mir.

Autismus lautete die Diagnose in seiner Akte, und ich brauchte in seinem Fall nur wenige Minuten, um festzustellen, daß sie zutraf. Trotz der Einschränkungen durch seine Störung war Reuben jedoch recht lebenstüchtig. Er konnte sprechen, selbständig die Toilette benützen und meisterte eine Anzahl schulischer Fertigkeiten mit beträchtlicher Gewandtheit.

Reuben, das einzige Kind eines nicht mehr ganz jungen Akademikerpaars, hatte den Vorteil genossen, daß bei ihm viel Zeit und Mühe darauf verwendet wurde, die Auswirkungen seiner Störung zurückzudrängen. Er hatte an Spezialprogrammen in Kalifornien, Pennsylvania und Südcarolina teilgenommen, die dazu angelegt waren, den schlimmsten Schädigungen beizukommen. Daheim hatte er zwei »Kindermädchen«, die nur dafür zu sorgen hatten, daß Reuben seine täglichen Übungsprogramme absolvierte, seine Vitamine einnahm und immer wieder ermutigt wurde, sich an die verschiedenen Therapie-Empfehlungen der Fachleute zu halten. Er bekam außerdem Schwimm- und Klavierunterricht, nicht nur um des Erlebens willen, das dabei vermittelt wurde, sondern auch um ihm den Umgang mit gesunden Kindern zu ermöglichen.

Obwohl beide Eltern in Falls River arbeiteten, waren sie hier herausgezogen und hatten sich auf einem zwanzig Morgen großen Grundstück außerhalb von Pecking ein Haus gebaut, weil sie glaubten, ein Leben auf dem Land, wo der Wechsel der Jahreszeiten unmittelbar erlebbar war, die natürlichen Zyklen deutlicher voneinander abgegrenzt waren und sich zahlreiche sinnliche Erfahrungen boten, sei für Reuben besser als ein Leben in der Stadt. *Sie* waren es gewesen, wie Tinbergen mir erzählt hatte, die ihres Sohnes wegen angeregt hatten, am Ort ein Sonderschulprogramm einzurichten. Früher waren alle Kinder, die heilpädagogische Betreuung benötigten, mit dem Bus nach Falls River gebracht worden, aber Dr. Adams und seine Frau hatten nicht lockergelassen und ihren ganzen Einfluß geltend gemacht, bis sie vor vier Jahren die Gründung dieser kleinen Gruppe durchgesetzt hatten. Tinbergen hatte es zwar nicht ausgesprochen, aber deutlich durchblicken lassen, daß alle vor den Adams' den Hut ziehen müßten, da ohne sie diese Sonderschulgruppe nie zustande gekommen wäre.

Ich setzte Reuben mit einem Spielzeug an einen der Tische und sah, als ich mich umdrehte, an der Scheibe in der Tür zum Klassenzimmer plötzlich ein kleines Gesichtchen.

»Hallo«, sagte ich. »Ist das dein Zimmer?«

Die Tür öffnete sich einen Spalt weit. Ein kleines Mädchen mit streichholzdünnen Beinen und spitzem Gesicht stand draußen. Sie wirkte noch zierlicher und zarter durch die Masse dunklen, lockigen Haars, das ihr, in der Mitte gescheitelt, wie ein dichter Schleier den Rücken herabfiel. Sie war hübsch auf eine etwas blasse, angestrengte Weise.

Ich wußte sofort, wer sie war – Jade Ekdahl, das einzige Mädchen in der Gruppe. Bei der Durchsicht ihrer Akte war mir als erstes aufgefallen, daß sie an elektivem Mutismus, also psychisch bedingter Stummheit, litt. Obwohl sie zu Hause angeblich ohne Probleme sprach, hatte sie in der Schule noch nie ein einziges Wort geäußert. Aber das war nicht alles; hinzu kam, daß sie auch nicht lachte, weinte, hustete, rülpste, sich räusperte oder auch nur schniefte, was, wie man mir erzählt hatte, zur Folge hatte, daß ihr der Rotz wenig appetitlich von der Nase in den Schoß zu tropfen pflegte. Man hatte sie ein Jahr länger in der Vorschule behalten, weil man gehofft hatte, das würde dazu beitragen, die Sprachstörung zu beheben, aber es hatte sich nichts geändert. Sie war dann in die erste

Grundschulklasse gekommen und hatte recht gut gelernt, war jedoch völlig isoliert gewesen. Als sie am Ende dieses ersten Schuljahrs, mittlerweile fast acht Jahre alt, noch immer nicht gesprochen hatte, wurde sie in die Sonderschulklasse versetzt.

Jades Fall hatte deshalb meine besondere Aufmerksamkeit erregt, weil in den vergangenen zehn Jahren, vom College bis zu meiner Tätigkeit an der Sandry-Klinik, mein besonderes Forschungsinteresse gerade dem Mutismus gegolten hatte. Fasziniert von diesem Phänomen, das sich darin äußert, daß ein Mensch, der körperlich und geistig der Sprache fähig wäre, ihren Gebrauch aus psychologischen Gründen verweigert, hatte ich sehr viel mit Kindern gearbeitet, die an dieser Störung litten. Ich sah es beinahe als einen Fingerzeig des Schicksals an, daß gerade jetzt, da ich mich entschlossen hatte, mit alledem Schluß zu machen, wieder ein mutistisches Kind in meiner neuen Gruppe auftauchte. »Sie sind eben gesegnet«, hatte Tinbergen bemerkt, als ich auf dieses merkwürdige Zusammentreffen hingewiesen hatte. Ich hatte erwidert, ich fühlte mich weniger gesegnet denn verfolgt.

»Guten Morgen, Jadie«, sagte Tinbergen. »Komm herein. Das ist eure neue Lehrerin. Eure *richtige* Lehrerin. Mit den Vertretungen hat es jetzt ein Ende.«

Jadie, wie alle sie nannten, blickte kurz zu mir herauf und huschte dann wie ein Wiesel in die Garderobe, um ihren Mantel aufzuhängen. Mir fiel sofort ihre Körperhaltung auf; etwas Ähnliches hatte ich bei den mutistischen Kindern, mit denen ich bislang gearbeitet hatte, nie beobachtet. Sie ging tief vornübergebeugt und hielt dabei die verschränkten Arme so fest an die Brust gedrückt, als bemühte sie sich, einen wackligen Bücherstapel festzuhalten. Ich nahm mir vor, nachzufragen, ob sie an Skoliose (Rückgratverkrümmung) litt.

Die zwei letzten Schüler kamen mit dem Bus und betraten den Unterrichtsraum zusammen. Der sechsjährige Philip war ein magerer kleiner Farbiger mit einem Pferdegesicht. Sein Haar war sehr kurz geschnitten, und die weit vorstehenden oberen Schneidezähne betonten noch das Pferdeähnliche seines kleinen Gesichts. Philip, der in Chicago als Kind einer drogenabhängigen Mutter geboren worden war, hatte einen wenig verheißungsvollen Start gehabt. Als Frühgeburt und bei seinem Eintritt ins Leben selbst drogenabhängig, war er während seines ersten Lebensjahres nur schlecht und zögernd gediehen. Da er in jenen Perioden, in denen seine Mutter sich nicht imstande fühlte, ihn zu betreuen, zu ständig wechselnden Pflegefamilien gewandert war, war seine Entwicklung langsam und nicht kontinuierlich verlaufen. Berichte oder Aufzeichnungen darüber existierten kaum, und so hatte niemand eine realistische Vorstellung davon, wie weit er in seiner Entwicklung tatsächlich war, als er mit drei Jahren seiner Mutter endgültig weggenommen wurde. Mit fünf kam er als Pflegekind zu einem ortsansässigen Ehepaar, das mehrere andere »schwer zu vermittelnde« Kinder aufgenommen hatte und mit gutem Erfolg betreute. Ohne Zweifel taten die Geborgenheit und Stabilität in seinem neuen Heim Philip gut; dennoch war seine Entwicklung kaum vorangeschritten. Er verständigte sich mit Brummtönen und Gesten, aber sprechen konnte er praktisch überhaupt nicht. Zum Urinieren benützte er die Toilette, aber sein »großes Geschäft« erledigte er nur, wenn er eine besondere Windel trug. Die Folge waren schlimme Verstopfungen und häufig beschmutzte Hosen. In den zwei Jahren, seit er zur Schule ging, hatte er fast überhaupt keinen Fortschritt gemacht. Eine Gruppe für leicht geistig behinderte Kinder wäre für ihn wahrscheinlich angemessener gewesen; doch sein Verhalten schreckte andere ab. Von Ängsten geplagt, war er völlig in sich abgekapselt und nicht bereit, sich neuen Situationen zu stellen; auf Frustration reagierte er mit panischer Gewalttätigkeit.

Der letzte Schüler war Jeremiah, acht Jahre alt, Amerikaner indianischer Abstammung. Er war das älteste von fünf Kindern einer Familie, die auf einem Stück Land voller rostiger Autowracks und alter Öfen hauste und sich mit Gott weiß was für Geschäften mühsam über Wasser hielt. Jeremiah war ein Rauhbein. Sein Verhalten war so aggressiv, seine Ausdrucksweise so grob, daß die Eltern an seiner früheren Schule sich zusammengetan hatten, um seinen Ausschluß zu erreichen. In einem letzten verzweifelten Versuch, ihn vor einem geschlossenen Heim zu bewahren, hatte man ihn in diese Gruppe gesteckt. Mir tun es, so irrational das auch sein mag, immer gerade diese Kinder an, die lauten, aufmüpfigen, pfiffigen Straßenkinder, die immer einen Schritt zu weit gehen, und schon im ersten Moment, als ich ihn sah, mit seinem schwarzen, wild abstehenden Haar, das aussah, als wäre es noch nie mit einem Kamm in Berührung gekommen, und mit seinem großspurigen Gang, der an einen frechen kleinen Gockel erinnerte, wußte ich, daß ich hier wieder so ein Kind gefunden hatte.

»Also, Kinder«, sagte Tinbergen freundlich, als alle anwesend waren, »stellt euch vor, wen wir hier haben: Das ist eure neue Lehrerin. Keine Vertretung, nein, sondern eure *richtige* neue Lehrerin. Miss Hayden. Miss Torey Hayden. Sie hat gesagt, ihr dürft sie Torey nennen. So haben ihre anderen Schüler sie auch immer genannt. Also kommt, sagen wir Torey guten Tag.«

Alle vier Kinder starrten mich an. Keines sagte etwas.

»Na, kommt schon. Torey soll doch wissen, daß sie willkommen ist. Reuben? Kannst du guten Morgen sagen?«

»Guten Morgen«, echote Reuben in hohem Singsang.

»Philip?«

Philip grunzte und verbarg seinen Kopf in den Armen.

»Jeremiah?«

Sein Grunzen war nicht viel artikulierter als das Philips.

»Und Jadie sagt auch guten Morgen, nicht wahr, Jadie?« Tinbergen wandte sich mir zu. »Willkommen an unserer Schule.«

Ich lächelte verlegen.

»So, und jetzt lasse ich Sie allein. Sie möchten sicher gern anfangen.«

Damit ging Tinbergen endlich hinaus.

Nachdem ich die Tür sachte hinter ihm geschlossen hatte, wandte ich mich wieder der Gruppe der vier Kinder zu, die um den Tisch saß.

»Also, guten Morgen erst einmal«, sagte ich. »Guten Morgen, Philip. Guten Morgen, Reuben. Guten Morgen, Jeremiah. Und guten Morgen, Jade – Jadie? Möchtest du so genannt werden?«

»Die redet nix. Da brauchen Sie sich gar nicht erst bemühen.«

»Ich kann trotzdem mit ihr sprechen«, entgegnete ich.

»Na toll!« Jeremiah verdrehte die Augen. »Sind Sie vielleicht *so 'ne* Lehrerin? Eine von denen, bei der immer alles nach ihrem Kopf gehen muß?«

»Beunruhigt dich das?« fragte ich.

»Beunruhigt dich das?« äffte er mich gekonnt nach. »Mann, Leute, hört euch die an. Hört euch doch die Olle bloß an.«

Ich mußte lächeln. Auf in den Kampf...

2 Dieser erste Morgen war die Hölle. Es wäre unsinnig gewesen, sich etwas vorzumachen. Jeremiah war ein Alptraum. Ich brauchte ihm nur den Rücken zuzudrehen, und schon schoß er zur Tür hinaus. Er verschwand nie weit, verließ im allgemeinen nicht einmal die Schule, aber da er sich im Haus auskannte und ich nicht, war es für ihn ein leichtes, mit mir Katz und Maus zu spielen. Wenn ich ihn einfach laufen ließ und ihm nicht nachrannte, sprintete er durch die Gänge und trommelte an die Türen der anderen Zimmer. Einmal stürmte er ins Sekretariat und brachte die ganze interne Post durcheinander. Ein andermal verstopfte er sämtliche Klos in der Jungen- und Mädchentoilette mit Klopapier. Und einmal, als ich ihm schließlich doch nachlief, huschte er, während ich draußen nach ihm suchte, ins Klassenzimmer zurück und sperrte mich aus. Das alles ereignete sich vor halb zwölf.

Philip hingegen hockte wie ein Häufchen Elend auf seinem Stuhl, wimmerte vor sich hin und fuhr jedesmal, wenn ich mich näherte, erschrocken vor mir zurück. Wenn ich ihn animieren wollte, mit uns zu singen oder einer Geschichte zuzuhören, drückte er beide Hände auf seine Ohren, kniff die Augen zu und schaukelte wie ein Wilder auf seinem Stuhl vor und zurück.

Reuben war die meiste Zeit völlig überdreht. Hopp, sprang er von seinem Stuhl, sauste durch das ganze Zimmer, klopfte mit den Fingerspitzen an die Wände und gab dabei unablässig ein leises, sirrendes Geräusch von sich. Manchmal hielt er plötzlich inne, war hypnotisiert von der herabhängenden Zugschnur einer Jalousie oder irgend etwas anderem, doch ehe ich ihn stellen und versuchen konnte, ihn umzuorientieren, schoß er schon wieder auf und davon. Und obwohl er angeblich »sauber« war, riß er zweimal seine Hose herunter und pinkelte in den Papierkorb neben dem Bücherregal.

Mitten in diesem Tohuwabohu saß Jadie und arbeitete vor sich hin, als befände sie sich in einer ganz normalen Unterrichtsstunde. Ohne die Anweisung dazu erhalten zu haben, kramte sie ihre Rechen- und Lesebücher heraus, setzte sich hin und füllte einige Übungsblätter aus, gab sie mir zum Korrigieren, entdeckte auf dem Regal ein Arbeitsblatt zur Rechtschreibung, nahm sich das vor, legte es in den Korb auf dem Lehrerpult, suchte sich dann eine Kassette heraus, schaltete den Rekorder ein und setzte die Kopfhörer auf. Gelegentlich warf sie mir einen Blick zu, während ich mit den Jungen beschäftigt war; ansonsten jedoch schien meine Anwesenheit keinerlei Eindruck auf sie zu machen.

Ich war ungeheuer erleichtert, als es zur Mittagspause läutete. Jeremiah, den ich eben wieder eingefangen hatte, hörte die Glocke auch und war auf und davon, ehe ich ihn halten konnte. Die Lehrerin der zweiten Klasse, deren Zimmer neben unserem war, stand schon draußen im Korridor und ließ ihre Kinder gerade in Zweierreihen antreten, als ich auf Jeremiahs Spuren vorüberrannte. Sie lächelte mir zu und streckte den Arm aus.

»Ich fang ihn auf dem Weg nach unten ein«, meinte sie.

»Danke«, antwortete ich tief erleichtert.

Ich sah wahrscheinlich so überfordert aus, wie ich mich fühlte, denn sie sah mich wieder mit dem gleichen herzlichen, mitfühlenden Lächeln an. »Soll ich Ihre Kinder gleich mitnehmen? Ich gehe sowieso hinunter in die Kantine.«

»Das wäre wirklich nett.«

Zurück im Klassenzimmer, entdeckte ich bestürzt, daß nun auch Jadie verschwunden war. Mit Philip und Reuben trat ich wieder in den Korridor hinaus.

»Oh, Jadie geht zum Mittagessen nach Hause. Sie wohnt gleich gegenüber, darum ißt sie nicht hier«, erklärte mir die Kollegin, als ich sagte, daß mir noch ein Kind abhanden gekommen war. Unvermittelt bot sie mir die Hand. »Ich bin übrigens Lucy McLaren. Willkommen an Bord.«

Ich öffnete den Mund und keuchte mit hängender Zunge, als Zeichen meiner Erschöpfung: »So schlecht läuft es bei mir sonst nicht. Nicht einmal am ersten Tag. Aber die Kinder sind augenblicklich noch im Vorteil. Sie kennen sich hier aus, ich nicht.«

»Denken Sie sich nichts dabei. Sie haben immerhin schon länger durchgehalten als einige von den Vertretungen. Eine ist gleich nach der ersten halben Stunde wieder abgezogen.« Sie lachte.

Wieder im leeren Klassenzimmer, ließ ich mich auf einen der kleinen Stühle fallen. Ich wollte nur einen Augenblick zu mir kommen, ehe ich meinen großen Auftritt im Lehrerzimmer absolvierte – ein ebenso kritischer Moment wie die erste Begegnung mit einer neuen Klasse. Fünf Minuten Verschnaufpause, dachte ich, dann hole ich mein Mittagessen und gehe hinunter.

Ich war in dem stillen Klassenzimmer fast eingenickt, darum erschrak ich heftig, als ich plötzlich aus dem Garderobenraum Füßescharren hörte. Mit einem Ruck fuhr ich auf meinem Stuhl in die Höhe. Das Herz schlug mir bis zum Hals.

An der Garderobentür erschien Jadie.

»Du bist noch hier? Ich dachte, du wärst zum Mittagessen nach Hause gegangen.«

In ihrer gekrümmten Haltung mußte Jadie den Kopf weit nach rückwärts neigen und die Augen nach oben rollen, um mich überhaupt sehen zu können. Aber sie sah mich unzweifelhaft an, und ihr Blick war ruhig und aufmerksam.

Auch ich musterte sie. Ihr Haar war sehr dunkel, schwarz beinahe, und ebenso ihre Brauen und Wimpern. Die Augen waren von einem klaren, reinen Blau. Mit ihren schäbigen, selbstgenähten Kleidern und dem langen, zerzausten Haar sah sie nicht gerade hübsch aus, aber ihre Augen besaßen einen wissenden, beinahe einladenden Ausdruck, der ihr eine gewisse Schönheit verlieh.

»Wolltest du mich etwas fragen?« meinte ich beiläufig.

Keine Antwort. Kein Schritt in meine Richtung, kein Augenzwinkern, kein Hauch einer Reaktion.

»Komm doch her.« Ich klopfte auf den Stuhl neben meinem.

Umständlich schob sie sich durch das Zimmer. Ihr Blick blieb auf mich gerichtet, doch der Ausdruck ihres Gesichts war unergründlich. Sie setzte sich nicht.

»Weißt du, was ich getan habe, bevor ich hierherkam?«

Keine Antwort.

»Ich habe in einer besonderen Klinik in der Stadt gearbeitet. Und weißt du was? Ich habe mit Jungen und Mädchen gearbeitet, denen es genauso ging wie dir. Sie hatten auch Schwierigkeiten mit dem Sprechen.«

Jadies Blick wurde forschend.

»Ist das nicht erstaunlich? Erst war ich dort, und jetzt bin ich hier bei dir. Es waren Jungen und Mädchen genau wie du. Und meine ganz besondere Aufgabe war es, ihnen zu helfen.«

Sie kniff die Augen ein wenig zusammen.

»Wußtest du, daß es noch andere Kinder gibt, denen es genauso ergeht wie dir? Die in der Schule einfach nicht sprechen können?«

Lange kam keine Reaktion, aber dann schüttelte sie leicht, kaum merklich, den Kopf.

Ich lehnte mich lächelnd zurück. »Aber es gibt sie. Sehr viele sind es nicht, darum ist es schon ein Zufall, daß du hier in meiner Klasse bist, aber ich kenne einige von ihnen. Und es war meine Aufgabe, ihnen zu helfen, damit sie wieder sprechen konnten.«

Jadies Augen weiteten sich, und zum erstenmal glitt die Maske völliger Ausdruckslosigkeit von ihrem Gesicht. Ein Anflug von Ungläubigkeit huschte über ihre Züge.

Wie ein Straußenvogel, der dringend einen Chiropraktiker braucht, senkte ich den Kopf, reckte den Hals und spähte mit nach oben gedrehten Augen in ihr Gesicht, um sie genau sehen zu können. »Du glaubst mir nicht recht, nicht wahr?« meinte ich lächelnd. »Hast du gedacht, du bist ganz allein? Die einzige, der es so geht? Dachtest du, niemand hätte eine Ahnung von diesen Dingen?«

Keine Antwort.

»Es macht angst, nicht wahr, so ganz allein zu sein und niemandem sagen zu können, wie man sich fühlt.«

Erneut das schwache Nicken.

Und wieder lächelte ich. »Ist es nicht ein Glück, daß wir beide uns getroffen haben und jetzt zusammenbleiben werden? Ich habe all den anderen Kindern geholfen. Jetzt bin ich hier, um dir zu helfen.«

Ihre Augen wurden feucht, und einen Moment lang glaubte ich, sie würde anfangen zu weinen, aber sie tat es nicht. Statt dessen zog sie ihren offenen Mantel fest um sich, machte auf dem Absatz kehrt, rannte hinaus und schloß bestimmt die Tür hinter sich.

In der Mittagspause stellte ich die Staffelei auf und rührte mehrere Töpfe mit Temperafarben an. Kaum war Jeremiah wieder im Zimmer, entdeckte er die Farben und machte sich daran, sie miteinander zu vermischen. Ich trennte ihn von den Töpfen, lief dann Reuben nach, um ihn einzufangen, und sah, als ich zurückkam, daß Jeremiah sich damit vergnügte, die Pausenbrotköfferchen anzumalen. Philip war tief entsetzt; sein Köfferchen mit dem Superman darauf war jetzt ganz in ein blasses Schlammbraun getaucht. Ich schickte Jeremiah mit dem Köfferchen zum Waschbecken und befahl ihm, es abzuwaschen, ehe die Farbe trocknete. Leider hatte ich mir keine Vorstellung davon gemacht, was für eine heillose Schmuddelei Jeremiah mit einem Waschbecken voll Wasser und einem mit Malfarben verschmierten Pausenbrotköfferchen anzurichten imstande war. So machte ich um zwei Uhr die Bekanntschaft von Mr. O'Banyon, dem Hausmeister, der mit Schrubber und Spüleimer anrücken mußte. Verglichen jedoch mit dem höllischen Vormittag war dies definitiv eine Verbesserung.

Es war zu erwarten gewesen, daß die Kinder nach drei Wochen mit wechselnden Vertretungen außer Rand und Band sein würden. Ich wußte, es würde nicht einfach werden, mitten im Jahr einen Neuanfang zu machen und zu versuchen, die Ordnung wiederherzustellen. Darüber war ich mir schon im klaren gewesen, als ich die Stellung angenommen hatte. Jadie, Philip und Jeremiah jedoch schienen die Tatsache, daß schon wieder eine »Neue« da war, spielend wegstecken zu können. Reuben aber nicht. Ich konnte den ganzen Tag lang tun, was ich wollte, es gelang mir nicht, ihn zu einer einzigen sinnvollen Tätigkeit anzuregen. Die meiste Zeit war er unterwegs, flitzte in großen Kreisen im Zimmer herum, und wenn es mir endlich gelungen war, ihn soweit zu beruhigen, daß er sich setzte, wiegte er sich unablässig hin und her und schnippte mit den Fingern gegen seine Wimpern.

Im Lauf des Nachmittags versuchte Philip, sich an der Malerei zu beteiligen. Die Staffelei und die Farben gefielen ihm, und er klatschte mit Begeisterung leuchtende Farbkleckse auf ein Blatt nach dem anderen.

»Rot?« meinte ich bekräftigend. »Orange?« Dann grunzte er irgend etwas zur Antwort, von dem nicht zu erraten war, was es heißen sollte.

»Das ist ja Babygeschmier«, rief Jeremiah, als er an der Staffelei vorüberkam. »Mann, das ist doch überhaupt kein Bild. Soll ich dir mal zeigen, wie man richtig malt?« Und schon riß er Philip den Pinsel aus der Hand, griff sich einen Topf mit schwarzer Farbe, tauchte den Pinsel ein und zog eine lange, schwarze Linie über Philips Farbkleckse. Empört über diese Einmischung, fing Philip an zu brüllen.

»Jeremiah!« rief ich und ließ Reuben Reuben sein, um diesem Chaos ein Ende zu bereiten, ehe es zu ernsten Schwierigkeiten kommen konnte. »Das ist Philips Bild. Gib ihm seinen Pinsel zurück. Du warst schon dran.«

»Mann, ich will dem Kleinen doch nur helfen! Schauen Sie doch, das ist überhaupt kein Bild. Und Sie lernen ihm auch nicht, wie man's richtig macht.«

Philip tänzelte wütend vor Jeremiah herum und versuchte, ihm den Pinsel zu entreißen. Jeremiah, der größer und beweglicher war, ließ ihn zappeln. Schwarze Farbe tropfte.

»Gib ihn zurück!« rief ich scharf.

»Soll ich dir zeigen, wie man Mr. T. malt?« erbot sich Jeremiah plötzlich. »Das gefällt dir bestimmt. Er ist ein Farbiger genau wie du, aber er ist schon groß. Du wirst bestimmt auch mal so'n großer Bursche, hm?« Er legte Philip kumpelhaft einen Arm um die Schulter. »Aber weißt du, eins versteh ich bei euch Schwarzen nicht«, fuhr er fort, als Philip ihm, von seiner Aufmerksamkeit geschmeichelt, einen Arm um die Mitte legte. »Ich versteh nicht, wieso eure Hände nie richtig schwarz sind. Weißt du, woher das kommt? Würd doch viel besser aussehen, Mann, wenn du überall schwarz wärst.« Blitzschnell schmierte er Philips Handfläche mit schwarzer Farbe ein und pinselte weiter den Hemdsärmel hinauf.

Philip fing wieder an zu brüllen. Ich trennte die beiden Jungen und schickte Jeremiah in die »stille Ecke«. Er solle dort auf dem Stuhl neben der Garderobe so lange sitzen bleiben, erklärte ich ihm, bis er sich wieder gefangen hätte.

Jeremiah war mit dieser Einschränkung seiner Freiheit nicht einverstanden und sprang sofort schimpfend und fluchend wieder auf. Ich drückte ihn erneut auf den Stuhl und blieb bei ihm, bis er sich halbwegs beruhigt hatte. Aber selbst da brummte er noch wütend vor sich hin: »Mann, das wird Ihnen noch leid tun, Fräulein.«

Jadie hätte ebensogut ein kleiner Geist sein können. Keiner sprach mit ihr, sah sie an oder nahm auch nur von ihrer Anwesenheit im Zimmer Kenntnis. Und Jadie verfuhr genauso. Sie ging mit Konzentration ihrer jeweiligen Beschäftigung nach, aber sie tat so, als befände sich außer ihr kein Mensch im Raum.

Als sie an die Staffelei durfte, malte sie mit großer Sorgfalt ein Bild, das ein weißes Haus mit einem blauen Dach zeigte. Neben dem Haus stand ein Baum, der an einen Lutscher erinnerte, und davor eine merkwürdig geformte Gestalt, die aussah wie eine Glocke mit Beinen. Sie hatte gelbes Haar, das ihr zu beiden Seiten herabfloß, und dem entnahm ich, daß es sich um ein menschliches Wesen handelte, wahrscheinlich um eine Frau oder ein Mädchen. Das Gemälde war klein, bedeckte nur das untere Drittel des Blatts. An den oberen Rand malte Jadie einen blauen Himmel und eine strahlende Sonne. Die Mitte des Blatts blieb praktisch leer.

»Das gefällt mir«, sagte ich, als sie zurücktrat, um es sich anzusehen. »Du hast viele Farben verwendet. Wer ist das?« Ich zeigte mit dem Finger auf die Gestalt mit den gelben Haaren.

»Mann, Sie kapieren wohl gar nichts?« fuhr Jeremiah mich an. »Die redet doch nix. Das hab ich Ihnen schon mal gesagt. Hören Sie endlich auf, bei allen immer gerade auf dem schwachen Punkt herumzutrampeln. Wollen Sie vielleicht, daß die Leute Ihnen dauernd vormachen, wie blöd sie sind? Da können die doch nix dafür, oder?«

»Es ist nett, daß du dir Gedanken machst, Jeremiah, aber ich spreche jetzt mit Jadie.«

In diesem Moment läutete es zur Pause. Jeremiah sauste zur Tür hinaus, Philip hinterher, und ich blieb mit Reuben und Jadie zurück. Mir war klar, daß ich ihnen hätte nachlaufen müssen; ich hätte Jeremiah zurückholen und von ihm verlangen sollen, seinen Abgang etwas gesitteter zu vollziehen, oder ich hätte die Jungen wenigstens im Korridor beaufsichtigen müssen. Aber ich tat nichts von alldem. Ich blieb einen Moment stehen und wartete, ob einer von beiden zurückkommen oder vielleicht ominöse Geräusche eine Katastrophe ankündigen würden, doch als nichts geschah, wandte ich mich nach einem kurzen Blick auf Reuben, der glücklich in der hintersten Ecke saß und sich streichelte, wieder Jadie zu.

Noch einmal wies ich auf die Gestalt auf ihrem Bild und fragte: »Wer ist das?«

Schweigen.

»Wer ist das?«

Immer noch Schweigen.

Ich wußte, daß ich jetzt schnell arbeiten mußte, wenn ich verhindern wollte, daß das Schweigen Macht gewann. In meiner langjährigen Arbeit mit mutistischen Kindern hatte ich eine Methode gefunden, die einfach und wirkungsvoll war. Voraussetzung für ihren Erfolg war, daß jemand auf das Kind zuging, der ihm unbekannt war, eine deutliche Gesprächserwartung spüren ließ und dem Kind unausweichlichen Anlaß bot, zu sprechen. Ich, als neue Lehrerin, war geradezu in idealer Position, um Jadie zum Sprechen zu bringen, aber ich mußte es sofort schaffen, ehe zwischen uns eine Beziehung entstanden war, die ihr Schweigen miteinschloß. Ich wußte, wenn ich den »unausweichlichen Anlaß« schaffen wollte, mußte ich hartnäckig sein, wie ein Terrier an meiner Frage festhalten und durfte mich keinesfalls von der Mauer ihres Schweigens abschrekken lassen.

»Wer ist das auf dem Bild?«

Schweigen.

»Sag mir, wer das ist.«

Schweigen.

»Wie heißt die Person?«

Immer noch schwieg sie. Ich sah, wie ihre Muskeln sich spannten. Ihre Hände begannen zu zittern.

»Wer ist das?« fragte ich wieder und stellte meine Frage mit plötzlicher Eindringlichkeit. Nicht ungeduldig, nicht einmal lauter, nur eindringlich. Und so, daß Jadie nicht ausweichen konnte. Ich tippte einmal kurz und hart mit dem Ende des Bleistifts, den ich hielt, auf das Bild.

»Ein Mädchen«, flüsterte sie.

»Wie bitte?«

»Ein Mädchen«, murmelte sie mit rauher Stimme.

»Aha. Und wie heißt sie?«

Schweigen.

»Wie nennst du sie?«

»Tashee.« Immer noch das rauhe Flüstern.

»Tashee? Das ist ein interessanter Name. Ist sie eine Freundin von dir?«

Jadie nickte.

»Und was tut Tashee auf dem Bild?«

»Sie steht vor dem Haus von ihrer Oma.«

»Ah, das ist also das Haus ihrer Oma. Es ist hübsch, so ganz in Weiß und Blau. Besonders die Tür. Die hast du wunderschön gemalt. Und wie alt ist Tashee?«

»Sechs.«

»Also genauso alt wie du?«

»Nein, ich bin acht. Ich war sieben, aber ich hab gerade zu Weihnachten Geburtstag gehabt.«

»Ah ja. Spielst du manchmal mit Tashee?«

»Nein.«

»Warst du einmal mit ihr im Haus ihrer Oma?«

Schweigen. Jadie betrachtete das Bild. »Ich kenn ihre Oma gar nicht. Sie hat nur manchmal von ihr erzählt.«

»Ach so.«

Jadie berührte die Figur auf dem Blatt mit einem Finger, und etwas gelbe Farbe verschmierte. Sie hob den Finger und sah ihn sich an. »Ich hätte ihre Haare schwarz machen sollen.«

»Hat Tashee keine blonden Haare?«

Jadie schüttelte den Kopf. »Nein. Ihre Haare waren schwarz, wie die von Jeremiah. Schwarz und glatt. Ich glaub, sie war vielleicht eine Indianerin, aber ich weiß es nicht genau.«

»Ach, so ist das.« Ich lächelte sie an. »Das Bild gefällt mir wirklich gut. Vielleicht können wir es zum Trocknen hinten auf die Bank stellen. Und dann gehen wir hinaus zu den anderen, hm?«

Jadie bückte sich, um die Farbtöpfe zu verschließen. Ich sah mich nach Reuben um. In Embryohaltung zusammengerollt, lag er mit geschlossenen Augen in den Kissen und streichelte sachte seine Schläfen.

»Reuben? Hallo, Reuben, komm. Wir gehen jetzt hinaus.«

3 »Das gibt's doch nicht! Im Ernst, das haben Sie geschafft? Wow! Glen? Glen, haben Sie das gehört? Sie ist gerade mal sechs Stunden hier, und schon hat sie Jadie Ekdahl zum Sprechen gebracht. Sie haben eine Wunderfrau engagiert.«

In peinlicher Verlegenheit senkte ich den Kopf, um mein blutübergossenes Gesicht zu verbergen.

»Es war nichts weiter als ein glücklicher Zufall... Das war genau mein Arbeitsgebiet...«

Alice Havers, um die Fünfzig, klein, schlank, zierlich gebaut, war dennoch voller Bewunderung. Sie leitete den Vorschulunterricht und hatte Jadie zwei Jahre lang betreut.

»Aber wie haben Sie das denn geschafft? Was ist das Geheimnis? Wie geht's jetzt weiter?«

Ich hob den Kopf und sah die anderen an, die im Lehrerzimmer versammelt waren. Alle waren sie da, von Glen Tinbergen bis zum Hausmeister O'Banyon, und alle starrten mich an. Ich lächelte verlegen und senkte den Blick wieder auf meine Hände. Das beste wäre es, sprach ich zu meinen Fingernägeln, wenn man Jadie so behandelte, als hätte sie immer gesprochen. Nur keinen Wirbel. Nur keine Lobeshymnen. Viele dieser Kinder, erklärte ich, schienen meiner Erfahrung nach in der Stummheit zu verharren, weil sie mehr als alles andere die Aufmerksamkeit fürchteten, die sie erregen würden, wenn sie plötzlich wieder sprachen; es koste sie daher große Anstrengung, den Mut zum Sprechen aufzubringen, es dennoch zu versuchen. Andere schienen zu glauben, sie hätten eine Niederlage erlitten und das Gesicht verloren, wenn sie überredet werden konnten, wieder zu sprechen. Es sei deshalb sehr wichtig, kein Aufheben zu machen. Nicht der Akt des Sprechens verdiene schließlich Aufmerksamkeit; wichtig sei das, was die Menschen sagten.

So, dachte ich, nun ist es heraus. Jetzt habe ich meinen Vortrag gehalten. Ich hatte mich noch keinem hier angenähert, ja kannte von vielen noch nicht einmal den Namen, und schon hatte ich mich glänzend profiliert – Torey Hayden, die superkluge Wunderpsychologin. Das war zuviel für einen ersten Tag. Bei der erstbesten Gelegenheit griff ich mir mit einem höflichen Lächeln meine Kaffeetasse und zog mich in mein Zimmer zurück.

Etwa zwanzig Minuten später erschien Lucy McLaren. »Wie kommen Sie zurecht?«

Ich verdrehte die Augen. »Ich kam mir da unten im Lehrerzimmer wie eine richtige Angeberin vor. Ich wollte mich wirklich nicht brüsten, aber es hat sich bestimmt so angehört.«

»Ach, machen Sie sich da mal kein Kopfzerbrechen«, meinte Lucy lächelnd. »Alice ist eine prima Person. Sie wollte Sie bestimmt nicht in Verlegenheit bringen. Aber sie hat Jadie ja zwei Jahre gehabt und weiß, wie sie ist.«

»Das ganze Geheimnis besteht darin, daß das Kind einen nicht kennt – daß man eine unbekannte Größe für es ist. Und daß man es nicht hätschelt. Man möchte zu diesen Kindern ganz instinktiv lieb und hilfreich sein, aber genau dadurch gewinnen sie die Kontrolle. Mutistische Kinder sind häufig Meister der Manipulation.«

Lucy hockte sich auf das Pult vor meinem Stuhl.

»Ja, das kann ich mir vorstellen. Die arme June. Sie hatte die Gruppe ja vor Ihnen. Die Beziehung zwischen ihr und Jadie war ein einziger Machtkampf. Und June hat wirklich nichts unversucht gelassen. Anfangs probierte sie es mit viel Zuwendung und Wärme, weil sie glaubte, Jadie brauche nur Selbstvertrauen und würde sprechen, sobald sie sich sicher fühlte. Aber es passierte gar nichts. Dann versuchte sie es mit Bestechung; sie versprach ihr alle möglichen Privilegien, wenn sie auf Fragen antworten würde. Danach ließ sie Jadies Eltern ein Tonband aufnehmen, um Jadie damit zu zeigen, daß sie wußte, wie mühelos sie zu Hause sprechen konnte. Als das nichts half, versuchte sie es mit List; sie bat Jadie beispielsweise, schnell zu laufen, um sie so zu zwingen, Geräusche von sich zu geben, Keuchen oder ähnliches. Und einmal...«, Lucy hielt inne. »Ach, die arme June, sie war wirklich völlig am Ende. Eines Nachmittags erklärte sie Jadie, sie dürfe erst nach Hause gehen, wenn sie auf Wiedersehen gesagt hätte, und basta. Und da saßen sie dann alle beide. Es muß die Hölle gewesen sein. Jadie tat überhaupt nichts. Sie saß einfach nur da und bohrte in der Nase. Weiter nichts. June ging fast die Wände hoch. Sie wollte Jadie unbedingt besiegen, aber sie schaffte es nicht. Es wurde halb sechs, und da *mußte* sie Jadie gehen lassen. Sie mußte klein beigeben.«

Ich nickte. »Man darf sich mit diesen Kindern nicht auf einen Machtkampf einlassen. Sie haben darin im allgemeinen weit mehr Übung als man selbst. Ich glaube, das ist der Grund, warum es hilft, wenn man ihnen fremd ist. Das Fundament für den Machtkampf ist noch nicht gelegt worden, und wenn man schlau ist und ein bißchen schauspielern kann, hat man eine Chance, sie glauben zu machen, daß ihr Spiel vorbei ist...«

Wir schwiegen beide. Ich hob den Kopf und blickte durch das hintere Fenster in den schneebedeckten Hof hinaus.

Lucy, die immer noch auf dem Pult saß, studierte ihre Fingernägel. Ich musterte sie mit einem Seitenblick. Sie war jünger als ich, höchstens Mitte Zwanzig, wenn auch weit konventioneller gekleidet, als das für unsere Generation charakteristisch war. Sie war auf ihre natürliche, lebendige Art eine hübsche Frau; das sorgfältige Make-up allerdings ließ ihr Gesicht eher gepflegt als schön wirken. Ihr dunkles Haar war in einem Pagenkopf geschnitten. Am auffallendsten an ihr fand ich jedoch die unglaublich hohen Absätze ihrer Pumps.

Ich ließ meinen Blick wieder durch das freundliche und ordentlich eingerichtete Zimmer wandern.

»Warum ist June eigentlich mitten im Jahr gegangen?« fragte ich und fand es merkwürdig, die Frau, der ich nie begegnet war, beim Vornamen zu nennen.

Lucy sah mich erstaunt an. »Haben die Ihnen das denn nicht gesagt?«

»Na ja, ich habe nicht gefragt. Ich wollte nicht neugierig erscheinen.«

»Ach, du lieber Gott. Und man hat Ihnen wirklich keinen Ton gesagt?«

»Nein.«

Lucy schnitt eine Grimasse, sah mir flüchtig mit forschendem Blick ins Gesicht und senkte die Lider wieder. »June hat sich das Leben genommen.«

»Oh!«

Betroffenes Schweigen folgte. Was sagt man auf so eine Eröffnung? Ich bemerkte, wie sich eine morbide Neugier in mir regte, und war ziemlich entsetzt darüber.

»Was haben Sie denn den Kindern gesagt?« fragte ich schließlich.

»Wir konnten ihnen kein Märchen erzählen. Wir konnten ihnen ja nicht verheimlichen, daß sie tot war. Aber es war grauenhaft, glauben Sie mir. Es war in der Vorweihnachtszeit, wir steckten mitten in den Vorbereitungen wie Liedersingen und Krippenspielen und was sonst so alles dazugehört.« Wieder verzog sie das Gesicht. »Es war wirklich ein furchtbarer Schock.«

»Das kann ich mir vorstellen.«

»Ich habe keine Ahnung, ob jemand wirklich wußte, was los war. Sie schien ganz in Ordnung zu sein. Sie war ungefähr zwei Jahre hier gewesen, und wir kannten sie alle. Ich sah sie immer als gute Freundin. Sie war schon älter und so – ich meine, es war keine Freundschaft wie unter Gleichaltrigen, aber...«

Lucy hielt inne und holte tief Atem. »Ich meine, ich wußte schon, daß es ihr nicht besonders gut ging. Das Jahr hatte sie ziemlich mitgenommen. Das sagte sie auch ein paarmal, aber, lieber Gott, solche Bemerkungen machen wir doch alle ab und zu. Sie tat mir leid. Sie hatte sich erst ein paar Jahre zuvor scheiden lassen, und ihre

Kinder waren auf dem College, und sie bekam sie kaum noch zu sehen. Darüber klagte sie manchmal, und ich bemühte mich, sie ein bißchen zu stützen, ihr zuzuhören und so, aber ich dachte immer, es wäre nur – na ja, Sie wissen schon. Wir haben doch alle unser Päckchen zu tragen. Ich hätte nie gedacht…« Schweigen. »Ich weiß nicht. Da passiert so etwas praktisch nebenan, und man macht sich hinterher tausend Gedanken. Ich glaube, ich bin dadurch mit einem Schlag viel erwachsener geworden. Ich mußte plötzlich Dingen ins Auge sehen, die ich vorher einfach ignoriert hatte.«

»Ich bin froh, daß Sie es mir gesagt haben«, seufzte ich. »Sonst wäre mir in meiner Ahnungslosigkeit vielleicht noch etwas ganz Dummes passiert.«

»Ja, Sie taten uns allen ganz schön leid. Hier am Ort kriegten sie niemanden für die Stellung. Deshalb wurden die Anzeigen in den großen Zeitungen aufgegeben. Aber Sie verstehen sicher, wie den Leuten hier zumute war. Pecking ist eine Kleinstadt, und…«

»Ja.«

Lucy hob den Kopf und sah mich an. »Wenn die Kinder ein bißchen über die Stränge schlagen, dann machen Sie sich keine Gedanken. Wir verstehen das alle. Unsere Schule ist eine gute Schule. Ich weiß, wenn man sie alle da unten im Lehrerzimmer versammelt sieht, sehen sie aus wie ein Haufen verknöcherter alter Mummelgreise.« Sie lachte ein wenig. »Ehrlich, ich war froh, als ich sah, daß Sie noch unter fünfzig sind. Aber eigentlich spielt es keine Rolle. Sie sind alle herzensgut hier. Wenn es schwierig wird, helfen alle zusammen. Sie brauchen es uns nur zu sagen, okay?«

Ich nickte lächelnd. »Okay.«

An diesem Abend begleitete mich die Arbeit nach Hause. Auf der Fahrt nach Falls River, wo ich mich fürs erste in einem Motel eingemietet hatte, kreisten meine Gedanken einzig um die Schule. Die Geschichte von June Harriman hatte mich tiefer berührt, als ich mir selbst eingestehen wollte. Immer wieder versuchte ich mir vorzustellen, wie es gewesen sein mußte, in dieser Klasse vor diesen Kindern zu stehen und sich tief drinnen so völlig verzweifelt zu fühlen. Bei meiner Ankunft am Morgen hatte ich nur daran denken können, welches Glück ich mit dieser Stellung hatte. Die kleine Gruppe, das hübsch ausgestattete Zimmer, die in Fülle vorhandenen Lehr- und Hilfsmittel, der verständnisvolle Schulleiter und die freundlichen Kollegen – das alles hatte in mir den Eindruck erweckt, hier den idealen Arbeitsplatz gefunden zu haben. Nun trübte plötzlich ein Schatten das Bild.

Da ich jetzt eher nachfühlen konnte, in welch einen Aufruhr die Kinder im vergangenen Monat hineingerissen worden waren, hielt ich es für das beste, klare Regeln und feste Gewohnheiten einzuführen, die Zweifel an meinem Verhalten gar nicht erst aufkommen lassen würden. Normalerweise hatte ich ganz gern ein wenig Spontanität und konnte ein gewisses Maß an Chaos, das sich daraus ergab, recht gut verkraften; aber mir war klar, daß dies weder der Ort noch die Zeit für Improvisation war.

Weiter nahm ich mir vor, dem Klassenzimmer jetzt meinen persönlichen Stempel aufzudrücken. Ursprünglich hatte ich vorgehabt, alles so zu lassen, wie es war, bis die Kinder sich an mich gewöhnt hatten. Unter den gegebenen Umständen jedoch schien es mir besser, Veränderungen gleich vorzunehmen und so ein intensiveres Gefühl des Neuanfangs zu vermitteln.

Am Dienstag nachmittag nach dem Unterricht stellte ich deshalb das ganze Zimmer auf dem Kopf. Ich schob die Bücherregale herum, stellte alle Tische zu einem einzigen großen zusammen, riß alles herunter, was an unserem schwarzen Brett hing. Ich hatte einige große Sitzkissen für den Boden mitgebracht und einen roten Teppichrest, auf dem in Zukunft die Diskussions- und Lesestunden abgehalten werden sollten. Mit Regalen und Schränken teilte ich das Zimmer in mehrere kleinere Bereiche auf, von denen jeder für eine bestimmte Tätigkeit bestimmt war – zum Malen und Basteln, zum Bauen mit Holzklötzchen und Legosteinen, zu naturkundlichen Experimenten und zum Verkleiden und Kochen. Am Abend hielt ich auf der Rückfahrt nach Falls River bei einer Tierhandlung und kaufte für uns einen langohrigen Zwerghasen, drei Grünfinken und zwei Hamster in einem Käfig, der mit einer Pariser Métrostation Ähnlichkeit hatte.

Die Wochen, die folgten, waren, gelinde gesagt, schwierig. Ich war streng und konsequent in meinen Anforderungen und ließ keinem – am wenigsten Jeremiah – auch nur den kleinsten Regelverstoß durchgehen. Gleichzeitig bemühte ich mich aber auch, für Spaß und Freude zu sorgen. Wir sangen viel, malten und bastelten, kochten miteinander und bauten eine Menge ziemlich mißratener Vogelhäuschen und Schiffchen.

Jeden Morgen versuchte ich, mit den Kindern auch außerhalb der Pause noch eine Weile ins Freie zu gehen. Im allgemeinen fanden die kleinen Ausflüge unter dem Deckmantel der Naturkunde statt – um den Wechsel der Jahreszeiten zu beobachten oder das Wetter oder sonst irgend etwas –, in Wirklichkeit wollte ich den Kindern Gelegenheit geben, ein bißchen Dampf abzulassen, eine Weile herumzutoben und zu lärmen, ohne die anderen Klassen zu stören; es war eine Zeit fröhlicher Ausgelassenheit, um die Widerspenstigen zu zähmen und die Braven zu belohnen. Sie alle würden zweifellos sehr unangenehm überrascht sein, wenn die Zeit kam, wo sie wieder länger im Zimmer sitzen und intensiver arbeiten mußten als jetzt, aber in meinen Augen waren diese Spielstunden nicht überflüssig. Unser Zusammenwachsen zu einer Gruppe, die Schaffung gemeinsamer Erinnerungen, in die ich und nicht June Harriman einbezogen war, der gemeinsame Wiederaufbau aus den Trümmern der vorangegangenen Ereignisse schienen mir wichtigere Ziele zu sein als die Fertigstellung einer bestimmten Anzahl von Arbeitsblättern. Und ich hatte das Glück, auf die Zustimmung meines Schulleiters zählen zu können.

»Hallo, wie läuft's denn so?«

Ich kannte die Frau nicht, die an der Tür stand. Sie sah sympathisch aus, robust und erdverbunden, mit großem Busen und breiten Hüften, aber einer schmalen Wespentaille. Insgesamt wirkte sie eine Spur unproportioniert, da sie höchstens einen Meter fünfzig groß war. Das dicke braune Haar war mit einem roten Tuch zum Pferdeschwanz hochgebunden.

»Ganz gut«, antwortete ich mit einem unsicheren Lächeln und sah sie abwartend an.

»Glen hat mir schon erzählt, daß Sie sich gut eingelebt haben. Er sagte, Sie hätten Jeremiah fest im Griff.«

Während ich sie musterte, schoß mir der Gedanke durch den Kopf, daß sie genau der Typ der Country-and-Western-Sängerin war. Sie besaß diese kraftvolle Ausstrahlung harter Erfahrungen, wie Frauen namens Lurlee oder Loretta sie zeigen, die mit fünfzehn geheiratet haben und deren Männer dann mit der Kellnerin von der Imbißstube durchgebrannt sind.

»Glen hat mir erzählt«, fuhr sie fort, »daß Sie sogar Jadie Ekdahl zum Sprechen gebracht haben.« Sie zog sich einen der Kinderstühle heraus und setzte sich.

Mit Unbehagen überlegte ich, ob ich ihr sagen sollte, daß ich keine Ahnung hatte, wer sie war. Oder kannte ich sie vielleicht doch? Hatte ich nur ihr Gesicht vergessen? So etwas kam bei mir schon einmal vor, deshalb versuchte ich jetzt krampfhaft, mich zu erinnern, wer diese Frau war.

Sie wurde offenbar plötzlich auf mein Dilemma aufmerksam und lächelte breit. »Oh, entschuldigen Sie. Ich bin Arkie. Arkie Peterson. Ich bin die Schulpsychologin.«

Der Name war mir aus den Akten der Kinder bekannt.

»Sie müssen mir das genau erzählen«, sagte sie begierig. »Wie Sie das mit Jadie zuwege gebracht haben. Hat Glen Ihnen erzählt, daß ich mich auch an ihr versucht habe? Fast zwei mühevolle Jahre lang! Jeden Donnerstag bin ich hierhergekommen und hab mit allen Mitteln versucht, die Kleine zum Sprechen zu bringen. Also, wie haben Sie das geschafft?«

Zwischen uns war sofort eine Affinität vorhanden. Im Gespräch mit ihr schien es mir, als hätte ich eine lang vergessene Freundschaft wiederaufgenommen, und ehe ich mich versah, hatten wir fast eine Stunde im angeregten Gespräch über unser beiderseitiges Interesse an der Psychologie, der Pädagogik und der Arbeit mit gestörten Kindern verplaudert.

Arkie hatte in ihrem Bemühen, Jadie zu helfen, alle üblichen Wege beschritten. Sie hatte Jadie kurz nach deren fünftem Geburtstag kennengelernt, als man bei einem Aufnahmetest für die Vorschule auf ihren Mutismus aufmerksam geworden war.

»Ich wollte nichts weiter, als ihr Vertrauen gewinnen«, erklärte Arkie. »Dieses kleine Dingelchen mit ihrem bombastischen Haarwust! Sie wirkte so verschreckt und verletzlich, als ich sie an diesem Tag zum erstenmal sah. Ich ging mit ihr ins Schwesternzimmer hinunter, wo ich meistens arbeite, wenn ich hier bin, und sagte: ›Paß auf, Herzchen, wir zwei werden gute Freundinnen, hm? Wir treffen uns hier und spielen zusammen und machen es uns richtig schön. Es macht nichts, wenn du nicht gleich sprechen kannst, wir sind trotzdem Freundinnen.‹ Ich bildete mir ein, wenn sie mich erst näher kannte, wenn sie sich sicher genug fühlte, um mir zu vertrauen, würde sie ganz von selbst sprechen *wollen.* Aber das war nicht der Fall. Donnerstag um Donnerstag machten wir hier ein albernes Spielchen nach dem anderen, bis ich fast die Wände hochgegangen wäre.«

Arkies Beziehung zu Jadie war genauso zum Machtkampf ausgeartet wie später June Harrimans Beziehung zu der Kleinen. Und in der Enttäuschung über ihr vergebliches Bemühen hatte Arkie schließlich veranlaßt, daß Jadie in diese kleine Gruppe gesteckt wurde.

»Ich weiß bis heute nicht, ob die Entscheidung richtig war«, sagte sie. »Ich meine, gelernt hat sie immer sehr ordentlich. Sie ist ein recht intelligentes Kind. Ich glaube, beim Intelligenztest hatte sie eine Punktzahl zwischen hundertzwölf und hundertsechzehn, so in der Richtung, und ihre schulischen Leistungen sind entsprechend. Darum frage ich mich heute noch, ob es richtig war, sie in diese Gruppe zu geben, obwohl doch ihre Störung ihre schulischen Leistungen nicht beeinträchtigt.«

Ich zuckte die Achseln. »Das ist eine gute Frage. Und sie ist schwer zu beantworten. Zweifellos war bei ihr eine Intervention nötig. Bei vielen dieser Kinder findet sie einfach deshalb nicht statt, weil sie den Erwachsenen kaum Schwierigkeiten machen. Aber jeder Mutismus, der über Monate oder Jahre hinweg anhält, ist Zeichen eines besorgniserregenden Machtbedürfnisses.« Ich sah Arkie mit einem langen Blick an. »Die Preisfrage ist nur, über wen oder was wollen diese Kinder unbedingt Macht haben? Fällt Ihnen dazu etwas ein?«

»Eigentlich nicht.«

»Wie ist die Familie?«

Sie zuckte die Achseln. »Durchschnitt, würde ich sagen. Mutter und Vater und zwei jüngere Schwestern. Die traditionelle Rollenverteilung. Mutter bleibt bei den Kindern zu Hause. Vater hat irgendwas mit landwirtschaftlichen Maschinen zu tun. Sozial und wirtschaftlich gehören sie eindeutig der unteren Mittelschicht an, aber sie sind keinesfalls arme Leute.«

»Und wie steht's um die psychologischen Vorgaben bei den Eltern?«

Arkie überlegte einen Moment. »Ich hab den Eindruck, daß die Mutter nicht allzu intelligent ist. So eine Art Mitläuferin. Sie kennen den Typ sicher. Allem, was man sagt, stimmt sie zu. Aber sie ist eine sehr umgängliche Frau. Der Vater ist ein bißchen komisch. Ein überzeugter Naturapostel. Er regte sich furchtbar auf, weil die Kinder bei uns mittags Schweinefleisch und Bohnen bekamen. Ich habe den Eindruck, er glaubt, Jadies Probleme kämen von zuviel Zucker und künstlichen Zusatzstoffen und solchem Zeug.«

»Mutismus als Folge einer Allergie«, murmelte ich und lächelte. »Das ist mal was ganz Neues.«

»Ja, ziemlich albern. Aber im Grunde genommen ist mit beiden gut auszukommen. Ich hatte schon mit viel schlimmeren Eltern zu tun.«

»Ich habe noch eine Frage«, sagte ich, das Thema wechselnd. »Hat man einmal ihren Rücken untersucht? Hat sie eine Skoliose?«

»Nein«, antwortete Arkie bestimmt. »Ich glaube, diese gekrümmte Haltung ist Teil ihrer emotionalen Störung. Wir haben sie von der Schulschwester untersuchen lassen, und ihr Kinderarzt hat sie natürlich auch angesehen, aber keiner von beiden hat einen organischen Schaden gefunden, der die schlechte Haltung erklären könnte. Ich denke, sie ist einfach in jeder Hinsicht ein verschlossenes Kind.«

Jadie bewegte sich fast immer in dieser tief gekrümmten Haltung. Die Arme drückte sie dabei fest an die Brust und ließ die Hände schlaff hängen, wenn sie nicht gerade etwas zu tragen hatte. Zwar hielt sie den Kopf so weit oben, daß sie schauen konnte, aber um richtig und genau zu sehen, hätte sie ihn weit nach rückwärts neigen müssen; darum begnügte sie sich die meiste Zeit damit, über ihre Augenbrauen hinweg durch das Haar zu spähen, das ihr in die Stirn hing. Jadie in die Augen zu blicken war praktisch unmöglich. Die gekrümmte Haltung wirkte sich natürlich auch auf ihren Gang aus; meist trippelte sie mit kleinen Stolperschritten durch das Zimmer.

Dieses Körperverhalten war mir rätselhaft. Meiner Erfahrung nach hatten mutistische Kinder zwar ganz allgemein eine Neigung, sich zusammenzuziehen und eine verkrampfte Haltung einzunehmen, aber keines der Kinder, mit denen ich gearbeitet hatte, hatte dies in dem Maß getan wie Jadie.

Trotz Arkies Zusicherung, daß Jadie ärztlich untersucht worden war und die Ursache ihrer Körperhaltung psychologischer Natur sein müsse, blieb ich skeptisch. Jadie wirkte schlicht und einfach deformiert.

Eines Morgens, nicht lange nach meinem Gespräch mit Arkie, beobachtete ich Jadie eine Weile bei ihrer Arbeit.

»Jadie«, rief ich dann. »Komm doch bitte mal her.«

Sie wandte sich vom Bücherregal ab und kam stolpernd zu mir getrippelt.

Ich drehte sie herum, so daß sie mit dem Rücken zu mir stand, und bat sie, sich zu bücken und ihre Füße zu berühren. Sie tat das sehr vorsichtig. Ich schob ihre Bluse hoch und sah mir die Konturen ihrer Schultern ganz genau an, um mich zu vergewissern, daß keine Anzeichen von Skoliose vorlagen. Dann bat ich sie, sich wieder aufzurichten und zu mir umzudrehen. Als sie vor mir stand, neigte sie den Kopf zur Seite, um mich besser sehen zu können.

Sehr behutsam legte ich eine Hand auf ihre Schlüsselbeine und die andere auf die Mitte ihres Rückens. »Jetzt stell dich mal ein bißchen gerader.« Vorsichtig drückte ich sie aufrecht.

Ich fühlte mich sehr unsicher dabei, und diese Unsicherheit übertrug sich offenbar auf meine Hände, denn ich stieß rasch auf Widerstand. Da ich aus Furcht, Schaden anzurichten, nicht stärker drükken wollte, hörte ich auf und senkte die Arme.

»Diese Muskeln hier«, sagte ich und berührte ihre untere Rükkenpartie, »kannst du die locker lassen?«

Sanft massierte ich mit den Fingerspitzen ihre Wirbelsäule entlang, aber die Muskeln unter der weichen Haut waren wie Stein. Und je länger ich die Berührung fortsetzte, desto mehr verkrampfte sich Jadie. Schließlich machte ich Schluß.

»Tut es dir weh, wenn ich so drücke?«

»Ich will es nicht.«

»Aber tut es denn weh?«

»Nein.«

»Würdest du mir dann bitte zeigen, daß du aufrecht stehen kannst?«

Sie schüttelte den Kopf.

»Wenn ich meine Hände ganz wegnehme und dich nicht anfasse, kannst du dich dann aufrichten?«

»Nein.«

»Warum nicht? Tut es weh?«

»Nein.«

»Warum dann?«

»Weil ich mich vorbeugen muß.«

»Aber warum denn?«

»Weil ich eben muß.«

»Ja, aber warum?«

»Damit mein Bauch nicht rausfällt.«

4 In der folgenden Woche vereinbarte ich einen Gesprächstermin mit Jadies Eltern. Da sie so nahe bei der Schule wohnten, erbot ich mich, bei ihnen vorbeizukommen. Sie nahmen das Angebot gern an, da ihre jüngste Tochter Sapphire gerade erst wenige Monate alt war.

Es war ein kleines Haus, ganz im Stil jener Häuser, wie man sie zwischen den Kriegen gebaut hatte, und es war sehr heruntergekommen. An den Fensterrahmen blätterte die Farbe ab. Das Geländer um die Veranda war zerbrochen. Im Vorgarten gab es große braune Stellen, wo das Gras völlig abgetreten war, und dort steckte ein mitgenommenes altes Dreirad im Morast. Aber Mr. Ekdahl führte mich, nachdem er mir geöffnet und mich begrüßt hatte, in ein großes Zimmer, das gemütlich und sauber war.

Sie waren ein gänzlich unscheinbares Paar. Jadies Mutter war klein und farblos, mit mausbraunem Haar und roten, aufgesprungenen Händen. Sie hatte sich extra schön gemacht, das verrieten die geschminkten Augen und das frisch ondulierte Haar, aber beides machte sie nur älter. Ich wußte, daß sie in meinem Alter sein mußte, aber sie wirkte, als gehörte sie einer früheren Generation an.

Jadies Vater hatte ein hellhäutiges Skandinaviergesicht und war dünn bis an die Grenze der Hagerkeit. Er sah verbraucht aus wie das vom Winter ausgedörrte Büffelgras, das langsam im Präriewind zerfiel.

Auch Jadies fünfjährige Schwester Amber war da, und mir fiel auf, daß die Kinder, wie man das manchmal erlebt, viel hübscher waren, als man das in Anbetracht der Eltern vermutet hätte. Amber war Jadie nicht sehr ähnlich. Ihr Haar war blond und nicht so lockig wie Jadies und wirkte daher eher strähnig als zerzaust. Ihre Augen leuchteten nicht in dem klaren, reinen Blau wie Jadies, sondern waren mehr graublau, wie leicht umwölkt. Aber auch Ambers Augen waren von langen, dunklen Wimpern umkränzt, die ihrem Blick diesen kindlich-wissenden Ausdruck verliehen. Sie blieb, eine nackte Puppe in den Armen, bei uns im Zimmer und beobachtete mich mit mißtrauischer Vorsicht.

Jadie jedoch ließ sich nicht blicken. Ich hörte aus einem Nebenzimmer das vertraute Geräusch ihrer stolpernden Schritte, und Mrs. Ekdahl bemerkte, sie müsse sich um das Baby kümmern. Wie dem auch sein mochte, Jadie kam nicht einmal herein, um guten Tag zu sagen.

Es war unverkennbar, daß Jadies Eltern sich in meiner Gegenwart nicht wohl fühlten. Sie boten mir in einem großen Sessel einen Platz an, drückten mir eine Tasse Kaffee in die Hand und starrten mich dann nur schweigend an. Ich erzählte ein wenig von mir und meiner Arbeit mit Kindern wie Jadie, weil ich hoffte, sie würden dadurch ein wenig auftauen. Ich sagte, wie schön ich es fände, Jadie in meiner Klasse zu haben, wie freundlich und brav sie sei, wie gut sie mitarbeite. Die Ekdahls saßen nebeneinander auf einer langen, braunen Kunstledercouch, deren Rückenlehne das Bild eines Pferdekopfs zierte, und sprachen kein Wort.

Nachdem etwa zehn Minuten so verstrichen waren, sagte ich mir, daß Jadies Störungen, was auch sonst noch zu ihnen beitragen mochte, vielleicht zum Teil auf Veranlagung beruhten. Ich bemühte mich, Konversation zu machen, aber es kam nichts weiter dabei heraus als ein langer Monolog, da Jadies Eltern sich beharrlich in Schweigen hüllten. Schließlich gab ich alle Anstrengungen auf und verstummte ebenfalls. Nichts geschah. Drei, vier Minuten lang saßen wir einander schweigend gegenüber.

»Sie können den Sessel auch nach rückwärts kippen«, bemerkte Mrs. Ekdahl endlich.

»Bitte?«

»Der Sessel, in dem Sie sitzen – den kann man verstellen. Wenn Sie es sich bequemer machen wollen, lehnen Sie sich einfach noch ein Stück zurück. Er gibt richtig schön nach.«

»Oh. Danke. Ich sitze sehr bequem.«

»Möchten Sie noch Kaffee?«

»Nein, danke. Ich hab noch.«

»Wirklich? Es macht überhaupt keine Mühe. Die Maschine läuft sowieso, und sie macht zehn Tassen. Es ist also noch genug da.«

Das alles hatte etwas Rührendes und bewirkte, daß ich mich noch unbehaglicher und deplazierter fühlte als zuvor.

»Ich habe alles, was ich brauche«, versicherte ich. »Aber trotzdem, vielen Dank. Ich wollte mit Ihnen über Jadie sprechen...«

Sie sahen mich an.

»Was denken Sie über Jadies Schwierigkeiten, in der Schule zu sprechen?«

»Nichts«, antwortete die Mutter leise.

»Nichts?«

»Wir sehen da keine Schwierigkeiten. Jedenfalls nicht für uns. Zu Hause spricht sie wunderbar. Manchmal hört sie gar nicht mehr auf.«

»Ach? Was sind denn das für Gelegenheiten, wenn sie gar nicht mehr aufhört?«

»Wenn sie albern ist«, erklärte der Vater.

»Albern? Wie meinen Sie das?«

Er zuckte die Achseln. »Na, albern eben. Sie tobt rum. Zusammen mit Amber.« Er sah seine kleine Tochter lächelnd an, aber die senkte den Kopf.

»Und dabei spricht Jadie auch?«

»Aber ja, wie ein Wasserfall. Lauter dummes Zeug.«

»Und was tun Sie dann?« fragte ich.

»Wir sagen ihr, sie soll aufhören. Sie soll nicht auf der Couch rumspringen, weil sonst der Bezug reißt. Hier hat sie ihn schon mal zerrissen, sehen Sie?« Er zeigte mir eine Stelle, die, wie mir schien, mit Isolierband geflickt war.

»Und wir sagen ihr, sie soll nicht so häßliche Wörter gebrauchen«, fügte Mrs. Ekdahl hinzu. »Das tut sie nämlich manchmal.

Da schreit sie diese scheußlichen Wörter hier rum, und Amber bekommt alles mit.«

Nach meinen Erfahrungen mit Jadie im Unterricht hatte ich Schwierigkeiten, mir all das vorzustellen.

»Die Wörter schnappt sie in der Schule auf. Sie hört sie von den großen Jungs im Hof. Und wenn sie einen richtig ärgern will, dann schreit sie hier rum, weil sie genau weiß, daß wir in diesem Haus solche Ausdrücke nicht gebrauchen«, sagte Mrs. Ekdahl.

»Und hört sie normalerweise auf damit, wenn Sie es ihr sagen?« fragte ich.

»Manchmal, ja«, antwortete Mr. Ekdahl. »Manchmal aber auch nicht.«

»Was tun Sie dann? Verhauen Sie sie?«

»Aber nein«, entgegnete er empört. »Ich finde es nicht richtig, wenn Eltern ihre kleinen Kinder schlagen. Wir verhauen unsere Mädchen nicht. Wir bestrafen sie auf andere Art. Meistens, wenn sie so was macht, schicke ich sie raus. Sag ihr, sie soll draußen rumbrüllen.«

»Aha.«

Es wurde wieder still. Ich betrachtete die Eltern; die wiederum betrachteten ihre Hände.

»Sie sind also der Meinung, daß Jadies Sprechstörungen nichts Ernstes sind?«

Mrs. Ekdahl sah mich an. »Das ist nur Schüchternheit. Jadie kommt mit Fremden nicht besonders gut zurecht, das ist alles. So war sie immer schon. Beide Mädchen sind so. Sie sind einfach am liebsten in der Familie.«

»Hm, eines noch – Jadies Haltung. Haben Sie sich darüber einmal Gedanken gemacht?«

»Ach das – dafür kann sie nichts. Sie ist so zur Welt gekommen«, erklärte Mrs. Ekdahl. »Wissen Sie, es war eine sehr schwere Geburt. Sie wollte einfach nicht kommen. Sie lag verkehrt und steckte fest – mit dem Gesicht nach oben.« Sie machte eine erklärende

Handbewegung über ihrem Unterleib. Ich brauchte hinterher zweiundvierzig Stiche, und der Doktor sagte, es könnte vielleicht was nicht in Ordnung sein, weil sie nicht genug Luft bekam. Weil sie eben so lange feststeckte.«

»Ach so«, sagte ich überrascht. »Das wußte ich gar nicht. Niemand hat mir etwas von einem Geburtstrauma gesagt.«

»Wir müssen mit Jadie einfach Geduld haben«, meinte Mrs. Ekdahl. »Ich glaube nicht, daß ihr was fehlt. Sie ist klein, und sie ist schüchtern, aber das heißt noch lange nicht, daß bei ihr etwas nicht in Ordnung ist. Sie ist gut in der Schule. Sie hat immer gute Zeugnisse. Ich glaube, wir müssen ihr nur Zeit lassen.«

Ziemlich konfus fuhr ich nach diesem Gespräch nach Hause. Die neue Information schien meinen früheren Schlußfolgerungen zu widersprechen. Aber es war doch so, daß Jadie jetzt auch in der Schule sprach! Sie hatte in klassischer Weise auf die Interventionsmethode angesprochen, die ich zur Behandlung von Mutismus entwickelt hatte, und das stützte die Vermutung, daß ihre Störung psychischer Natur war. Ganz bestimmt hätte man doch irgendwann und irgendwo in ihrer Akte auf die Möglichkeit einer hirnorganischen Schädigung hingewiesen, wenn man das für hilfreich gehalten hätte. Andererseits sprach Jadie zwar nun im Unterricht, doch sie äußerte sich fast nie spontan, sondern eigentlich nur, wenn sie direkt angesprochen wurde. Ferner war ihre merkwürdige Körperhaltung zu bedenken. Und ich selbst hatte, weiß Gott, oft genug die niederschmetternde Erfahrung machen müssen, daß entscheidende Informationen einfach nicht in den Akten niedergelegt wurden. Bei eingehender Überlegung schien es ratsam, die Möglichkeit im Auge zu behalten, daß Jadie an einer Aphasie litt, also aufgrund einer hirnorganischen Schädigung nicht fähig war zu sprechen.

Anfang März hatten wir zwei freie Tage. Ich nutzte die Zeit, um in die Stadt zu fahren und meine alten Kollegen in der Klinik zu besuchen. Natürlich war ich neugierig, wie es ihnen allen ergangen war, seit ich weg war, und wollte wissen, wie es den Kindern ging, mit denen ich gearbeitet hatte und die jetzt alle bei einer meiner Teamkolleginnen in Therapie waren. Ich hatte jedoch bei meinem Besuch auch einen Hintergedanken: Ich wollte mir einen Videorecorder ausleihen.

Ich war es seit langem gewöhnt, in meinen Gruppen mit Video zu arbeiten. Zu Beginn der siebziger Jahre, als ich gerade zu unterrichten angefangen hatte, kam ich an eine Schule, die – eine Seltenheit damals – ein eigenes Videoaufnahmegerät besaß. Zu meinem Glück hatten die meisten meiner damaligen Kollegen noch nicht gelernt, mit dem Gerät umzugehen, so daß es die meiste Zeit unbenutzt herumstand. Langsam, Schritt für Schritt ergriff ich Besitz von ihm und baute es in meinen Unterricht ein. Für mich war das Gerät eine unschätzbare Hilfe. Beim Unterrichten war ich oft so absorbiert von meiner Tätigkeit, daß ich entscheidende Signale, die bestimmte Verhaltensweisen eines Kindes beleuchteten, einfach übersah. Jetzt konnte ich mich für den Preis einiger Videobänder abends hinsetzen und in aller Ruhe die Kinder und mich beobachten und meine Beobachtungen auswerten.

Wir hatten in Pecking weder eine Videokamera noch einen Recorder. Der stets entgegenkommende und großzügige Tinbergen erklärte mir, daß die Schulfinanzen eine solche Ausgabe nicht gestatteten. Er wünschte, sagte er, es wäre anders, aber so etwas sei für eine Schule dieser Größe des Luxus zuviel. Das veranlaßte mich, die zwei freien Tage zu einem Besuch in der Stadt zu nutzen und zu sehen, ob ich meinen alten Chef, Dr. Rosenthal, nicht überreden konnte, mir eines der Klinikgeräte für ein paar Wochen leihweise zu überlassen. Ich schaffte es und kehrte schließlich mit einem Gerät älterer Bauart und der dazugehörigen Kamera nach Pekking zurück.

»Ich weiß, was das ist«, sagte Jadie, als sie am Montag morgen ins Klassenzimmer kam.

»Tatsächlich?« Das überraschte mich schon deshalb, weil diese alten, unhandlichen Geräte schon weitgehend von Cassettenrecordern verdrängt worden waren.

»Ja. Damit kann man Fernsehfilme machen.« Sie trippelte zur Konsole. »Kommen wir jetzt ins Fernsehen?«

»Nur auf diesen Apparat da. Man nennt das einen Monitor.«

»Können meine Eltern den Film auch sehen?«

»Nein. Er ist nur für uns. Wenn alle hier sind, schalten wir das Gerät ein, und dann kann jeder sich sehen. Und am Ende der Woche spielen wir vielleicht ein kleines Stück und nehmen es auf. Das wär doch lustig, nicht? Vielleicht eines von den Stücken in eurem Lesebuch.«

»Haben Sie es deshalb hergebracht? Für uns?«

»Eigentlich vor allem für mich. Damit ich sehen kann, was ich tue, wenn ich unterrichte.«

»Wie meinen Sie das?«

»Also paß auf – ich schalte die Kamera ein und lasse sie laufen und achte gar nicht auf sie. Am Ende des Tages kann ich mich dann hinsetzen, mir den Film in aller Ruhe anschauen und genau sehen, was wir tun. Ich kann jeden einzelnen von uns sorgfältig beobachten und feststellen, ob ich das Richtige tue, um zu helfen. Und dadurch werde ich eine bessere Lehrerin.«

»Nur Sie allein? Sie schauen sich den Film ganz allein an? Und sonst darf ihn niemand sehen?«

»Ja, im allgemeinen ist er nur für mich.«

Jadie starrte einen Moment lang in das Kameraobjektiv und kehrte dann zur Konsole zurück. »So macht man es an, nicht wahr?«

»Ja.«

»Und da macht man's wieder aus. Man drückt auf den Knopf da, stimmt's?« Sie beugte sich tiefer über die Konsole. »Aufnahme«, las sie.

»Aufnahme. Das ist der Knopf, auf den man drücken muß, wenn man möchte, daß die Bilder auf Band aufgenommen werden.«

»Ja, ja, ich weiß schon, was es heißt.«

Ich sah sie an. »Hast du so ein Gerät schon einmal gesehen?«

Sie nickte. »Bobby Ewing hat eins.«

»Ist das ein Freund von dir?« fragte ich.

»Ja. Er und J. R., wenn die kommen, bringen sie einen zum Fernsehen.«

»J. R.?« Verwirrt suchte ich in ihrem Gesicht nach einer Erklärung. »J. R.? Bobby? Du sprichst von den Ewings im Fernsehen? In ›Dallas‹?«

»Nein, ich glaub nicht, daß er im Fernsehen ist. Er bringt einen zum Fernsehen. Damit man ein großer Filmstar wird und einen Haufen Geld verdienen kann, wenn man groß ist.«

Völlig verblüfft, drang ich nicht weiter in sie. Aber ich nahm mir vor, dieses Gespräch nicht zu vergessen. Es war das erste wirklich spontane Gespräch, das ich bisher mit Jadie geführt hatte, und ich hatte nicht einen Ton davon verstanden. Die Ungereimtheit ihrer Worte schien für die Richtigkeit der Aphasie-Theorie zu sprechen.

Ich stellte die Kamera auf das breite Fensterbrett und ließ sie an diesem Morgen fast zwei Stunden lang laufen. So konnte ich mir einen guten Allgemeinüberblick verschaffen, sowohl über die streng durchstrukturierten Unterrichtseinheiten, wie das Lesen, als auch über die Stunden, in denen ich, wie beim Malen, die Zügel etwas lockerer ließ.

Kurz vor der Mittagspause schaltete ich das Gerät aus, mit der Absicht, am Nachmittag noch etwas mehr aufzunehmen. Aber als ich später wieder ins Zimmer kam und mir die Spulen ansah, stellte ich fest, daß kaum noch Band übrig war. Eine Aufnahme hätte sich gar nicht gelohnt. Ich beschloß deshalb, mir zunächst das anzusehen, was ich bis jetzt hatte, und am Nachmittag eines anderen Tages erneut aufzunehmen.

Erst am folgenden Tag nach Unterrichtsschluß kam ich dazu, mir die zweistündige Bandaufnahme anzusehen. Das Zimmer war düster. Wir hatten damals eine Periode regnerischer, bewölkter Tage, und um das Schulzimmer in Dunkelheit zu tauchen, brauchte ich nur die Deckenbeleuchtung auszuschalten. Ich zog mir einen der kleinen Stühle heran, schaltete den Monitor ein und setzte mich, Ellbogen auf den Knien, Kinn auf den gefalteten Händen, um mir die Aufnahme anzusehen.

Viele Meter des letzten Teils der Aufnahme befaßten sich mit Jeremiah und mir. Es war kurz vor der Mittagspause gewesen. Wir waren am Tisch, und ich war dabei, ihm beim Lesen zu helfen, das heißt, ich versuchte, ihm zu helfen. Jeremiah war bei den meisten schulischen Aufgaben ein ziemlich hoffnungsloser Fall und versteckte seine Schwierigkeiten hinter einem Schnellfeuer trotziger Bemerkungen, die mit der Sache nichts zu tun hatten.

Vorgebeugt studierte ich die Bilder, horchte aufmerksam auf den Ton meiner Stimme. Klang sie so ungeduldig und gereizt, wie ich mich in diesem Moment gefühlt hatte? Forderte ich ihn vielleicht heraus, ohne mir dessen bewußt zu sein? Ermutigte ich ihn zum Widerstand? Ich betrachtete Jeremiah, der schlaff über seinem Pult hing und sich weigerte, auch nur einen Strich zu tun. Ich hörte mich sagen, er wirke ärgerlich und nicht bereit, sein Arbeitsblatt auszufüllen. Manchmal sagte ich, wenn Menschen Angst hätten, einen Fehler zu machen, machten sie sich so verrückt mit ihrer Arbeit, daß sie sie am Ende überhaupt nicht tun könnten. Manchmal äußere sich das in Wut, weil es so frustrierend sei und weil irgend etwas ja heraus müsse; und Wut zu spüren sei lange nicht so beängstigend, wie Angst zu erleben.

Bei der Beobachtung der Bilder von Jeremiah und mir, beim Klang meiner Stimme, während ich diese Bemerkungen machte, wurde mir sehr unbehaglich. Wahrscheinlich war das der richtige Moment gewesen, um die Verbindung zwischen Jeremiahs beständiger Wut und der Angst herzustellen, die ich hinter seiner Wut vermutete, aber die Art und Weise, wie ich es sagte… Es klang, als wüßte ich genau Bescheid, obwohl es doch gerade in diesen Dingen kein *Wissen* gab.

Dann kam das Läuten, und Jeremiah rannte aus dem Bild. Ich sah mich aufstehen und zur Konsole gehen, um das Gerät auszuschalten. Der Bildschirn wurde schwarz.

Ich stand auf, um wieder Licht zu machen, aber ehe ich noch zwei Schritte gegangen war, erschien wieder ein Bild auf dem Monitor. Ich blieb stehen.

Das Bild war schlecht – grau und körnig wegen des Lichtmangels. Den Blick auf den Schirm gerichtet, sagte ich mir, es müsse sich um eine Sequenz handeln, die irgendwann früher aufgenommen worden war. Neugierig, ob es vielleicht Aufnahmen aus der Klinik wären, versuchte ich, die Einrichtung des Zimmers zu erkennen. Aber nein, das war ja unser Zimmer, aus einer etwas anderen Perspektive aufgenommen. Jemand mußte an die Kamera gestoßen sein. Das Gerät war wohl gelaufen, während die Deckenbeleuchtung nicht eingeschaltet gewesen war. Aber wieso? Und wann? Ich erinnerte mich ganz deutlich, es ausgeschaltet zu haben, ehe ich in die Mittagspause gegangen war.

»Ohoooooo«, klang es dünn aus dem Lautsprecher. »Ohoooo.« Andere Geräusche – Füßescharren, Stühlerücken – begleiteten die körperlose kleine Stimme.

Verwirrt und beinahe unheimlich berührt, setzte ich mich wieder auf meinen Stuhl und suchte zu verstehen, was da vorging.

»Ohoooooooooo-ooo-ooooo.« Dicht vor der Kamera tauchte Jadie auf. »Ohoooooooooooo«, sang sie unablässig mit dünner, hoher Stimme. Sie bewegte sich vor und zurück, einmal der Kamera so nahe, daß nur ihr Mund zu sehen war, dann wieder so weit weg, daß sie beinahe mit dem grauen Hintergrund verschmolz, und gab zwei oder drei Minuten lang fast ohne Pause diese O-Laute von sich.

Dann verstummte sie und blickte ein paar Sekunden lang nur in die Kamera. Plötzlich drehte sie sich um und nahm zwei Bleistifte von einem Tisch neben sich. Den einen drückte sie der Länge nach gegen ihre Oberlippe, den anderen auf gleiche Art gegen ihre Unterlippe, so daß beide Lippen sich in grotesk dicken Wülsten nach außen preßten und ihr Mund aussah wie der eines Clowns. Und während sie das tat, hauchte sie ein Geräusch, das wie »ucka, ucka, ucka« klang, in die Kamera.

Es war so bizarr, daß ich wie gebannt auf meinem Stuhl sitzen blieb. Jadie selbst war kaum sichtbar, ihre Stimme war wie körperlos. Als sie langsam von der Kamera zurückwich, verschmolz ihr volles dunkles Haar allmählich mit der Düsternis des Hintergrunds, und nur das helle Oval ihres Gesichts war noch auszumachen. In dieser Entfernung blieb sie stehen und schwieg einen Moment. Dann näherte sie sich der Kamera wieder und begann zu flüstern. Zunächst konnte ich nicht verstehen, was sie sagte. Sie war zu weit vom Mikrofon entfernt und sprach zu leise. Dann aber kam sie immer näher.

»Hilf mir«, klagte sie beinahe seufzend. »Hilf mir, hilf mir, hilf mir, hilf mir, hilf mir...« Immer näher kam sie an die Kamera heran, bis auf dem Bildschirm nur noch ihr Mund zu sehen war, der immer wieder dieselben Worte formte: »Hilf mir, hilf mir, hilf mir, hilf mir, hilf mir...« Dann wurde das Bild auf dem Monitor schwarz.

Erst als der Bildschirm zu flimmern begann und nichts als eintöniges Summen mehr aus dem Lautsprecher kam, wurde mir bewußt, daß Jadie während der ganzen gespenstischen Vorstellung aufrecht gestanden hatte.

5 Ich sah mir die kurze Sequenz bestimmt ein dutzendmal an und versuchte, ihre Bedeutung zu ergründen. Mir war jetzt klar, daß Jadie sich ins Unterrichtszimmer zurückgeschlichen hatte, nachdem ich mit den anderen zur Mittagspause hinuntergegangen war; darum hatte kein Licht gebrannt; darum war nur noch ein kläglicher Rest Videoband auf der Spule gewesen, als ich wieder heraufgekommen war.

Aber mich beschäftigte die Frage, was diese Aufnahme zu bedeuten hatte. Hatte Jadie gewollt, daß ich sie sehe? War es eine an mich gerichtete Botschaft? Oder hatte sie nur mit dem Videogerät herumgespielt, ohne sich darüber Gedanken zu machen, ob jemand sich den Film ansehen würde? Unverkennbar hatte sie bei den Aufnahmen völlig gerade gestanden. War es ihre Absicht gewesen, mich wissen zu lassen, daß sie ganz aufrecht stehen konnte, oder war ich da zufällig auf ein wohlgehütetes Geheimnis gestoßen?

Da ich auf keine dieser Fragen eine Antwort wußte, beschloß ich einfach abzuwarten. Ich erwähnte die Aufnahme weder am nächsten noch an den folgenden Tagen, obwohl wir weiterhin mit dem Gerät arbeiteten und ich, wie versprochen, die Kinder bei der Aufführung eines kleinen Sketches aus unserem Lesebuch aufnahm, den wir uns dann »im Fernsehen« ansahen. Ich hoffte, mein Schweigen würde Jadie aus der Reserve locken, wenn die Aufnahme wirklich für mich gedacht gewesen war; sie würde entweder Andeutungen machen oder mir eine weitere Botschaft zukommen lassen. Aber nichts davon geschah.

Es ereignete sich vielmehr das, was ich bei meiner Arbeit mit behinderten Kindern schon oft erlebt hatte: Eine Krise, die rasches Handeln verlangte, trat ein und verdrängte subtilere Vorgänge, sosehr diese mich auch vorher beschäftigt hatten. In diesem Fall erlitt Philip während des Unterrichts einen schweren epileptischen Anfall. Es war der erste seit Jahren, doch die ganze folgende Woche war chaotisch, da ein Anfall dem anderen folgte, bis der Kleine schließlich ins Krankenhaus von Falls River kam. Für die Kinder war es tief erschütternd, dieses Leiden mitansehen zu müssen; insbesondere Jeremiah, der bei jedem Anfall sicher war, Philip würde sterben, reagierte mit panischer Angst, in die er die anderen mit hineinriß. Ich brauchte meine ganze Kraft und Konzentration, um uns halbwegs sicher durch diese Krise zu steuern.

Mehr als zwei Wochen später saß ich nach dem Unterricht allein am Tisch im Klassenzimmer und arbeitete an meinem Plan für den folgenden Tag, als mich plötzlich das Gefühl beschlich, beobachtet zu werden. Ich hob den Kopf, sah mich um, entdeckte jedoch nichts. Aber die Unruhe hielt an, als ich mich wieder über die Arbeit beugte, und ließ sich nicht abschütteln. Ich sah zur Uhr hinauf. Es war Viertel nach vier; die Kinder waren alle längst gegangen, und die anderen Lehrer saßen wahrscheinlich im Lehrerzimmer. Schließlich hielt ich es nicht mehr aus, stand auf und ging zur Tür, um in den Flur hinauszusehen.

Dort stand Jadie.

»Hallo«, sagte ich.

Sie sah mich stumm an.

»Du solltest um diese Zeit eigentlich nicht hier im Haus sein. Du kannst zwar nach der Schule unten im Hof spielen, aber ich glaube nicht, daß es Mr. Tinbergen recht ist, wenn um diese Zeit noch Kinder im Haus herumwandern.«

Immer noch sah sie stumm zu mir auf.

»Brauchst du etwas?«

Keine Antwort.

Ich sah den Korridor hinunter. Was ich über Tinbergen gesagt hatte, war nicht aus der Luft gegriffen. Ich wußte, daß er es nicht mochte, wenn sich nach Unterrichtsschluß noch Kinder im Haus aufhielten.

»Um diese Zeit arbeite ich immer meine Pläne aus«, erklärte ich.

»Ich habe viel zu tun. Wenn du etwas brauchst, will ich gern versuchen, dir zu helfen; aber wenn dem nicht so ist, solltest du wieder hinausgehen, Jadie.«

Keine Reaktion.

Ich betrachtete sie aufmerksam. »Möchtest du hereinkommen?«

Immer noch spähte sie aus geduckter Haltung zu mir herauf.

»Ich habe viel zu tun«, murmelte ich. »Wenn du hereinkommst, mußt du beim Spielen leise sein.«

Ohne auch nur ein Nicken schob sie sich an mir vorbei in den Unterrichtsraum.

Stolpernd trippelte sie zum Schrank, in dem die Puzzles lagen, nahm eines heraus und schlich quer durchs Zimmer bis zu meinem Tisch. Dort legte sie das Spiel nieder, hockte sich tief gekrümmt auf einen Stuhl und leerte die Puzzleteile aus der Schachtel. Ich beobachtete sie heimlich, während sie daranging, die Teile aneinanderzulegen. Sie hatte sich nach der Schule umgezogen und trug jetzt ein verwaschenes rosarotes Sweatshirt und eine abgetragene Cordhose. Das lange dunkle Haar fiel ihr wirr über die Schultern, so zerzaust, daß man wahrscheinlich mit einer Bürste nicht durchgekommen wäre.

Zehn, fünfzehn, zwanzig Minuten vergingen in völliger Stille. Ich beschäftigte mich mit meinen Plänen, und Jadie arbeitete eifrig an ihrem Puzzle. Sie spielte gern damit und hatte dieses spezielle Bild schon mehrmals gelegt, aber es war groß und bestand aus hundert Teilen, so daß sie einiges zu tun hatte. Ich ertappte mich dabei, daß ich immer länger zu ihr hinsah. Ich konnte mich nicht mehr auf meine Arbeit konzentrieren, da sich hartnäckig die Erinnerung an die Videoaufnahme in mein Bewußtsein drängte.

»Setz dich ein bißchen aufrechter«, murmelte ich kaum hörbar.

Jadie hielt inne, in der einen Hand ein Puzzleteil, das sie gerade hatte einfügen wollen.

»Zeig mir, daß du gerade sitzen kannst.«

Vielleicht hatte gar nicht meine Stimme sie veranlaßt innezuhalten; vielleicht hatte sie nur die Stelle gesucht, an die das Puzzleteil gehörte. Sie fand sie und fügte das Teilchen ein. Dann holte sie sich das nächste, als hätte ich überhaupt nicht zu ihr gesprochen.

»Zeig mir, daß du dich aufrichten kannst, Jadie. So wie auf der Videoaufnahme.«

Noch immer verriet nichts in ihrem Verhalten, ob sie mir überhaupt zuhörte.

»Ich weiß, daß du es kannst, Jadie.«

Sie nickte ganz leicht, sah aber immer noch nicht auf.

Schweigen.

»Na schön«, meinte ich und klappte mein Arbeitsheft zu. »Macht nichts. Es ist ja deine Entscheidung.«

Jadie hob den Kopf. Sie hob ihn so weit, daß sie mir gerade ins Gesicht sehen konnte, nicht wie sonst von unten herauf. Aber weiter richtete sie sich nicht auf. Selten hatte ich ihr Gesicht so unverhüllt und klar zu sehen bekommen, und das tiefe, strahlende Blau ihrer Augen, das durch den Kranz dunkler Wimpern noch intensiver leuchtete, überraschte mich.

Sie sah mir forschend ins Gesicht. »Wer bist du?« fragte sie mit merkwürdig klagender Stimme.

»Torey«, antwortete ich, nicht ganz sicher, was sie meinte.

»Torey?« Sie sprach es aus wie ein unbekanntes Wort. »Torey? Du bist Torey?«

»Ja.«

»Torey«, wiederholte sie. »Aber wer *bist* du?«

Ich verstand nicht, was sie wissen wollte, und zögerte.

»Wer bist du?«

»Eine Lehrerin«, erwiderte ich unsicher. »Jemand, der Kindern hilft.«

Zum erstenmal wandte sie den Blick von meinem Gesicht. Mit einem Ausdruck tiefster Verwunderung drehte sie sich und sah sich im Zimmer um, ehe sie wieder auf ihr Puzzle hinunterblickte. »Aber wer *bist* du?« fragte sie ein viertes Mal.

Verwirrt, weil ich merkte, daß ich ihre Frage nicht beantworten konnte, fragte ich meinerseits: »Was glaubst du denn, wer ich bin?«

Jadie überlegte einen Moment, dann zuckte sie die Achseln. »Vielleicht bist du Gott.«

Am folgenden Nachmittag saß ich am Lehrerpult in der Garderobe, als ich hörte, wie die Tür zum Klassenzimmer geöffnet wurde. Ich konnte zwar ins Zimmer hineinsehen, doch die Tür befand sich außerhalb meiner Sichtweite.

»Ja?« sagte ich. »Lucy?« Ich glaubte, sie wäre vielleicht vorbeigekommen, um mir die Arbeitsblätter zu bringen, die sie mir versprochen hatte.

Keine Antwort.

Ich stand auf und spähte zur Garderobentür hinaus. Jadie stand im Klassenzimmer.

»Du kommst wohl gern nach dem Unterricht zu Besuch?« meinte ich.

Sie nickte schwach.

»Ich fürchte, jeden Nachmittag geht das nicht«, sagte ich. »Manchmal muß ich aus dem Zimmer raus, und da kann ich dich hier nicht allein lassen. Und wenn Mr. Tinbergen etwas merkt und es ihm nicht recht ist, muß es aufhören. Ja? Verstehst du das? Er möchte nämlich nicht, daß die Kinder nach dem Unterricht im Schulhaus bleiben.«

Sie zuckte beinahe unmerklich die Achseln und lief mit den für sie so charakteristischen stolpernden kleinen Schritten in die Ecke, wo wir die Tiere hielten. Behutsam öffnete sie den Kaninchenkäfig, hob das Tier heraus und nahm es in die Arme. Ich kehrte in die Garderobe zurück und setzte mich wieder an die Arbeit.

Etwa zwanzig Minuten vergingen. Jadie war im Klassenzimmer in ihr Spiel vertieft, und ich hatte beinahe vergessen, daß sie da war. Ich konnte sie von meinem Platz aus nicht sehen, und sie war mucksmäuschenstill. Plötzlich erschien sie an der Tür zwischen Unterrichtsraum und Garderobe, in der Hand ein Blatt Papier.

Normalerweise brannte in der Garderobe kein Licht. Der lange schmale Raum hatte zwei Türen: die, an der Jadie jetzt stand, und eine weitere am hinteren Ende, die auf den Korridor hinausführte. Im allgemeinen reichte das Licht, das durch die Türen drang, den Kindern zum An- und Ausziehen. Um ungestört arbeiten zu können, hatte ich jedoch die Tür zum Flur geschlossen und die Deckenbeleuchtung eingeschaltet.

Jadie, die immer noch am Eingang stand, musterte mit neugieriger Verwunderung die hohen Wände, die Ablagebretter über den Garderobenhaken, die für Pausenbrotköfferchen und Bücher gedacht waren, die Haken selbst, die Bänke darunter. Ein wenig zaghaft trat sie ein.

»Du hast die Garderobe wohl noch nie bei Licht gesehen?« fragte ich.

»Sonst ist es hier immer dunkel.«

»Ja, ich mache am Tag nicht gern Licht. Wir vergessen immer, es wieder auszumachen, und das ist Verschwendung. Es gibt hier zwar kein Fenster, aber im allgemeinen bekommen wir hier aus dem Klassenzimmer und dem Flur genug Licht.«

»Es gibt keine Fenster«, murmelte Jadie, den Blick nach oben gerichtet.

»Nein.«

Noch einmal musterte sie den Raum aufmerksam, dann wandte sie sich wieder dem Papier in ihrer Hand zu. »Darf ich das haben?« fragte sie. »Darf ich da was draufmalen?«

»Ja, wenn du möchtest.«

Sie verschwand wieder im Klassenzimmer, kam jedoch schon Augenblicke später mit dem Papier unter dem Arm und einem Becher voll Malkreiden in der Hand zurück. Nachdem sie die Sachen auf dem Linoleumboden der Garderobe ausgebreitet hatte, kniete sie nieder und begann ohne ein weiteres Wort an mich zu zeichnen.

Das Blatt war groß, etwa sechzig auf neunzig Zentimeter, und Jadie malte es ganz schwarz aus – bis auf eine kleine freie Fläche in der rechten unteren Ecke. Dort standen zwei winzige, gesichtslose, glockenförmige Gestalten.

»Das sieht ja interessant aus.« Ich beugte mich über mein Pult nach vorn.

Jadie hob die Zeichnung hoch und betrachtete sie. »Das bin ich, und das ist Amber«, sagte sie und tippte mit dem Finger erst auf die eine, dann auf die andere der zwei Figuren.

»Ah ja.«

Schweigend betrachteten wir beide das Bild. Dann schlug ich alle Vorsicht in den Wind und sprach aus, was mir durch den Kopf ging, obwohl es psychologisch sicher nicht ganz richtig war. »Also, wenn ich ehrlich sein soll, Jadie, finde ich, die beiden Figuren dort sehen gar nicht aus wie richtige kleine Mädchen. Sie sind so sonderbar gebaut.«

»Ja, weil das ich und Amber sind. Das hab ich doch gerade gesagt. Ich hab nicht gesagt, daß wir kleine Mädchen sind. Wir sind gar nicht da. Wir sind Geister.«

»Ach so! Ihr beide habt euch als Geister verkleidet. Wie für ein Kostümfest, hm?«

»Nein. Wir sind nicht verkleidet. Wir *sind* Geister.«

»Aha.«

Schweigen.

»Welche bist du, und welche ist Amber?«

Jadie stand umständlich von ihrem Arbeitsplatz auf, nahm das Bild und legte es mir auf den Tisch. Sie zog einen Bleistift aus dem Halter und schrieb unter die eine der Figuren zuerst ihren eigenen Namen, dann unter die andere den Namen ihrer Schwester.

»Und was ist mit deinen Eltern? Und mit Sapphire?«

»Wir haben keine Eltern, wenn wir Geister sind, Amber und ich. Und Sapphire ist noch viel zu klein. Sie weiß überhaupt nicht, wie's geht.«

»Aha, so ist das also.« Ich beugte mich vor, um mir das Bild genauer anzusehen. »Ihr zwei seid also allein? Ist das nicht ein bißchen einsam, zwei kleine Mädchen so ganz allein?«

»Ich hab dir doch gesagt, wir sind keine kleinen Mädchen. Wir sind Geister. Und Geister sind nie einsam. Es ist schön, so ganz allein, wenn man ein Geist ist. Wir schweben einfach so rum, ganz weit rauf, und dann schauen wir zu den Leuten runter und sehen zu, was sie machen. Aber sie können *uns* nicht sehen, weil wir unsichtbar sind, und drum wissen sie auch nicht, daß wir ihnen zuschauen.«

Ich nickte. »Das klingt ja wirklich interessant. Und wobei seht ihr den Menschen zu?«

»Ach, bei allen möglichen Sachen. Wenn sie ins Bett gehen oder fernsehen. Wir schauen bei allen Leuten in die Häuser rein.«

»Ah ja.«

»Da macht's mir nie was aus, wenn's dunkel wird. Für Geister muß es dunkel sein. Aber wenn's zu dunkel wird, ehe man rauskommt, dann schafft man's nicht mehr. Dann kommt man nicht mehr aus seinem Körper raus und bleibt eingesperrt.«

Ich sah sie verblüfft an. »Wie meinst du das?«

Ein Ausdruck, den ich nicht deuten konnte, flog über Jadies Gesicht – Beunruhigung? Besorgnis vielleicht? Ich war mir nicht sicher. Sie wandte sich mit einer ruckartigen Bewegung von mir ab und antwortete nicht.

»Was ist denn? Macht es dir angst, darüber zu sprechen?«

Sie zögerte einen Moment. »Ich dürft's dir eigentlich gar nicht erzählen.«

»Warum denn nicht?«

»Weil ich nicht darf.«

»Aber warum nicht?«

»Weil solche Sachen, die einem im Kopf rumgehen, geheim sind.« Sie sah mich an. »Das stimmt doch, oder? Geheimnisse darf niemand wissen.«

Ich lächelte ein wenig. »Manchmal schon, da schadet es nichts.« Ich bemühte mich, einen leichten Gesprächston beizubehalten. »Außerdem interessiert mich das. Wie wird man denn ein Geist? Könnte ich das auch? Könntest du es mir beibringen?«

»Ich glaube nicht«, antwortete sie zweifelnd. Dann starrte sie auf das Bild und sagte: »Also, man muß sich ganz ruhig halten. Ganz still. Als ob man tot wäre. Und wenn man tut, als ob man wie tot ist, dann schlüpft man aus seinem Körper raus und fliegt weg.« Wieder machte sie eine Pause. »Aber ich weiß nicht, ob Große das auch können.«

»Ist es einfach für dich?« fragte ich.

»Ja, schon.«

»Und wie kommst du dann später wieder in deinen Körper hinein?«

Jadie antwortete nicht.

»Weißt du es nicht?«

Sie schüttelte den Kopf. »Ich wach einfach am nächsten Morgen auf und bin wieder da.«

»Ist es ein Traum?«

Jadie zog die Brauen zusammen. »Nein. Das hab ich nicht gesagt. Es ist nicht einfach ein Traum. Es ist was, das ich wirklich tun kann. Nur, weißt du, ich möcht immer draußen bleiben, aber dann schlaf ich jedesmal ein.«

»Das hört sich ja an, als wolltest du gar nicht zurückkehren.«

»Ja, das ist nämlich so: Wenn man bei Sonnenaufgang ein Geist ist, dann bleibt man immer und ewig ein Geist. Das hat Tashee gesagt. Dann kommt man nie wieder in seinen Körper rein, weil der nämlich stirbt, wenn die Sonne aufgeht und kein Mensch drin ist.«

»Oh!«

»Drum versuch ich immer, wach zu bleiben. Ich trink Cola. Cola ist immer da, aber dann werd ich trotzdem müde. Und dann schlaf ich ein, und dadurch muß ich wieder in meinen Körper zurück. Und wenn ich dann am Morgen aufwach, bin ich immer noch da.«

»Und du wärst eigentlich lieber ein Geist geblieben?«

Jadie nickte.

Danach versiegte das Gespräch. Wir sahen beide auf das Bild, und Schweigen hüllte uns ein.

»Mir gefällt das Bild«, sagte ich schließlich. »Darf ich es haben?«

Jadie sah zu mir herüber. »Was willst du damit machen?«

»Ich möchte es nur behalten. Vielleicht könnte ich es an die Wand hängen. Es ist ein schönes Bild. Vielleicht würden die anderen es auch gern sehen.«

»Nein!« rief Jadie erschrocken. »Keiner sonst darf es sehen.«

»Aber warum denn nicht?«

»Weil ich dir's gesagt habe. Weil es ein Geheimnis ist. Außerdem – wenn du's aufhängst, krabbeln vielleicht Spinnen drauf rum. Und würden es vielleicht sehen. Dann kommen die Polizisten.«

Nun konnte ich ihr überhaupt nicht mehr folgen. »Polizisten?« wiederholte ich verdattert. »Was meinst du damit?«

»Sie würden mich mitnehmen, weil ich gelogen habe. Sie würden mich ins Gefängnis bringen, und ich müßte vielleicht sterben. Manchmal erschießen die Polizisten die Leute mit ihren Gewehren, wenn sie denken, die wollen abhauen. Und wenn man ins Gefängnis kommt, bringen sie einen manchmal auf einem Stuhl um.«

Ich sah, wie erregt sie war, und lenkte das Gespräch rasch in andere Bahnen. »Tashee weiß also auch, wie man ein Geist wird?«

Jadie nickte. »Ja. Tashee hat mir und Amber ja gezeigt, wie man's macht.«

»Sie ist wohl sehr gescheit.«

Jadie nickte wieder. »Tashee weiß unheimlich viel.«

»Tashee ist dir sehr wichtig, nicht?«

Zum erstenmal spielte der Anflug eines Lächelns um Jadies Mund. »Ja, sie ist meine beste Freundin. Ich mag sie lieber als alle anderen.«

»Ist sie auch hier in der Schule? Bei Mrs. McLaren ist sie doch nicht, oder? Geht sie schon in die dritte Klasse?«

Jadie sah mich verständnislos an. »Aber nein«, antwortete sie in einem Ton, als hätte ich eine ausgesprochen dumme Frage gestellt. »Deswegen verwandeln wir uns doch überhaupt nur in Geister, ich und Amber.«

»Wie meinst du das?«

»Na, damit wir Tashee besuchen können. Sie kann nicht zu uns kommen. Sie ist seit über einem Jahr tot.«

6 Ich war enttäuscht, als Jadie am folgenden Nachmittag nicht kam. Anfangs war ihr Erscheinen eine Störung für mich gewesen, aber nach zwei Besuchen war ich neugierig geworden und freute mich darauf, sie in den ruhigen Stunden des späten Nachmittags, wenn niemand uns stören konnte, wiederzusehen. Sobald die Kinder gegangen waren und ich alles erledigt hatte, was ich außerhalb des Klassenzimmers zu tun hatte, setzte ich mich mit meiner Arbeit an den Tisch im Unterrichtsraum, da ich meinte, eine Annäherung würde Jadie hier leichter fallen als hinten in der Garderobe. Doch Jadie ging nach dem Unterricht nach Hause wie immer und kam nicht zurück. Zwei-, dreimal glaubte ich, sie draußen im Flur zu hören, und ging zur Tür. Aber es war nie ein Mensch da.

Erst Mitte der Woche machte Jadie mir wieder einen ihrer späten Besuche. Es war schon nach halb fünf. Ich war mit meiner Arbeit fertig, hatte eine Stippvisite im Lehrerzimmer gemacht und saß nun mit einer Fachzeitschrift an meinem Pult in der Garderobe. Ich hörte, wie die Tür zum Klassenzimmer geöffnet wurde, dann war alles still.

»Ja?« rief ich.

Jadie kam zur Tür. Sie war zu Hause gewesen und hatte sich umgezogen, trug jetzt einen schrecklichen selbstgemachten Jogging-Anzug mit krumm und schief aufgenähter Zackenlitze an Hals und Ärmeln.

»Hallo«, sagte ich lächelnd.

Sie kam nur einen Schritt in den kleinen Garderobenraum herein, dann blieb sie stehen und drehte den Kopf nach allen Richtungen, um sich gründlich umzusehen. Über den Mantelhaken waren die Borde, und etwa sechzig Zentimeter über dem Bord auf der rechten Seite zogen sich zwei Heizrohre von circa acht Zentimetern Durchmesser der ganzen Länge nach durch den Raum. Ein drittes

Rohr, ein Wasserrohr von gut zwanzig Zentimetern Durchmesser, das vom Boden bis zur Decke reichte, befand sich in der Ecke bei der Tür zum Korridor. All diese Einzelheiten sah Jadie sich genau an. Dann drehte sie den Kopf und musterte die offenstehende Verbindungstür zwischen Garderobe und Klassenzimmer. Es war eine schwere, altmodische Tür aus massivem Holz. Man brauchte sie nicht zu berühren, um zu wissen, daß sie sehr stabil und solide war. Dennoch streckte Jadie den Arm aus und legte die Hand auf das Holz.

Sie prüfte die Tür ganz genau. Langsam, um die Maserung zu ertasten, strich sie mit beiden Händen über das Holz und fuhr mit den Fingern die geschnitzten Leisten entlang, bis sie zum Türknopf und zum Schloß gelangte. Beide waren so altmodisch wie die Tür selbst, es gab sogar ein richtiges Schlüsselloch. Auch diesen Teil prüfte Jadie mit konzentrierter Aufmerksamkeit, steckte ihren kleinen Finger ins Schlüsselloch, drehte den Knopf hin und her und beobachtete, wie der Schnapper sich vor und zurück bewegte.

Zehn Minuten lang war sie damit beschäftigt, und in der ganzen Zeit sagte ich kein einziges Wort, sondern saß still an meinem Pult und sah ihr zu. Jadie schien meine Anwesenheit nicht sonderlich zu interessieren. Ihre ganze Aufmerksamkeit galt der Tür. Behutsam zog sie sie vom Stopper weg und stieß sie zu. Dann drehte sie den Knopf und zog die Tür wieder einen Spalt auf. Sie prüfte mit den Fingern die Verriegelung.

»Das ist der Riegel zum Absperren«, sagte sie mehr zu sich selbst als zu mir. Sie berührte den Riegel, schloß die Tür wieder, drehte den Knopf, zog die Tür wieder auf, berührte den Riegel, schloß sie wieder. Das tat sie mindestens sechs- oder siebenmal, ehe sie sich abrupt zu mir umdrehte. »Hast du einen Schlüssel für die Tür? Kann man sie absperren?«

Ich nickte.

Sie strahlte. »Gibst du ihn mir? Ich möcht gern zusperren.«

Fasziniert von ihrem Verhalten, stimmte ich zu und kramte den

Schlüssel aus der Schublade meines Pults. Jadie schob ihn geschickt in das Schlüsselloch und drehte ihn. Der Riegel schnappte zu.

»Gut«, brummelte sie befriedigt. Sie zog den Schlüssel ab und versuchte, die Tür zu öffnen, aber das ging natürlich nicht. Dann sperrte sie wieder auf, öffnete die Tür, streckte den Kopf ins Klassenzimmer, zog ihn zurück, warf die Tür zu und sperrte wieder ab. Danach rannte sie stolpernd zur Korridortür.

»Geht der Schlüssel hier auch?« fragte sie mich. »Können wir hier auch zusperren?«

Ehe ich antworten konnte, hatte sie den Schlüssel schon ins Schloß geschoben. Er paßte bei beiden Türen, und ein Lächeln der Befriedigung flog über Jadies Gesicht, während sie an der zweiten, ebenfalls abgeschlossenen Tür rüttelte. Unvermittelt ließ sie ab, trippelte zur anderen Tür zurück und versuchte, sie zu öffnen, was natürlich nicht möglich war.

»Wir müssen das zumachen«, murmelte sie und kam zu mir ans Pult. Sie nahm sich eine Rolle Klebeband, riß ein Stück ab und klebte es sorgfältig über das Schlüsselloch.

»Im anderen steckt der Schlüssel, da kann keiner reinschauen. Aber das hier muß zugemacht werden.« Dann entfernte sie sich plötzlich von der Tür und rannte in gekrümmter Haltung, den Blick auf den Boden geheftet, im Kreis durch den ganzen Raum.

»Suchst du etwas?« fragte ich.

»Spinnen. Keine Spinnen«, brummelte sie. »Hier gibt's keine Spinnen.«

»Nein. Mr. Tinbergen läßt regelmäßig jemanden kommen, der sprüht. Der Mann war erst im Februar hier. Hier gibt es bestimmt keine Spinnen.«

Jadie reckte den Kopf in die Höhe. »Keine Spinnen. Keine Fenster. Da kann niemand reinkommen.«

»Nein.«

Sie trippelte zur Verbindungstür zum Klassenzimmer und vergewisserte sich von neuem, daß sie fest verschlossen war. Einen Fuß gegen den Türpfosten gestemmt, zog und rüttelte sie mit aller Kraft, und als die Tür sich nicht von der Stelle rührte, tat sie etwas, das ich überhaupt nicht erwartet hatte – sie fing an zu lachen.

Ich hatte Jadie noch nie lachen gehört. Ich hatte bei ihr nie mehr gesehen als ein gelegentliches flüchtiges Lächeln, jetzt aber lachte sie laut und fröhlich, und ihr Gelächter füllte den ganzen Raum.

»Du freust dich offensichtlich, daß die Tür nicht mehr aufgeht«, sagte ich.

»Sie ist zugeschlossen. Ich hab uns eingeschlossen. Keiner kann hier rein. Keiner kann reinschauen, weil keine Fenster da sind. Und die Spinnen wissen gar nichts. Das ist gut.«

»Ja«, stimmte ich zu.

»Das ist gut«, wiederholte sie. »Hier bin ich sicher.«

»Du fühlst dich sicher.«

Sie antwortete nicht. Das Schweigen dehnte sich in die Länge. Ihr Blick wanderte von der Tür über die Wände und den Boden und blieb schließlich an meinem Gesicht hängen.

»Willst du sehen, wie ich gerade stehen kann?« fragte sie in beinahe verschwörerischem Ton.

Ich nickte.

Langsam und ein wenig steif richtete sie sich auf, bis sie ganz aufrecht stand. Eine Hand an die Wand gestützt, zog sie ihre Schultern zurück und streckte ihren Bauch heraus. Mit einem unbefangenen, wissenden Lächeln sah sie mich an.

Ich lächelte zurück. »Gut.«

Sie wandte sich von mir ab, hob beide Arme und griff nach zwei Garderobenhaken. Die Füße gegen die Bank unter den Haken gestemmt, bog sie ihren Körper wie zur Brücke nach rückwärts und dehnte die vermutlich stark verkrampften Muskeln. Mehrmals zog sie sich in einer Art Klimmzug an den beiden Haken hoch und stieß schließlich einen tiefen Seufzer der Erleichterung aus, ehe sie wieder von der Bank herunterstieg.

Immer noch in kerzengerader Haltung, zog sie dann die Ärmel

ihrer Jacke herunter und zupfte ihren Anzug zurecht. »Ich weiß jetzt, was das Schild zu bedeuten hat«, sagte sie leise, ohne mich anzusehen.

»Welches Schild meinst du?«

»Da drüben bei der 9. Straße. Da steht eine braune Kirche, und vorn ist das Schild, da steht drauf: ›Bei Gott bist du sicher‹. Ich hab's immer gelesen, wenn wir vorbeigefahren sind, aber ich hab nie gewußt, was es heißt.« Sie lächelte. »Aber jetzt weiß ich's. Hier bin ich sicher, nicht wahr? Bei dir bin ich sicher.«

Am folgenden Nachmittag nach dem Unterricht kam Jadie wieder. Ich war schon früh ins Klassenzimmer gegangen und erwartete sie. Ich hörte die Tür ins Schloß fallen, dann Jadies stolpernden Schritt, und gleich darauf stand sie unter der Tür zur Garderobe. Ich lächelte ihr entgegen, und in Jadies Augen blitzte ebenfalls ein Lächeln auf, das allerdings ihren Mund nicht erreichte. Ich zog die Pultschublade auf und nahm den Schlüssel heraus.

»Möchtest du die Türen absperren?«

Darauf antwortete sie mit einem breiten Verschwörergrinsen. Sie riß mir den Schlüssel aus der Hand, rannte zur Korridortür, schloß ab, lief zur Tür neben meinem Pult und sperrte auch diese ab. Sie drückte den Klebestreifen über das Schlüsselloch, rüttelte wieder an den Türen, um sich zu vergewissern, daß sie fest verschlossen waren. Als sie damit fertig war, stand sie schon aufrecht und strich behutsam über das Gehäuse des Schlosses.

»Das Schloß gefällt dir«, sagte ich.

»Ich hab uns eingesperrt«, erwiderte sie.

»Hier sind wir sicher.«

Wieder machte Jadie an den Garderobenhaken ihre Gymnastikübungen, um Arm- und Rückenmuskeln zu strecken. Dann drehte sie sich um und flitzte wie ein kleiner Wirbelwind durch das Zimmer, wobei sie mit der rechten Hand an der Wand entlangstreifte. Ich war überrascht, wie flink sie sich in der Enge des Raumes bewegen konnte. Ein-, zwei-, dreimal rannte sie im Kreis durch das Zimmer und tippte dabei mit der Hand an Wände, Garderobenhaken und Bänke. Dann entdeckte sie das große Wasserrohr am Flurende des Raums, rannte hin und umschlang es fest mit Armen und Beinen, als wolle sie an ihm hochklettern. Das tat sie zwar nicht, doch sie blieb drei, vier Minuten in dieser Haltung stehen.

Ich sah mir das alles in sprachloser Verblüffung an. War dies dasselbe Kind, das nur wenige Stunden zuvor klein und geduckt bei mir im Unterricht gesessen und bestenfalls einen Ton gesagt hatte, wenn man es angesprochen hatte? War dies meine Jadie?

Diese Nachmittagsbesuche wurden schnell zur Gewohnheit. Beinahe jeden Tag erschien Jadie zwischen Viertel nach vier und halb fünf, sperrte sich mit mir ein, machte zunächst ihre Haltungsübungen und drehte dann ihre Runden. Variationen gab es höchst selten, und ich war im Grunde bei dem ganzen Vergnügen ziemlich überflüssig. Ihre Aufmerksamkeit schien einzig auf körperliche Bewegung gerichtet zu sein, während sie ohne Pause Runde um Runde drehte. Nach etwa zwanzig Minuten dieser hektischen Aktivität pflegte sie innezuhalten, um zu erklären, sie müsse jetzt nach Hause, und alle Türen wieder aufzusperren. Stets verwandelte sie sich dabei wieder in das bucklige kleine Schneckenhausmädchen, das wir aus dem Unterricht kannten.

Mehr als zwei Wochen vergingen. Dann trat plötzlich eine Variation zum Thema auf. Eines Nachmittags, nachdem sie beide Türen abgesperrt hatte, richtete Jadie sich auf. Ich erwartete, daß sie nun wieder ihre Leibesübungen an den Garderobenhaken aufnehmen würde, doch sie stieß unvermittelt einen Schrei aus. Es war ein vergnügter Schrei; ein helles, durchdringendes, mädchenhaftes Quietschen, das sich in dem kleinen Raum fing. Mit strahlendem Gesicht drehte Jadie sich um und schrie noch einmal. Und noch einmal. Und wieder. Mir klangen die Ohren.

Den Kopf weit nach rückwärts geneigt, begann Jadie mit ausgebreiteten Armen zu tanzen, drehte sich in wilden Kreisen und stieß dazu ihre Juchzer aus. So mußte das fünf Minuten oder länger gegangen sein, als vom Flur aus an die Tür geklopft wurde.

»Torey?« Es war Lucys Stimme, und sie klang beunruhigt. »Ist da drinnen alles in Ordnung?« Sie drehte den Türknopf, aber die Tür ließ sich natürlich nicht öffnen.

Jadie, die beim Klang von Lucys Stimme schlagartig erstarrt war, atmete hörbar auf, als die Tür abgeschlossen blieb.

»Ja, hier ist alles in Ordnung«, antwortete ich.

»Wirklich? Sie brauchen keine Hilfe?«

»Nein, nein, alles okay, Lucy.«

Gedämpfte Geräusche drangen durch die Tür. »Also gut«, murmelte Lucy unsicher. »Wie Sie meinen.« Dann ging sie.

Jadie stand stocksteif, bis sie gewiß war, daß niemand mehr vor der Tür war. Erst dann drehte sie den Kopf und sah mich an. Sie drückte eine Hand auf den Mund und fing an zu kichern. »Sie hat meine Stimme gehört«, flüsterte sie.

»Ja, bestimmt.«

»Sie hat mich schreien hören.«

»Und du bist hier immer noch sicher, nicht wahr?« sagte ich.

Jadie sauste wieder los. Innerhalb weniger Sekunden drehte sie drei oder vier blitzschnelle Runden, wobei sie mit den Fingern über die Wände streifte und leichtfüßig auf die Bänke und wieder herunter sprang. Nach dem dritten Rundlauf schwenkte sie plötzlich ab und flitzte auf das Wasserrohr zu. Wie so oft zuvor, umschlang sie es fest mit Armen und Beinen; diesmal jedoch kletterte sie nach einer kurzen Verschnaufpause tatsächlich daran hoch. Ehe ich begriff, was geschah, hatte Jadie die zwei kleineren Heizrohre erklommen, die auf einer Seite den Raum durchzogen, und hockte schon auf ihnen wie ein Turner auf dem Barren. Erschrocken sprang ich von meinem Stuhl auf; die Entfernung von den Rohren zum Boden betrug gut einen Meter achtzig.

»Jadie, die Rohre sind keine Kletterstangen.«

Sie lachte.

»Ich weiß nicht, ob sie dein Gewicht aushalten, und ich möchte nicht, daß du dir weh tust, komm also bitte herunter.«

Sie dachte überhaupt nicht daran.

Erst als ich meinen Stuhl hinübertrug, um sie eigenhändig herunterzuholen, reagierte sie. Schleunigst kroch sie davon, so daß ich sie nicht erreichen konnte, umfaßte lachend eines der Rohre mit beiden Händen, ließ sich hinab, schwang einen Moment in der Luft hin und her und sprang schließlich die letzten sechzig Zentimeter zum Boden hinunter.

Im Unterricht verhielt sie sich unverändert, so als gäbe es die andere Jadie gar nicht. Tag um Tag hockte sie tief zusammengekrümmt auf ihrem Stuhl, den Kopf gesenkt, die Arme eingezogen, und sprach nur, wenn es unbedingt nötig war. Mehrmals mußte ich gegen den Verdacht ankämpfen, daß ich mir ihre Besuche nach dem Unterricht nur einbildete; daß ich womöglich an Halluzinationen litt. In einem Moment besonderer Unsicherheit fragte ich mich sogar, ob es nicht vielleicht June Harriman mit Jadie ebenso ergangen war. Die meiste Zeit zwang ich mich, nicht zuviel über June Harriman nachzudenken. Ich hatte ihre persönlichen Lebensumstände nicht gekannt; aus den wenigen Gemeinsamkeiten, die aufgrund der Tatsache zwischen uns bestanden, daß ich ihre Klasse übernommen hatte, weiterführende Schlüsse zu ziehen, wäre gefährlich und destruktiv gewesen. Aber manchmal, wenn ich zu der bucklig kauernden Jadie hinübersah, schoß mir der Gedanke durch den Kopf, daß June Harriman sich vielleicht darum das Leben genommen hatte – weil sie irgendwie in die Überzeugung hineingetrieben worden war, daß *sie* die Verrückte sei. So flüchtig der Gedanke war, er durchzuckte mich wie ein Stromschlag. Ein ideales Drehbuch für einen Horrorfilm.

Am Freitag jener Woche wollte ich den Kindern Gelegenheit geben, sich an einer Collage zu versuchen. Ich brachte von zu Hause einen Stapel alter Zeitschriften mit und einen Karton voller Krimskrams – Federn, Stoffreste, Schaumstoffetzen, Flaschendeckel, ungekochte Nudeln und ähnliches – und bemühte mich, den Kindern das schwer bestimmbare Wesen eines Kunstwerks zu erklären. Wir hatten in den letzten Stunden viel über Gefühle gesprochen, und ich hoffte, von diesem Thema eine Verbindung zu den Collagen knüpfen zu können. Ich sagte, wenn alle fertig seien, würden wir in der Gruppe die einzelnen Arbeiten besprechen und herauszufinden versuchen, was für Gefühle sie bei den Menschen auslösten, die sie betrachteten, und welche Gefühle in sie hineingelegt worden waren.

Die Jungen fielen mit Wonne über den Kramkarton her und machten sich eifrig an die Arbeit.

Reuben bevorzugte die Stoffreste, besonders solche, die sich weich anfühlten, wie Samt und Seide. Einen nach dem anderen wühlte er aus dem Karton, strich sich damit die Oberlippe und wedelte dabei aufgeregt mit den Händen.

Philip, der neben Reuben saß, hatte sich einen Kaufhauskatalog ausgesucht und schnitt begeistert die Abbildungen von Spielsachen aus, um sie auf sein Blatt zu kleben.

»Ich bin gespannt, was das wird.« Ich zog mir einen Stuhl heran und setzte mich zu ihm.

»Hahhh«, hauchte Philip laut. Sein gesamtes Vokabular bestand aus mehr oder weniger kräftig gehauchten Wortfetzen, von denen die meisten mir unverständlich blieben.

»Spielsachen?« fragte ich.

Er gestikulierte wild.

»Das ist sein Wunschzettel«, rief Jeremiah, der auf der anderen Seite des Tisches saß. »Das iss'n Wink mit dem Zaunpfahl, stimmt's, Phil? Er und ich machen Bilder von allem, was wir uns zu Weihnachten wünschen.«

Ich hielt es für das Klügste, Jeremiah nicht daran zu erinnern, daß wir gerade erst den 29. März hatten.

»Und Jadie auch«, fuhr Jeremiah mit einer umfassenden Geste fort. »Jadie und ich und Philip, wir machen alle das gleiche. Was wir uns zu Weihnachten wünschen.« Seine Collage bestand fast ausschließlich aus Bildern von Jaguars und Goldbarren.

Tatsächlich tat Jadie gar nichts. Sie hockte so tief zusammengesunken auf ihrem Stuhl, daß das Kinn fast den Tisch berührte, und starrte trübsinnig auf das leere Blatt Papier, das sie vor sich hatte.

»Du findest wohl keinen Anfang?« fragte ich.

Keine Antwort.

»Du weißt natürlich, daß du keine Collage von deinen Weihnachtswünschen machen mußt. Das war Jeremiahs Einfall. Wenn es ihm Spaß macht, lauter Bilder von Dingen aufzukleben, die er sich zu Weihnachten wünscht, dann ist das wunderschön, aber du kannst etwas ganz andres machen. Du kannst machen, was du willst, Jadie.«

Schweigen.

»Bei so einem Phantasiebild ist es wichtig, daß man nicht zuviel darüber nachdenkt. Sieh dir einfach die Sachen im Karton an und nimm heraus, was dich lockt.«

Sie sagte kein Wort. Ich sah sie an. »Du weißt doch, wir haben in den letzten Stunden viel über Gefühle gesprochen, nicht wahr? Über diesen Ort ganz tief in unserem Innern, wo die Gefühle zu Hause sind. Schau doch dort einmal nach, und versuch zu erkennen, was du fühlst. Jetzt, in diesem Moment. Und dann versuch, aus dem, was du da findest, ein Bild zu machen.«

Ich kehrte zu den Jungen zurück und ließ Jadie mit ihrem leeren Blatt allein. Aufgaben, bei denen alles genau vorgegeben war, löste sie im allgemeinen sehr gut, aber bei Projekten, die Spielraum für die Phantasie ließen, schien sie stets Schwierigkeiten zu haben. Schon aus diesem Grund wollte ich mich nicht verleiten lassen, ihr diese Aufgabe zu eindeutig zu strukturieren.

Als ich etwas später wieder nach Jadie sah, hatte sie zu arbeiten angefangen. Sie hatte sich eine Zeitschrift genommen und schnitt verschiedene Bilder aus. Ich sah ihr einen Moment lang zu und versuchte, eine Beziehung zwischen den Bildern zu entdecken, aber es gelang mir nicht.

Jeremiah war mit seiner Collage fast fertig und begann unruhig zu werden. Er beugte sich über Jadies Schulter. »Was machst du?«

Jadie antwortete nicht. Sie schnitt weiter alle möglichen Bilder aus. Als sie ungefähr zwei Dutzend beisammen hatte, schob sie den Stapel Zeitschriften weg, breitete die Ausschnitte vor sich aus, nahm wieder ihre Schere und begann die Bilder sorgfältig in kleine Schnipsel zu zerschneiden.

»Mann, Fräulein, schau'n Sie mal, was die macht. Die spinnt echt. Schau'n Sie doch mal, was die macht!« brüllte Jeremiah.

»Ich warf ihm einen strengen Blick zu.

»Du spinnst ja«, sagte er zu Jadie, ließ sich auf seinen Stuhl fallen und seufzte theatralisch. »Jetzt müssen wir wohl hier rumhocken und warten, bis die fertig ist. Erst verplempert sie die ganze Zeit, und jetzt müssen wir auf sie warten. He, Kleine, wieso geht bei dir immer alles so langsam? Wieso machst du dein Zeug nie, wenn wir's auch machen? Du hockst immer nur rum wie eine Gestörte.«

Ohne im geringsten auf ihn zu achten, schnipselte Jadie weiter.

Mir wurde klar, daß ich meinen Plan, in der Gruppe über die Collagen zu sprechen, aufgeben mußte; wenn wir noch länger warteten, würden die Jungen völlig außer Rand und Band geraten. Und prompt packte Jeremiah genau in dem Moment, als ich mir dies überlegte, Reubens Collage und ließ sie in hohem Bogen durch die Luft segeln. »He, Blödmann!« rief er Reuben zu. »Sag mal ›Scheiße‹.«

»Sag mal Scheiße«, echote Reuben.

»Sag ›Scheiße‹. Scheiße, Scheiße, Scheiße. Scheiß auf dich.«

Ich knallte eine Platte auf den Plattenspieler und stimmte aus voller Lunge »Von den blauen Bergen kommen wir« an, um Jeremiah zu übertönen. Dann griff ich mir Philip, und wir begannen im Takt zu marschieren. Wir sangen mehrere Strophen in schneller Folge und begleiteten sie mit übertriebenen Gebärden, so daß die Kinder ein wenig Dampf ablassen konnten. Als das Lied zu Ende war, nahm ich das Buch auf, aus dem ich vorgelesen hatte, setzte mich auf den Teppich in die Leseecke und begann ein neues Kapitel. Ich las vor, bis die Pausenglocke läutete.

Jadie verharrte die ganze Zeit am Tisch bei ihrer Arbeit. Als es läutete, flitzte Jeremiah auf dem Weg zur Garderobe an ihr vorbei.

»Fräulein, schau'n Sie doch mal, was sie macht«, schrie er und riß das Blatt in die Höhe, ehe Jadie es zu verhindern wußte. Er drehte es um, so daß ich es sehen konnte.

Jetzt war die Beziehung zwischen den ungleichartigen Bildern offenkundig – sie hatten alle viel Rot enthalten. Die roten Schnipsel hatte Jadie mosaikartig zu einem großen Kreis aufgeklebt, der ein schwarzes Kreuz aus Wolle umgab. Das war das ganze Bild: ein viergeteilter Kreis.

»Mann, das ist echt gut!« grölte Jeremiah. »Du bist gar nicht so blöd, wie du aussiehst.«

»Das ist interessant, Jadie«, sagte ich.

»Interessant? Das ist affengeil!« brüllte Jeremiah. »Wissen Sie, was das ist, Fräulein? Eine Schießscheibe ist das! Ratatata!« Er warf das Blatt in die Luft und tat so, als durchsiebte er es mit MG-Feuer.

Jadie saß da und sagte gar nichts.

Ich hob die Collage vom Boden auf und legte sie auf den Tisch zurück, während Jeremiah dem verdutzten Reuben auf den Rücken sprang und sich von ihm im Huckepack in die Garderobe tragen ließ.

»Du mußt uns etwas dazu sagen«, meinte ich auffordernd. »Das mit dem Mosaik war eine schöne Idee.«

Jadie legte beide Hände um den Mund und brummelte etwas.

»Wie bitte?«

Sie krümmte sich noch tiefer und brummelte wieder.

»Ich kann dich nicht verstehen, Schatz.« Ich beugte mich tief zu ihr hinunter. »Was hast du gesagt?«

»Wirf es weg.«

»Ich soll deine Collage wegwerfen? Nach der vielen Arbeit, die du hineingesteckt hast?«

Sie nickte steif, alle Muskeln angespannt.

»Hat das einen bestimmten Grund?«

Keine Antwort.

»Etwas, das Jeremiah gesagt hat? Hat es dich geärgert, daß er dein Bild einfach weggenommen und damit herumgealbert hat?«

Ganz schwach schüttelte sie den Kopf.

»Ich finde es interessant. Ich würde es gern aufheben. Wir brauchen es ja nicht aufzuhängen, wenn du das nicht möchtest, aber laß es uns doch wenigstens vorläufig aufbewahren. Okay?«

Sie begann zu weinen. »Wirf es weg!«

»Aber warum denn?«

»X ist das Zeichen.«

7 Ich hatte im Lauf der Jahre eine große Kollektion an Puppen und Puppenkleidern zusammengetragen. Es waren lauter sogenannte »Sascha«-Puppen, Jungen und Mädchen mit bräunlich getönter Haut, die sie keiner bestimmten Rasse zugehörig machte, dickem Haar, das man gut kämmen konnte, und verträumten, etwas rätselhaften Gesichtern. Ich hatte sechs dieser Puppen, zwei Jungen und vier Mädchen, und dazu noch zwei »Sascha«-Babypuppen. Einen Sommer lang, während eines langweiligen Aushilfsjobs, hatte ich mir die Zeit damit vertrieben, Puppenkleider zu nähen, und nun waren meine Puppen verschwenderisch ausstaffiert mit Hemden, Hosen, Kleidern, Overalls, Jacken, Pyjamas, Unterkleidern und allem, was sie sonst noch brauchten. Eine Freundin hatte sich von meinem Eifer anstecken lassen und Pullis, Mützen und Handschuhe gestrickt, für die Babypuppen sogar kleine Schühchen. Dazu hatte ich über die Jahre alle möglichen Kleinigkeiten gesammelt, mit denen das Puppenspiel weiter ausgestaltet werden konnte, Geschirr zum Beispiel, Bettwäsche, Stofftiere und einige winzige Spielsachen und Bücher. Die Kinder, mit denen ich gearbeitet hatte, sei es im Unterrichtsraum oder im Therapiezimmer, hatten immer besonders gern mit diesen Sachen gespielt; als endlich alle meine Besitztümer in meiner Wohnung in Pecking eingetroffen waren und ich beim Auspacken auf die Puppen stieß, beschloß ich daher sogleich, sie zur Schule mitzunehmen. Leider hatte ich die kulturell bedingten Vorurteile nicht bedacht.

»Puppen?« empörte sich Jeremiah in ungläubigem Entsetzen. »Glauben Sie vielleicht, ich spiel mit einem Haufen Puppen? Das ist was für Mädchen!« Er riß die Hände vom Karton zurück, als wäre er gebissen worden.

»Aber schau doch mal! Da sind auch kleine Jungen. Und sie haben ihre eigenen Spielsachen. Da ist ein kleiner Football, siehst du?

Die Jungen hier machen sich vielleicht gerade für ein Football-Spiel fertig. Schau'n wir doch mal in der Resteschachtel nach, vielleicht finden wir da was, woraus wir einen Football-Helm machen können.«

»Mann, bilden Sie sich bloß nicht ein, daß ich mit Puppen spiel. Los, Phil, komm! Komm, Reuben, weg von den blöden Puppen.«

»Du *mußt* ja nicht mit ihnen spielen. Keiner muß hier etwas spielen, das er nicht spielen will, das weißt du doch inzwischen, Jeremiah. Aber es ist auch nicht nötig, anderen die Freude zu verderben, wenn sie sich für etwas interessieren, das einem selbst nicht gefällt. Man braucht sie ja nicht als Puppen zu betrachten. Es sind einfach – Abbilder von Menschen.«

»Es sind Puppen!«

Zu Anfang des Schuljahres wäre es einfacher gewesen, die Puppen einzuführen. In meinen früheren Gruppen waren sie von Beginn an dagewesen und konnten wie alle anderen Spielsachen im Zimmer jederzeit zum Spielen geholt und später wieder zurückgelegt werden, ohne daß das besonders beachtet wurde; so hatten sich auch viele Jungen nichts dabei gedacht, mit ihnen zu spielen. Da ich sie diesmal jedoch mitten im Jahr präsentierte, fielen sie aus dem Rahmen des Alltäglichen und traten als das in Erscheinung, was sie genau genommen auch waren – Puppen eben. So einladend ich sie auf dem hinteren Bücherbord auch zur Schau stellte, niemand ging auch nur in ihre Nähe.

Auch an diesem Tag kam Jadie, wie sie das jetzt so häufig tat, nach dem Unterricht zurück. Sie stolperte in die Garderobe, schlug die Tür zu, holte sich bei mir den Schlüssel, sperrte ab und drückte den Klebestreifen auf das Schlüsselloch.

Nachdem sie auch die andere Tür abgeschlossen hatte, richtete sie sich aus ihrer gekrümmten Haltung auf und stieß einen kleinen Schrei aus. Dann drehte sie wieder schnell und geschmeidig ihre Runden. Als sie ihr Pensum absolviert hatte, blieb sie stehen, sah sich aufmerksam um und kam schließlich zu mir ans Pult.

Es wurde still. Ich hatte wie immer mein Arbeitsheft vor mir liegen, nicht nur, weil ich die Stunden für den nächsten Tag planen mußte, sondern auch, weil es mir erlaubte, meine Aufmerksamkeit auf etwas anderes als Jadie zu richten und unser Beisammensein dadurch etwas an Intensität verlor.

»Weißt du was?« fragte sie leise.

»Was denn?«

»Ich kann hier drin gar nichts anfangen.«

»Du findest es ein bißchen langweilig?«

Sie nickte.

»Hm, was könnten wir denn dagegen unternehmen?« fragte ich, in der Hoffnung, daß dies zu einem Ausbruch aus unserem kleinen Gefängnis führen würde.

»Wenn die Puppen hier wären, das wär schön.«

»Du kannst gern mit den Puppen spielen«, erwiderte ich.

»Aber die sind ja draußen.«

»Du könntest sie dir holen. Die Schachtel mit den Kleidern steht auf dem Bücherbord. Du könntest die Puppen, die du haben willst, da hineinlegen und hierherholen.«

Jadie musterte mich. Ich merkte genau, daß sie wünschte, ich würde ihr die Puppen holen, aber als sie nichts sagte, wandte ich mich wieder meiner Arbeit zu. Jadie blieb mit trüber Miene neben dem Pult stehen.

»Wenn du die Tür aufmachst, kannst du dir die Puppen holen«, meinte ich, ohne aufzublicken. »Von der Tür bis zum Bücherbord ist es nicht weit. Du kannst sie reinholen und wieder absperren.«

Jadie drehte den Kopf und sah zur Tür. Nicht nur würde sie die sichere Garderobe verlassen, sie würde auch in aufrechter Haltung bleiben müssen, um den Karton mit den Puppen tragen zu können. Im Gegensatz zu ihrem Sprechverhalten hatte sich an ihrem Körperverhalten außerhalb der abgeschlossenen Garderobe nichts geändert. Mit einem Seufzer der Niedergeschlagenheit ließ sie sich auf eine der Bänke fallen.

»Soll ich dir helfen?« fragte ich.

Sie nickte.

»Jadie, wenn du mir sagst, was du willst, kann ich dir viel eher helfen. Ich kann es dir nicht von den Augen ablesen. Du mußt es mir schon sagen, wenn du Hilfe brauchst.«

Schweigen.

Ich stand auf. »Ich mache die Tür auf.« Nachdem ich den Schlüssel von der anderen Tür geholt hatte, zog ich das Klebeband über dem Schlüsselloch ab und sperrte auf. Jadie wich zurück. »Komm«, sagte ich und bot ihr die Hand. »Wir gehen zusammen. Du nimmst dir die Puppen, die du gern haben möchtest, und ich trage die Schachtel mit den Kleidern.«

Damit war sie einverstanden. Sie nahm meine Hand und tippelte hinter mir her ins Klassenzimmer, wo ich einige der größeren Puppen nahm und sie ihr in die Arme legte. Nicht so gekrümmt wie sonst, aber doch gebückt, hastete Jadie vor mir in die Garderobe zurück. Nachdem ich die Tür geschlossen und abgesperrt hatte, entspannte sie sich sichtlich, aber ganz traute sie mir doch noch nicht, sondern überprüfte selbst, ob die Tür wirklich abgeschlossen war. Dann lief sie mit dem Schlüssel zur Korridortür hinüber, um dort das Schlüsselloch zu blockieren.

Der Gang ins Klassenzimmer hatte Jadie viel Kraft und Überwindung gekostet. Immer noch in sich zusammengezogen, sank sie auf die Bank neben den Karton und betrachtete die Puppen, die sie sich mit soviel Selbstüberwindung erobert hatte, schien aber nicht die Energie aufbringen zu können, sie herauszunehmen und mit ihnen zu spielen. Fünf Minuten oder länger saß sie nur da; die ganze Lebendigkeit, die sie sonst mit in die Garderobe brachte, schien vorübergehend erloschen. Aber dann griff sie endlich in die Schachtel, nahm die Puppen heraus und legte sie in einer Reihe auf die Bank. Als sie damit fertig war, lehnte sie sich ein wenig zurück und vertiefte sich wieder in ihre Betrachtung.

»Das sind schöne Puppen«, sagte sie leise.

»Ja, sie sind hübsch, das finde ich auch.«

»Woher hast du die?«

»Ich habe sie gekauft. Nicht alle auf einmal, sondern eine nach der anderen im Lauf der Jahre.«

»Und wieso? Du bist doch viel zu groß, um noch mit Puppen zu spielen.«

»Ich habe sie für die Kinder gekauft, mit denen ich arbeite.«

Jadie berührte mit einem Finger vorsichtig das Haar einer der Puppen. »Sind das die Jungen und Mädchen, von denen du mir mal erzählt hast? Die, die so wie ich sind und nicht reden?«

»Ja.«

»Hast du wirklich mit denen gearbeitet?«

»Ja.«

Sie sah mich an. »Ehrlich? Du hast dir das nicht nur ausgedacht?«

»Nein. Ich habe wirklich früher schon mit Jungen und Mädchen gearbeitet, denen es so erging wie dir. Ich habe versucht, ihnen zu helfen, damit sie wieder zu sprechen anfangen konnten und damit sie die Schwierigkeiten überwinden konnten, die daran schuld waren, daß sie nicht mehr sprachen. Das war mein ganz besonderes Interesse, weißt du. Man nennt das ›Forschung‹. Das heißt, daß man mehr über etwas wissen möchte, worüber die Leute noch keine Ahnung haben. Und ich habe mich ganz besonders für Kinder interessiert, die an bestimmten Orten Schwierigkeiten hatten, zu sprechen. Ich wollte wissen, was ihnen fehlte, und ich wollte den richtigen Weg finden, um ihnen zu helfen. Das war meine Forschung.«

»Und hast du's rausgekriegt, was sie hatten?« fragte Jadie.

»Ja, ich denke schon.«

Eine Pause trat ein und zog sich in die Länge. Jadie spielte immer noch nicht mit den Puppen, berührte sie nicht einmal. Sie saß nur da und betrachtete sie. »Und diese anderen Kinder«, sagte sie langsam, »die haben wirklich nicht geredet? Genau wie ich?«

»Genau wie du. Ja.«

»Aber dann hast du ihnen geholfen? Ja? Und dann haben sie geredet? Sie haben mit dir geredet? Sie haben dir Sachen erzählt?«

»Ja.«

Sie sah zu mir auf. »Sie haben dir Sachen erzählt?«

Ich nickte.

»Und du hast ihnen alles geglaubt?«

»Ich bemühe mich immer, auf das zu hören, was jemand mir erzählt.«

»Und dann hast du versucht, ihnen zu helfen?«

»Ja, das habe ich versucht.«

Wieder Schweigen. Jadie neigte sich über die Bank und hob eine der Puppen hoch. Sie hatte dickes, hüftlanges schwarzes Haar, das Jadie behutsam glattstrich. »Darf ich der Puppe was anderes anziehen?«

»Aber ja. Du kannst sie alle anziehen, wie es dir gefällt. Sie sind doch zum Spielen da.«

Wieder strich sie über das lange Haar der Puppe und sah ihr aufmerksam ins Gesicht. Dann beugte sie sich über den Karton, kramte ein wenig darin herum und stellte einen ganzen Anzug zusammen – Unterhemd, Unterhose, Hemd, Overall, Pullover, Handschuhe, Mantel, Schuhe, Socken und Strickmütze. Ich setzte mich wieder an meine Arbeit, warf jedoch ab und zu einen heimlichen Blick zu ihr hinüber. Sie wirkte angespannter als sonst. Ihre Schultern blieben vorgezogen, die Arme bewegten sich nicht frei. Trotz der abgeschlossenen Türen schien sie kaum gelockerter als beim Unterricht, aber sie gab sich dem, was sie tat, mit ernster Intensität hin. Mit einer solchen Konzentration, daß es kaum noch Spielcharakter hatte.

Sehr vorsichtig zog sie die Puppe aus und sah sie sich, als sie völlig ausgekleidet war, genau an. Sie strich mit den Fingern über die glatten Konturen des Körpers, untersuchte die Gelenke, die sich nach Jahren des Spiels gelockert hatten, und steckte den Finger in die Höhlen, in denen die Gelenkkugeln saßen. Sie betastete den angedeuteten Bauchnabel und suchte nach den Genitalien. So zart und behutsam, wie sie die Puppe zuvor ausgezogen hatte, begann sie jetzt, ihr die neuen Kleider überzuziehen. Mit den Söckchen und der Unterwäsche fing sie an. Doch sie arbeitete sehr langsam, und schließlich blieb mir nichts anderes übrig, als sie auf die Zeit aufmerksam zu machen.

»Wir haben nur noch ein paar Minuten, Jadie. Es ist gleich fünf Uhr.«

»Du sollst das nicht sagen«, entgegnete sie, ohne aufzublicken.

»Die Zeit reicht sicher noch, um die Puppe fertig anzuziehen, aber dann müssen wir gehen. Mr. O'Banyon wird absperren wollen.«

»Du sollst das nicht *sagen*.« Ein wenig gereizter.

»Du möchtest noch nicht gehen, hm?«

»Ich hab heute gar keine Zeit zum Spielen.«

»Aber vielleicht morgen. Wir können alles so lassen, wie es ist. Ich glaube nicht, daß es den Jungen etwas ausmacht, wenn wir die Puppen hier drin lassen. Dann kannst du einfach weitermachen, wenn du morgen nachmittag kommst.«

Bestürzt sah ich, daß ihre Unterlippe zitterte. Sie umfaßte die Puppe fest mit beiden Händen.

»Es ist dir wirklich arg, daß du gehen mußt. Ich sehe es dir an.«

»Ich muß das hier erst fertigmachen. Ich brauch mehr Zeit.« Plötzlich brach sie in Tränen aus, sprang von der Bank auf und drückte die Puppe an ihre Brust. »Ich brauch einen Platz für sie. Ich kann jetzt nicht gehen. Ich brauch einen Platz, wo sie sicher ist.« Jadie rannte zum anderen Ende der Garderobe und drückte sich dort mit abgewandtem Gesicht in die Ecke.

Erschrocken, da ich sie nie zuvor weinen gesehen hatte, stand ich auf. Aber als ich mich ihr näherte, lief sie mit der Puppe im Arm vor mir weg.

»Hier gibt's kein Versteck für sie«, jammerte sie, während sie gehetzt nach rechts und links sah. »So ein blödes Zimmer. Das ist ein ganz blödes Zimmer. Wo soll sie sich in so einem blöden Zimmer verstecken? Hier ist nirgends ein Versteck, aber ich muß eines finden, ehe ich gehe.«

»Jadie, Liebes –«

»Du verstehst überhaupt nichts.«

»Vielleicht doch«, sagte ich leise und beruhigend. »Und ein paar Minuten bleiben uns ja noch. Wenn du noch etwas mit der Puppe tun mußt und es nicht lange dauert, haben wir bestimmt noch die Zeit dazu.«

Einen Moment lang starrte sie mich aus tränennassen Augen an, dann entspannte sie sich langsam.

Ich lächelte. »Komm, Schatz. Mach ruhig fertig, was du tun wolltest.«

Jadie kam langsam zu mir. »Ich brauch einen Platz für sie«, erklärte sie leise. »Einen Platz, wo sie es warm und gemütlich hat.« Beinahe verlegen sah sie zu mir auf. »Darum hab ich sie doch so dick angezogen. Weil sie immer friert. Und ich habe ihr versprochen, daß ich ihr warme Sachen bringe.«

»Ja.«

»Aber jetzt brauch ich einen Platz für sie.«

»Wie kann ich dir helfen?« fragte ich. »Was für ein Platz soll es denn sein?«

Wieder sah Jadie sich im Garderobenraum um. »Das ist es ja. Hier ist nirgends ein Platz. Es ist so kahl. Und ich hab keine Zeit, ihr einen Platz zu richten.«

»Du möchtest also einen Platz, wo die Puppe bleiben kann?«

»Ja, und da muß es warm sein. Und ganz sicher. Sie muß sich verstecken.«

Nun sah auch ich mich im Raum um. Jadie hatte recht, es gab hier keine Verstecke. Dann fiel mein Blick auf den Karton mit den Puppensachen. »Wie wär's damit?« fragte ich. »Vielleicht könntest du ihr hier unter den Puppenkleidern ein warmes Plätzchen machen.«

Schweigend betrachtete Jadie den Karton, beugte sich dann hinunter und fühlte nach, wie dick die Kleiderschichten waren. Sie nickte.

Ich sammelte die anderen Puppen ein und legte sie in den Deckel der Schachtel, während Jadie niederkniete und in den Puppenkleidern ein Nest grub. Zart legte sie die schwarzhaarige Puppe hinein und deckte sie ganz zu bis auf das Gesicht. »So«, flüsterte sie. »Da hast du's schön warm.«

Sie stand auf und betrachtete die Puppe im Karton, ehe sie die anderen Puppen nahm und obenauf legte, so daß das Gesicht der dunkelhaarigen Puppe kaum noch sichtbar war. »So kann sie atmen«, erklärte sie, während sie die anderen Puppen verteilte. »Ich hab ihr ein Luftloch gelassen. Aber wenn jemand reinkommt und die Schachtel sieht, merkt er gar nicht, daß sie da ist. Er denkt dann bestimmt, daß wär bloß eine Schachtel mit alten Spielsachen.« Sie sah mich fragend an. »Oder nicht?«

»Doch, ganz sicher.«

»Keiner weiß, daß sie hier ist. Sie ist sicher.« Wieder sah sie zu mir auf. »Und du sperrst ab, ja?«

Ich schlüpfte in meine Jacke. »Ja, ich sperre ab. Das tue ich immer.«

Das schien Jadie zufriedenzustellen, und sie ging ihre eigenen Sachen holen. Bevor wir hinausgingen, hob ich den Deckel der Schachtel auf und legte ihn leicht auf den Karton.

»Nein!« schrie Jadie.

»Ich leg ihn ja nur ganz leicht auf, damit er nicht verlorengeht.«

»Nein. Nein, nicht auf die Schachtel. Dann denkt sie, daß sie lebendig begraben ist, und davor hat Tashee doch solche Angst.«

8 In den nächsten Tagen kam Jadie nach dem Unterricht nicht. Einen Nachmittag hatte ich eine Besprechung; dann hatte Reuben Geburtstag, und sie war bei ihm eingeladen; noch zwei Tage vergingen, ohne daß sie kam. Aber am Freitag war sie wieder da.

Wie immer schloß sie als erstes die beiden Türen ab und prüfte, ob sie wirklich dicht waren. Dann lief sie zum Puppenkarton, der immer noch auf der Bank stand.

»Wo bist du? Wo bist du?« rief sie ängstlich und gespannt, während sie die Puppen zur Seite warf, die obenauf lagen.

Ich hatte unwillkürlich erwartet, daß sich die Szenen zarter Behutsamkeit vom Montag wiederholen würden, aber es kam ganz anders.

»Du hast ja A-a in der Hose«, schrie sie zornig, als sie die dunkelhaarige Puppe aus ihrem Nest riß. Sie nahm sämtliche Puppen in die Arme und schleuderte sie zu Boden. »Die Puppen haben alle in die Hosen gemacht. Und weißt du, was ich jetzt tue? Ich muß sie frisch anziehen und das ganze A-a rausholen. Scheiße. Scheiße ist das. Ja, Scheiße. Gleich haben wir hier einen großen Haufen Scheiße.« Sie wies auf eine Stelle auf der Bank. Dann hockte sie sich auf den Boden und zog der dunkelhaarigen Puppe den Overall aus.

Ihr Spiel hatte eindeutig etwas Manisches. Sie riß und zerrte, schimpfte und schrie. Die Puppe, die sie am Montag so zärtlich zu Bett gebracht hatte, wurde jetzt angebrüllt und wie die anderen herumgeschmissen.

»Hast du auch in die Hose gemacht?« fragte sie eine der Puppen. »Ja, natürlich. Schön, holen wir die Schüssel.« Sie legte die Puppe weg und sah sich hastig um. »Was kann ich nehmen?« fragte sie geistesabwesend und sprang plötzlich auf. »Da. Das Plastilin. Gib's mir. Ich brauch's.« Sie deutete auf die Schachtel auf meinem Pult.

Ich reichte sie ihr. Sie nahm den Deckel herunter und kehrte zu den Puppen zurück. »Das ist die Puppenscheiße.« Sie riß kleine Stücke Plastilin ab und stopfte sie den Puppen in die Unterhosen.

Ich war nicht in ihr Spiel einbezogen. Sie machte zwar keine besonderen Anstrengungen, mich auszuschließen, aber ihre Kommentare richteten sich nur an sich selbst. Daß ich mich im Zimmer befand, war Nebensache.

Das ganze Spiel drehte sich um verschmutzte Unterhosen. Sorgsam legte Jadie alle Puppen nebeneinander und schob ihnen Plastilin in die Hosen. Dann stellte sie jede Puppe mit viel Getue aufrecht hin und sah ihr den Rücken hinunter in die Unterhose, wo sie die Bescherung entdeckte.

»Also so was! Hast du etwa in die Hose gemacht? Zeig mal, ist da was? Habt ihr vielleicht alle in die Hosen geschissen?« Immer wieder, mit wachsender Lautstärke leierte sie diese Sprüche herunter, bis sie bei der letzten Puppe regelrecht brüllte. Dann nahm sie eines der Schüsselchen, die zum Puppengeschirr gehörten, und sammelte die Plastilinklößchen aus den Unterhosen ein. »So! So!« brummelte sie jedes Mal, wenn sie wieder ein Klümpchen Plastilin herausnahm. »Da haben wir's. Schaut mal, wieviel A-a.«

Ich beobachtete das Spiel fasziniert und entsetzt zugleich. Es hatte etwas Zwanghaftes; jeder Einwurf von mir wäre eine Störung gewesen, darum tat ich nichts, sondern sah nur still zu.

Nachdem Jadie das Plastilin aus den Unterhosen der Puppen herausgeholt hatte, kleidete sie alle völlig aus und legte sie in Reih und Glied auf die Bank. »So. Und jetzt werdet ihr sehen, was passiert«, brummelte sie vor sich hin und griff nach dem Schüsselchen mit dem Plastilinkot. »Ihr müßt es aufessen.« Sie nahm ein Stück Plastilin und schob es einer Puppe in den Mund. Als reiche ihr das nicht, verschmierte sie es im ganzen Gesicht der Puppe, auf Mund, Augen und Nase. »Iß das!« befahl sie. »Iß es sofort auf!«

»Warum sollen sie das denn tun?« fragte ich, da ich einfach nicht länger schweigend zusehen konnte.

Jadie, die mich offenbar völlig vergessen hatte, fuhr beim Klang meiner Stimme heftig zusammen, und der größte Teil des Plastilins, das noch in dem Schüsselchen lag, fiel zu Boden. Zornig sprang sie auf und warf die kleine Schüssel nach mir.

»Scheiße!« schrie sie. »Scheiß auf dich. Das heißt es. Scheiß auf dich!« Wie eine Wahnsinnige raste sie durch das Zimmer, stieß gegen die Bänke, stolperte, fiel, sprang wieder auf. »Jetzt krieg ich dich! Dich krieg ich schon. Jetzt bring ich dich um!« schrie sie, aber die Worte schienen eher ins Leere gerichtet als an mich.

Als sie auf ihrer vierten oder fünften Runde an meinem Pult vorbeijagte, streckte sie plötzlich den Arm aus und riß mir den Filzstift aus der Hand. »Scheiße! Scheiße! Scheiße!« schrie sie unablässig. Sie prallte gegen die hintere Wand, da der Raum für so eine wilde Jagd eigentlich viel zu klein war, riß den Stift in die Höhe und hatte, noch ehe mir klar wurde, was sie tat, mehrere von Kreisen umgebene Kreuze an die Wand gezeichnet.

»Moment mal!« Ich sprang auf. »Das kann ich dir nicht erlauben, Jadie!«

»Du kannst nicht machen, daß ich aufhör.« Sie kritzelte weiter.

»Doch, das kann ich.« Ich packte ihren Arm und zog sie fest an mich.

»Nein, kannst du nicht. Ich kann dich umbringen«, schrie sie und versuchte, das Kreuz im Kreis auf meine Haut zu zeichnen, bis ich schließlich ihren Arm nach unten drückte und ihr den Stift wegnahm.

Einige Augenblicke lang wehrte Jadie sich wie eine kleine Wilde, stieß und trat um sich, um freizukommen, aber ich ließ nicht locker und schloß sie schließlich so fest in die Arme, daß sie sich überhaupt nicht mehr rühren konnte. Ihr hysterisches Geschrei löste sich in Schluchzen auf, und wir sanken beide erschöpft zu Boden. Zuerst weinte Jadie vor allem aus Zorn darüber, daß sie sich nicht befreien konnte, dann aber verschwand der wütende Unterton, und sie weinte kummervoll, das Gesicht an meine Bluse gedrückt.

»Es tut mir leid«, stammelte sie. »Es tut mir leid. Es tut mir leid.«

»Ist ja gut. Komm, es ist nicht so schlimm.«

Sie versuchte die Zeichen wegzuwischen, die sie mit dem Stift auf meine Haut gekritzelt hatte. Als ihr das nicht gelang, tupfte sie sich mit den Fingern die Wangen und versuchte, die Zeichen mit Hilfe ihrer Tränen abzuwischen. Diese Geste rührte mich tief, und ich zog sie fester an mich.

»Mach dir keine Gedanken. Es ist doch nur Gekritzel. Das tut mir nicht weh.«

»Ich will nicht, daß du stirbst. Stirb nicht.«

»Es ist nur Filzstift, Jadie. Den kann man abwaschen. Darüber brauchst du nicht zu weinen.«

»Stirb nicht. Bitte, stirb nicht.«

Sehr aufgewühlt fuhr ich an diesem Abend nach Hause. Ich weiß nicht, ob es an der Intensität der Geschehnisse lag oder einfach daran, daß sie für mich so unerwartet gekommen waren, aber ich konnte die Erinnerung an die Episode nicht in der Schule zurücklassen, wie ich das sonst mit Dingen zu tun pflegte, die sich während des Schultags ereigneten. Normalerweise lebte ich gern allein. Die freundliche Ruhe meiner Wohnung, wo keinerlei Forderungen an mich gestellt wurden, bildete einen erholsamen Gegensatz zu meiner Arbeit; aber die Stille und der Mangel an Ablenkungsmöglichkeiten taten mir nicht so gut, wenn mich Probleme belasteten, die ich nicht hinter mir lassen konnte. Darum fuhr ich an diesem Abend nicht nach Hause, sondern zu dem großen Supermarkt am Ortsrand, um Einkäufe zu machen. Selbst dort, während ich meinen Wagen durch die hell erleuchteten Gänge schob und überlegte, was ich brauchte, kehrten meine Gedanken immer wieder zu Jadie zurück.

Auf dem Heimweg fuhr ich, einem Impuls folgend, bei Lucy vorbei. In der Schule waren wir mittlerweile gute Freundinnen geworden. Sie war eine sympathische, offene Person, und durch die Tatsache, daß wir beide die einzigen jungen Lehrkräfte im Haus waren, war sogleich eine gewisse Beziehung zwischen uns hergestellt worden. Außerhalb der Schule jedoch sahen wir uns nie.

Selbst im eng abgesteckten Rahmen des Schulalltags ließ sich die Gegensätzlichkeit unserer Lebensweisen nicht leugnen. Lucy stammte aus Pecking und hatte mit einundzwanzig mit dem vielzitierten »Jungen von nebenan« eine große Hochzeit gefeiert, an der fast der ganze Ort teilgenommen hatte. Sie hatte auf der staatlichen Universität studiert, und sie und ihr Mann Ben hatten in den Flitterwochen drei Wochen lang Europa bereist; abgesehen davon war Lucy jedoch nie aus Pecking hinausgekommen. Ich beneidete sie um ihre festen Bindungen und die Zugehörigkeit zu einem vertrauten Ort. Als wir darüber einmal gesprochen hatten, erklärte sie, sie beneide mich um meine Ungebundenheit, aber ich war mir nicht sicher, ob das wirklich stimmte.

»Hallo!« rief sie erfreut und überrascht, als sie mich an der Tür sah.

»Entschuldige, daß ich dich am Freitagabend einfach störe, aber ich fuhr gerade vorbei, und ich habe noch die Unterlagen über die Weiterbildungszentren im Wagen. Da dachte ich, ich könnte sie dir gleich vorbeibringen.« Das entsprach der Wahrheit, aber es war nicht der ganze Grund meines Besuchs.

»Ach, das ist wirklich nett von dir«, sagte sie dankbar. »Komm doch einen Moment herein.«

Das Wohnzimmer mit dem grünen Wollteppich und der elektrischen Orgel an einer Wand war blitzsauber und aufgeräumt.

»Ben ist mit seinem Vater in Falls River. Wegen eines Auftrags. Er kommt wahrscheinlich erst spät zurück.« Lucy lächelte. »Da freu ich mich erst recht, daß du gekommen bist.« Sie verschwand in der Küche. »Möchtest du einen Teller Suppe? Oder hast du schon gegessen? Ich mache mir gerade welche warm.« Sie kam mit einer Konservendose herein. »Gemüsesuppe. Magst du die? Sonst kann ich auch eine andere Dose aufmachen.«

»Nein, das ist wunderbar.« Ich folgte ihr in die Küche. »Was macht Ben? Er ist Bauunternehmer, nicht?«

Lucy nickte. »Ja, er und sein Vater haben das Haus hier gebaut«, erklärte sie mit einer ausholenden Geste. »Wenn wir gegessen haben, zeige ich es dir. Wir haben insgesamt fünf Zimmer – gleich für die Familie mitgebaut, die wir erst noch gründen müssen. Im Augenblick hält Jilly das eine Zimmer besetzt. Sie hat an unserer Stelle für Zuwachs gesorgt. Ich mach dich nachher mit ihr bekannt.«

Jilly war, wie sich herausstellte, eine Zwergpudelhündin und stolze Mutter von mehreren Welpen, die gerade drei Wochen alt waren. Lucy zeigte mir außerdem ihre Gobelinstickerei und ihre Hochzeitsfotos. Dann ging es mit den Bildern von der Hochzeitsreise weiter. Mir tat die Ablenkung gut.

Als Lucy das Album zuklappte, sagte sie: »Ich hätte dir die Bilder wahrscheinlich gar nicht zu zeigen brauchen. Du kennst das ja alles. Du warst doch schon öfter in Europa, nicht?«

»Ja, aber soviel wie du und Ben habe ich nicht gesehen.«

»Aber du bist viel herumgekommen. New York kennst du auch, nicht?«

Ich nickte.

»Und was hat dich hierher verschlagen?«

»Mich interessierte die Arbeit, und ich hatte genug von der Stadt. Der Ort, wo ich herkomme, ist nicht viel größer als Pecking. Ich lebe gern in Kleinstädten.«

»Und gefällt es dir hier?« fragte sie.

»Ja.«

»Wir haben hier natürlich bei weitem nicht die Probleme wie in der Stadt. Darum lebe ich so gern hier. Man hört doch ständig von diesen gräßlichen Dingen wie Drogen und Kindesmißhandlung. Ich bin wirklich froh, daß ich mich damit nicht abzugeben brauche. Aber du bist diesen Dingen in der Stadt häufig begegnet, nicht?«

Ich sah sie an. »All das gibt es vermutlich hier auch. Solche Vorfälle lassen sich nicht eingrenzen.«

»Ja, möglich, draußen im Reservat vielleicht.«

»Nein, ich denke, auch hier in Pecking. Es kann leicht sein, daß du ein mißbrauchtes Kind in deiner Klasse hast.«

Lucy schwieg.

»Man kann sich nicht vorstellen, daß solche Dinge auch bei Menschen vorkommen, die man kennt, trotzdem ist es leider nur zu oft der Fall.«

Lucy sah auf das blaßblaue Album mit dem Goldrand hinunter. »Ich habe wahrscheinlich ein ziemlich behütetes Leben geführt.« Sie machte eine kleine Pause. »Aber ich kann nicht behaupten, daß ich dafür nicht dankbar wäre. Es ist einfacher, an das Gute im Menschen zu glauben, wenn man das Böse nicht zu genau kennt.«

Ich sah Lucy nachdenklich an. Es drängte mich, mit jemandem über meine seltsamen Erlebnisse mit Jadie in der Garderobe zu sprechen. Ich war sehr verwirrt und wußte nicht, wie ich ihr Verhalten auslegen sollte. Litt sie an einer Schädigung des Gehirns? Gründete ihr Verhalten überhaupt auf einer organischen Störung, oder hatte es vielleicht rein psychische Ursachen? Der Mutismus war längst kein Problem mehr; Jadie antwortete mittlerweile jedem, der sie ansprach; spontane Äußerungen allerdings machte sie einzig mir gegenüber. Warum? Wie kam das?

Mein neues Leben in Pecking gefiel mir, aber ich war hier gewissermaßen auf einem Außenposten, ganz auf mich gestellt, und das war für mich ungewohnt. Alle meine Fachkollegen und Freunde waren in der Stadt zurückgeblieben, und hier in Pecking neue Verbindungen zu knüpfen, war, wie ich hatte feststellen müssen, gar nicht so einfach. Dennoch war ich mir nicht sicher, ob es richtig wäre, Lucy von meinen Schwierigkeiten zu erzählen; ob es ihr und den Kindern gegenüber nicht vielleicht unfair wäre.

Am Ende sagte ich nichts, sondern ließ mir von Lucy zeigen, wie man im Mikrowellenherd in zehn Minuten Schokoladenschnitten backen konnte, und verbrachte dann den Abend mit ihr vor dem Fernseher.

Am Montag nach dem Unterricht kam Jadie wieder zu mir in die Garderobe. Sie war spät daran; es war schon zwanzig vor fünf, als sie erschien. Als erstes sperrte sie wie immer beide Türen ab und blockierte die Schlüssellöcher, so daß niemand hereinsehen konnte. Doch auf die gewohnte Überprüfung der Türen verzichtete sie diesmal. Und sie ging auch nicht wie sonst aus sich heraus, sondern trippelte tief gekrümmt zu einer der beiden Bänke und setzte sich.

»Du siehst nicht sehr vergnügt aus.«

Keine Antwort.

»Du bist schon den ganzen Tag so still. Geht's dir nicht gut?«

»Doch.«

»Wie war denn das Wochenende?«

Sie zuckte die Achseln.

Einen Moment blieb es still. Sie hockte weit vornüber geneigt, und das dunkle Haar fiel ihr wirr über die Schultern.

»Du siehst aus, als wolltest du weinen«, bemerkte ich.

Ihr Mund verzog sich, sie neigte sich noch tiefer und drückte das Gesicht in die Jacke, die über ihren Knien lag.

Ich ging zu ihr und setzte mich neben sie. Behutsam legte ich ihr den Arm um die Schultern. »Was ist denn, Schatz?«

»Meine Katze ist fort«, antwortete sie weinend.

»Ach, wie schrecklich. Was ist denn passiert?«

»Sie ist nicht mehr da. Sie ist fort.«

Ich drückte sie an mich.

»Sie war noch ganz klein«, berichtete Jadie schluchzend und hob den Kopf, um mich anzusehen. »Sie war noch nicht einmal ausgewachsen.«

»Die arme Katze. Und die arme Jadie.«

»Sie war ganz dünn. Ich hab ihr immer was vom Essen aufgehoben – in meiner Serviette –, und dann hab ich's ihr rausgebracht. Sie hatte nämlich immer Hunger. Sie war ein Mädchen. Ich hab sie Jenny getauft.«

»Und jetzt ist ihr etwas zugestoßen? Was ist ihr denn passiert, Jadie? Ist sie von einem Auto überfahren worden?«

Sie wischte sich mit dem Handrücken die Tränen von den Wangen und schüttelte den Kopf. »Nein, sie war ja im Schuppen. Aber da ist sie nicht mehr.«

»Ist euch die Katze zugelaufen? War es eine herrenlose kleine Katze?«

Jadie begann von neuem zu schluchzen und sagte nichts.

»Weißt du, wahrscheinlich geht es ihr ganz gut. Wahrscheinlich ist sie einfach wieder auf Wanderschaft gegangen. Wilde Katzen tun das oft. Sie sind es nicht gewöhnt, mit Menschen zusammenzuleben, und sogar wenn man lieb und gut zu ihnen ist, laufen sie aus Abenteuerlust einfach wieder weg.«

»Sie ist aber nicht weggelaufen«, entgegnete Jadie. »Sie konnte gar nicht. Sie war in einem Kasten.«

»In einem Kasten? Wo denn?«

»In unserem Schuppen eben. Hinterm Haus. Da hab ich ihr immer das Essen hingebracht und in den Kasten gelegt. Aber jetzt ist er weg.«

»Wie ist sie denn in den Kasten hineingekommen? Wem gehört der Kasten?«

»Sie haben sie geholt, und jetzt machen sie sie tot«, rief Jadie weinend.

»*Wer* will sie töten?«

»Die!«

»Wer ist ›die‹, Jadie? Ich verstehe nicht ganz, wen du meinst.«

Die Tränen versiegten. Jadies Augen wurden groß und dunkel. Sie saß so reglos, als hielte sie den Atem an. Dann rückte sie näher an mich heran.

»Wer hat deine Katze geholt?« fragte ich noch einmal.

»Miss Ellie«, flüsterte sie.

»Wie bitte?«

»Miss Ellie«, sagte sie etwas lauter.

»Wer ist Miss Ellie?«

»Miss Ellie eben. Die von Bobby und J. R.«

»Die Miss Ellie aus dem Fernsehen?« fragte ich ungläubig.

»Manchmal ist sie im Fernsehen, aber manchmal kommt sie zu mir nach Hause.«

Miss Ellie?«

Jadies schmerzlicher Blick verriet mir, daß sie wußte, ich würde ihren Worten nicht glauben. Um das Vertrauen nicht zu erschüttern, das sich langsam zwischen uns zu entwickeln begann, machte ich eilig einen Rückzieher.

»Miss Ellie hat also deine kleine Katze?«

Jadie nickte, und ihre Augen wurden wieder feucht.

»Und sie kommt zu euch nach Hause? Was tut sie denn da?«

»Sie kommt eben«, antwortete Jadie mit dünnem Stimmchen. »Sie kommt manchmal im Fernsehen, aber meistens kommt sie einfach so. Weil sie mich und Amber holen will. Damit wir mit den anderen mitgehen.«

»Mit den anderen? Wer ist denn noch da?«

»Bobby und Sue Ellen und J. R. Manchmal ist auch Pam da und Clayton und welche von den anderen, aber ich weiß nicht die Namen von allen.«

Vollkommen verwirrt, bemühte ich mich, zu verstehen, was sie sagte, und auf keinen Fall den Eindruck zu erwecken, daß ich ihr nicht glaubte. Ihre Ernsthaftigkeit gab mir keinen Grund zu dem Verdacht, dies alles könnte bewußte Erfindung sein.

»Du sprichst doch von den Ewings, nicht wahr? Aus ›Dallas‹?«

Jadie nickte. »Es sind die Ewings, aber ich weiß nicht genau, woher sie kommen.«

Ich schwieg einen Moment. Dann sagte ich: »Ist Jenny Miss Ellies Katze?«

»Nein. Sie haben sie nur gefangen, glaub ich. Ich weiß nicht, von wem sie die Katze ist. Ich glaub, sie gehört gar keinem. Sie ist nur eine kleine Katze.«

»Aber wer hat sie denn gefangen? Wie kam sie in den Kasten in eurem Schuppen?«

Jadie zuckte die Achseln. »Sie war eben da.«

»Dann ist sie vielleicht aus Versehen in den Kasten gekommen. Junge Katzen suchen sich manchmal die merkwürdigsten Plätzchen. So sind Katzen, weißt du, besonders junge. Vielleicht hat doch jemand sie eingefangen. Meinst du nicht, daß das möglich ist?«

Jadie schüttelte mit hängenden Schultern den Kopf.

»Aber Miss Ellie würde ihr doch nichts tun, oder? Vielleicht sucht sie ihr nur ein neues Zuhause.«

Jadie fing wieder zu weinen an. »Nein. Nein, ganz bestimmt nicht.«

Ich sah sie an.

»Sie macht Jenny tot. Und dann frißt sie sie.«

9 Als ich nach drei Jahren an der Sandry-Klinik in den Lehrberuf zurückkehrte, fiel es mir sehr schwer, plötzlich ganz auf die hilfreichen und anregenden Gespräche mit Fachkollegen verzichten zu müssen. Beim Unterricht fühlte ich mich in meinem Element und fand sehr schnell wieder in den Schulalltag hinein. Ich verstand mich gut mit Tinbergen und den Kollegen und Kolleginnen, empfand die Kameradschaftlichkeit im Lehrerzimmer als angenehm, beteiligte mich gern am allgemeinen Klatsch und hatte bald meinen Platz in der Hierarchie gefunden. Eines jedoch wurde mir rasch klar: Auch wenn ich bei Bedarf jederzeit ein mitfühlendes Ohr fand, um fachlichen Rat war es schlecht bestellt. Im Schulbezirk Pecking stand ich als Sonderschullehrerin und Heilpädagogin völlig allein.

Die Erkenntnis war entmutigend; eines nämlich hatte ich im Lauf der Jahre gelernt: daß mein eigenes Wissen beschränkt war. Die Gewohnheit, mich mit Fachleuten – Psychiatern, Psychologen, Medizinern, Sozialpädagogen, Logopäden und Heilpädagogen – auszutauschen, war immer ein wichtiger Bestandteil meiner Arbeitsmethode gewesen. Wenn ich allein mit einem Problem nicht vorwärtskam, suchte ich mir jemanden, der mir weiterhelfen oder mit dem ich wenigstens die Sache diskutieren konnte. Plötzlich jedoch war ich völlig isoliert. Die nächsten Sonderpädagogen saßen in Falls River. Dort gab es natürlich auch alle sozialen Dienste und die entsprechenden Fachleute, aber ich kannte niemanden aus diesem Kreis persönlich und war irgendwie zu schüchtern, um einfach anzurufen und um Beratung zu bitten.

Meine einzige Kontaktperson war Arkie Peterson. Ich hatte sie seit Januar keine fünfmal zu Gesicht bekommen, gewöhnlich bei Konferenzen, im Laufe derer sich jedoch für uns kaum Gelegenheit ergeben hatte, ein paar Worte zu wechseln. Arkie war eine sehr beschäftigte Frau. Sie war nicht nur für den Schulbezirk Pecking zuständig, sondern außerdem für mehr als zwölfhundert Schüler in einem sehr großen, dünn besiedelten Gebiet. Sie hatte zwar ihr Büro in Falls River, war aber die meiste Zeit unterwegs und nur Donnerstag nachmittags an ihrem Schreibtisch zu erreichen. Man mußte also schon sehr hartnäckig sein, wenn man mit Arkie Kontakt aufnehmen wollte.

Immer stärker drängte es mich, mit einer fachlich qualifizierten Person eingehend über Jadies Fall zu sprechen. Im Unterricht machte Jadie langsame, aber stetige Fortschritte. Zwar zeigte sie noch immer wenig Neigung zu spontanen Äußerungen, aber sie spielte jetzt immerhin mit den Jungen und beteiligte sich an Gruppenaktivitäten, und hin und wieder gelang es Jeremiah sogar, sie zu einem lautstarken Streit zu provozieren. Aber es war ja auch nicht ihr Verhalten im Unterricht, das mich beunruhigte. Unsere Zusammenkünfte *nach* dem Unterricht waren es, die mir zu denken gaben; ich wußte einfach nicht, was ich von ihnen halten sollte.

Mit der Zeit begann ich an der Wahrscheinlichkeit einer Gehirnschädigung zu zweifeln. Wenn Jadie sprach, so drückte sie sich im allgemeinen klar und artikuliert aus. Von der verzögerten und schleppenden Sprechweise, die ich von Aphasikern kannte, war bei ihr nichts zu merken; vielmehr zeigte sie stets die strenge Kontrolliertheit, die für den Mutismus so typisch ist. Ich war mir daher ziemlich sicher, daß Jadies Schwierigkeiten psychischer Natur waren und ihren Ursprung nicht in hirnorganischen Schädigungen hatten. Dennoch blieb die Frage, wie schwer die Störung war, an der sie litt. In der Gruppe vermittelte sie den Eindruck, mit beiden Beinen in der Realität zu stehen und weit lebenstüchtiger zu sein als die Jungen. Ihre Äußerungen, wenn wir unter uns waren, wirkten jedoch auf mich häufig bizarr und völlig unrealistisch.

Arkie war, soweit ich sehen konnte, der einzige Mensch, an den ich mich mit meinen Sorgen um Jadie wenden konnte. Sie besaß die fachlichen Qualifikationen und war mir zudem auf Anhieb sympathisch gewesen. Mochte sie aussehen wie Dolly Parton – auf mich hatte sie sofort den Eindruck einer intelligenten, lebensklugen Person gemacht, die genug Erfahrung besaß, um den Austausch zu ermöglichen, den ich so dringend suchte.

»Hallo!« rief Arkie erfreut, als es mir schließlich gelang, sie telefonisch zu erreichen. »Wie kommen Sie zurecht?«

Eigentlich liefe alles ganz gut, erklärte ich, aber ich würde doch gern einmal ausführlicher mit ihr über Jadie sprechen, besonders jetzt, wo wir uns dem Ende des Schuljahrs näherten und darüber entscheiden müßten, wie es mit ihrer Schullaufbahn weitergehen sollte.

Sie blieb einen Moment still. Durch die Leitung konnte ich das Rascheln von Papier hören. »Wissen Sie was, Torey«, sagte Arkie dann, »treffen wir uns doch einfach mal zwischendurch. Ich bin im Moment so eingespannt, daß ich vorläufig nicht nach Pecking kommen kann. Aber vielleicht könnten Sie hierherkommen? Wie sieht's am nächsten Freitag bei Ihnen aus? Wir könnten irgendwo zusammen essen und dabei alles besprechen, was meinen Sie?«

Ich war heilfroh.

Wir trafen uns in einem kleinen, sehr beliebten Restaurant in Falls River. Als wir ankamen, war es bereits ziemlich voll, und man führte uns an ein winziges Tischchen gleich neben der Küche.

»Hallo, die Damen! Ich bin Keith!« begrüßte uns der Kellner strahlend. »Ich bin Ihr Kellner.«

»Wunderbar. Ich bin Arkie, und ich bin Ihr Gast. Haben Sie nicht etwas Besseres als das hier, Keith?« Arkie wies auf den Tisch und die Schwingtür zur Küche.

»Augenblick mal, Arkie, was haben Sie reserviert? Für zwei Personen, stimmt's? Da sind Sie hier richtig.«

»Das Gefühl habe ich nicht. Ich hatte nicht die Absicht, den Abend im Gespräch mit Ihrem Koch zu verbringen. Lassen wir ihm also seine Ruhe, und Sie geben uns einen anderen Tisch, hm?«

Ich war tief beeindruckt von der ruhigen Selbstsicherheit, mit der Arkie ihre Forderung vortrug, und auch auf Keith verfehlte sie nicht ihre Wirkung. Er warf nochmals einen Blick auf seine Liste und sah sich dann wie hilfesuchend um. »Äh – da drüben beim Kamin ist noch ein Tisch. Die Gäste sind noch nicht gekommen... den könnte ich Ihnen vielleicht geben und dann...«

»Sehr schön«, sagte Arkie sofort. »Den nehmen wir.«

»Und was darf ich Ihnen jetzt zu trinken bringen?« fragte Keith, nachdem wir uns gesetzt hatten. »Einen Aperitif oder Wein? Oder möchten Sie sich erst einmal die Weinkarte ansehen?«

Nachdem wir uns für Wein entschieden hatten, studierten wir in aller Ruhe die Speisekarte, machten unsere Bestellung und schwatzten dann über dieses und jenes. Wie schon bei unserer ersten Begegnung war ich auch jetzt angetan von Arkies ungezwungener Herzlichkeit und ihrem ruhigen Selbstbewußtsein. Das Gespräch mit ihr war erfrischend: eine gute Mischung aus witzigen Bemerkungen, Abstechern ins Persönliche und Fachsimpelei.

Schließlich kamen wir auf Jadie. Ich berichtete Arkie von ihren Besuchen nach dem Unterricht, ihrer Gewohnheit, stets alles abzuschließen, dem Bedürfnis, sich völlig sicher zu fühlen, ehe sie bereit war, sich ganz zu öffnen. Ich erzählte von dem Puppenspiel mit den unterschwelligen sexuellen Anklängen und schließlich von Tashee, Miss Ellie und den anderen.

»Puh!« meinte Arkie, als ich fertig war. »Da haben Sie sich ja eine ganz heiße Sache eingehandelt, hm?«

»Meiner Ansicht nach ist jedenfalls vorläufig nicht daran zu denken, sie nächstes Jahr in eine reguläre Klasse zu geben.«

»Nein, da haben Sie recht. Aber was glauben Sie, woher das alles kommt?« fragte Arkie. »Als ich mit ihr gearbeitet habe, trat so etwas überhaupt nicht in Erscheinung. Was halten Sie denn davon? Ist es alles nur Phantasie?«

»Ich weiß es nicht. Das ist ja das Problem. Ich weiß überhaupt nicht, wie ich ihr Verhalten einordnen soll. Während des Unterrichts habe ich ein völlig in sich zurückgezogenes kleines Mädchen vor mir. Sie macht gut mit, konzentriert sich auf ihre Arbeit, bringt recht gute Leistungen, zeigt aber nicht eine Spur von Spontanität. Und in der Garderobe verwandelt sie sich in ein lautes, völlig ungeniertes kleines Gör, das an den Rohren turnt und die Spielsachen herumschmeißt. Solchen Extremen bin ich vorher noch nie begegnet.«

»Gespaltene Persönlichkeit?«

Ich zog die Nase hoch. »Das kann ich mir eigentlich nicht vorstellen.«

»Halten Sie es für möglich, daß sie halluziniert? Ich meine, vor allem, wenn sie von diesen Figuren aus ›Dallas‹ erzählt?« fragte Arkie.

»Das hoffe ich nicht.« Der Gedanke, es könnte tatsächlich so sein, daß Jadie zeitweise allen Kontakt zur Realität verlor, machte mir angst. Es hätte bedeutet, daß Jadie an einer sehr tiefgehenden emotionalen Störung litt. Die Prognose bei kindlichen Psychosen ist sehr schlecht, und ich fürchtete mich davor, diejenige zu sein, die eine solche Krankheit offiziell feststellen und damit ein wahrscheinlich vernichtendes Urteil über Jadies Zukunft sprechen mußte.

»Aber Sie halten es für möglich? Oder denkt sie sich alle diese Gestalten nur aus?«

»Aber wozu?« fragte ich. »Wozu braucht sie diese geheimen Beziehungen? Zumal sie ja, abgesehen von Tashee, keinen dieser Leute zu mögen scheint.«

Arkie aß schweigend.

»Wäre Mißbrauch eine Möglichkeit?« fragte ich. »Hat es in der Familie so was mal gegeben?«

Arkie hob mit einer ruckartigen Bewegung den Kopf. »Wie meinen Sie das? Mißhandlung? Prügel? Gibt es Anzeichen dafür?«

»Ich dachte an sexuellen Mißbrauch...«

»Nein, davon weiß ich nichts«, antwortete Arkie. »Wie kommen Sie darauf? Haben Sie einen bestimmten Verdacht?«

»Ich weiß selbst nicht. Es ist...« Ich schwieg einen Moment. »Ich habe im Laufe meiner Arbeit festgestellt, daß häufig ein Zusammenhang zwischen gewissen Formen des Mißbrauchs – darunter eben auch sexueller Mißbrauch – und verschiedenen Arten von Mutismus besteht. Darum ist das immer eine Möglichkeit, die ich in Betracht ziehen muß. Und in Jadies Fall – einiges von dem, was sie tut, hat für meine Begriffe sexuelle Untertöne. Mehr ist es im Grunde nicht, aber ich habe einfach so ein Gefühl, verstehen Sie; einen Eindruck, daß mehr dahintersteckt, als oberflächlich zu sehen ist.«

Stirnrunzelnd griff Arkie nach ihrem Weinglas und schüttelte den Kopf. »Nein. Ich habe jedenfalls nie etwas davon gehört. Die Eltern scheinen mir beide ziemlich labile Typen zu sein, besonders er. Er macht auf mich den Eindruck eines ausgesprochen schwachen Menschen – als wäre er völlig überwältigt, mit einem Haus voller Frauen total überfordert. Die Mutter scheint mir auch keine besonders starke Persönlichkeit zu sein, außerdem nicht übermäßig intelligent. Aber bisher hat mir nichts zu dem Verdacht Anlaß gegeben, daß es den Kindern dort nicht gutgeht. Wir haben mit der Familie seit Jadies drittem Lebensjahr zu tun, und die Kinder sind eigentlich immer ordentlich versorgt worden. Jadie fällt aus dem Rahmen. Die anderen beiden sind ganz in Ordnung, aber sie war immer schon auffällig.«

Ich schwieg. Ich wußte nicht, was ich noch sagen sollte. Jadies Verhalten verwirrte mich, und ich hatte keine Ahnung, wie ich es deuten sollte. Ich wußte nicht einmal recht, wie ich es mit Worten beschreiben konnte.

Drei Wochen blieben uns noch bis zum Ende des Schuljahrs, und es mußten die Vorbereitungen für das kommende Jahr in Angriff genommen werden. Nachdem beschlossen worden war, daß alle vier Kinder im Herbst in meine Klasse zurückkehren sollten, brauchte ich mich nur noch um die Pläne für die Sommerferien zu kümmern.

Den kleinen Reuben wollten seine Eltern den Sommer über nach Los Angeles schicken, wo er an einem Programm für autistische Kinder mit stark verhaltenstherapeutischem Ansatz teilnehmen sollte. Eines seiner Kindermädchen würde ihn begleiten, und seine Mutter hatte es so eingerichtet, daß sie jeden Monat eine Woche bei ihm sein konnte. Beide Eltern knüpften große Hoffnungen an dieses neue Unternehmen und hatten zum letzten Elternsprechtag Broschüren und Bücher über die Ziele des Programms mitgebracht. Reuben hatte in den fünf Monaten, seit ich die Gruppe unterrichtete, stetige, wenn auch sehr langsame Fortschritte gemacht, obwohl ich kaum verhaltenstherapeutisch mit ihm gearbeitet hatte. Ich war nicht so recht davon überzeugt, daß dieses Sommerprogramm große Veränderungen bewirken würde, aber schaden konnte es sicher nicht, und seine Eltern waren so begeistert von der Sache, daß ich ihnen versprach, im Herbst ebenfalls verhaltenstherapeutisch mit Reuben zu arbeiten, falls sich herausstellen sollte, daß diese Methode ihm guttat.

Philip sollte in ein zweiwöchiges Sommerlager für behinderte Kinder gehen, das unter der Leitung einer wohltätigen Organisation aus Falls River stand. Ich fand diesen Plan sehr gut. Die meisten der teilnehmenden Kinder waren schwerbehindert, jedes sollte von einem eigenen Tutor betreut werden, größtenteils von Jungen im College-Alter. Ich hoffte, daß Philip, der zu den leichter behinderten Teilnehmern gehörte und ein sehr freundlicher kleiner Junge war, hier viele Freunde finden und Gelegenheit bekommen würde, seine Tüchtigkeit zu zeigen. Das waren Erfahrungen, die er dringend brauchte und wirklich verdiente.

Für Jeremiah das Richtige zu finden war schwierig gewesen. Ich wollte unbedingt verhindern, daß er den ganzen Sommer lang sich selbst überlassen blieb; er kam gerade in ein Alter, in dem er leicht in ernste Schwierigkeiten geraten konnte, wenn niemand sich um ihn kümmerte. Die Beziehung zwischen uns hatte sich gut entwikkelt, aber das beruhte zum großen Teil darauf, daß ich ihn mit der

Konsequenz und Festigkeit führte, die er brauchte und die ihm zu Hause fehlten. Das einzige, was ich schließlich auftrieb, war ein sechswöchiges Sommerschulprogramm für leistungsschwache Schüler in Falls River. Das hieß aber, daß er jeden Tag die lange Busfahrt hin und zurück machen mußte, und Busfahren war leider nicht Jeremiahs Sache. Hinzu kam, daß das Programm nicht genau auf seine Bedürfnisse zugeschnitten war, doch es war das Beste, was wir finden konnten. Um für zusätzliche zeitliche Strukturierung zu sorgen, veranlaßte ich außerdem, daß er einmal in der Woche in den Jungen-Klub im Reservat gebracht wurde.

Blieb noch Jadie. Für sie erschien mir ein fest strukturiertes Ferienprogramm ebenso notwendig wie für Jeremiah, aber für sie das Geeignete zu finden war noch schwieriger. Sommerschulprogramme gab es in Pecking nicht, und Jadies Leistungen waren ja recht ordentlich. Es bestand daher überhaupt kein Grund, sie in denselben Kurs zu stecken wie Jeremiah. Als einzige Möglichkeiten blieben ein Kunstgewerbekurs, der einmal in der Woche im Stadtpark stattfand, und ein zweiwöchiges Ferienlager, das von den Methodisten organisiert wurde.

»Wir sind keine Methodisten«, entgegnete mir Jadies Vater, als ich ihm den Vorschlag machte, Jadie in dieses Lager zu schicken.

»Nein, das weiß ich, aber ich habe mit dem zuständigen Geistlichen gesprochen, und er sagte mir, daß das keine Voraussetzung zur Teilnahme sei. Da es das einzige Sommerlager in diesem Teil des Staates ist, sind sie es gewöhnt, auch Kinder anderer Konfessionen aufzunehmen. Viele Kinder aus Pecking fahren mit.«

Mr. Ekdahl runzelte die Stirn. »Ich würde nicht sagen, daß wir Atheisten sind, aber wir sind nicht gläubig. Und ich halte überhaupt nichts davon, Kinder mit diesem ganzen Quatsch über Jesus vollzustopfen. Wir möchten Jadie und Amber dazu erziehen, daß sie unvoreingenommen bleiben und allen lebenden Wesen mit Achtung begegnen. Wenn sie erwachsen sind, können sie selbst entscheiden, was sie glauben wollen.«

»Es ging mir eigentlich weniger um das Religiöse. Wichtiger erscheint mir, daß Jadie hier Gelegenheit haben wird, den Sommer mit anderen Kindern zu verbringen, Spaß zu haben und sich in der Natur aufzuhalten.«

»Jadie hat zu Hause mit ihren Schwestern Spaß genug«, entgegnete Mr. Ekdahl.

Erst jetzt mischte sich auch Mrs. Ekdahl ein, die bisher mit Sapphire in den Armen schweigend dabeigesessen hatte. »Jadie ist für so etwas noch viel zu jung.«

»Sie ist achteinhalb. Damit gehört sie zwar zu den Jüngeren, aber es sind sehr viele Kinder ihres Alters im Lager.«

»Aber wer weiß, ob sie das aushalten würde.« Mrs. Ekdahls Stimme hatte einen klagenden Ton. »Sie hat so etwas noch nie gemacht.«

»Sie meinen, sie wäre das erste Mal von zu Hause fort?« fragte ich. »Hat sie denn nicht früher schon ab und zu bei Freundinnen oder Verwandten übernachtet?«

»Aber nein. Wir haben die Mädchen nie allein gelassen.«

Ich sah sie fragend an.

»Es sind doch *unsere* Kinder«, erklärte Mrs. Ekdahl. »Niemals würde ich sie Fremden anvertrauen. Stellen Sie sich doch nur mal vor, wenn da etwas passiert! Oder wenn sie nach ihrer Mama Sehnsucht haben. Wir haben unsere Kinder noch nie allein gelassen, nicht einmal mit einem Babysitter.«

Ich starrte sie ungläubig an. »Niemals?«

»Nein. Weshalb auch? Ich finde, es ist eine Schande, wie manche Leute ihre Kinder abschieben, nur weil sie auf kein Vergnügen verzichten wollen. Wozu sich überhaupt Kinder anschaffen, wenn man sie dann anderen Leuten überläßt?«

»Sie haben Ihre Kinder wirklich noch nie irgendeiner anderen Person in Obhut gegeben?«

»Nein«, antwortete sie beinahe mit Stolz. »Und ich wüßte auch nicht, warum ich das tun sollte.«

»Jetzt verstehen Sie vielleicht«, warf Mr. Ekdahl ein, »daß wir Jadie auf keinen Fall in dieses Sommerlager schicken können.«

Den letzten Schultag hatte ich mit meinen früheren Klassen meistens mit einem Picknick gefeiert. Als der Tag näher rückte, machte ich Tinbergen einen entsprechenden Vorschlag. Es gab in Pecking nur einen Park, und der war ziemlich weit von der Schule entfernt, aber ich meinte, zur Feier des Tages könnten wir ruhig einen kleinen Ausflug dorthin machen. Nach einer kurzen Besprechung beschlossen wir jedoch, das Picknick lieber auf dem Schulgelände abzuhalten. Wir hatten einen großen asphaltierten Sportplatz und hinter dem Schulhaus eine noch größere Wiese, auf der wir Klapptische und Grillgeräte aufstellen und mit den Kindern Spiele machen konnten. Damit blieb uns die Mühe erspart, die Sachen erst in den Park schleppen und die Kinder in Busse verladen zu müssen.

Der Beitrag unserer Gruppe zu diesem festlichen Anlaß sollte ein Kuchen sein. Am Tag vor dem Picknick ging ich mit den Kindern in die Lehrerkantine hinunter, um den Teig anzurühren. Es wurde eine ziemlich aufregende, teilweise chaotische Angelegenheit. Wir hatten in den vergangenen Monaten zwar ab und zu einen Pudding oder Obstsalat gemacht, aber vom Kuchen hatten die Kinder natürlich keine Ahnung, und an einem Kuchen hatten wir uns noch nie versucht. Das Unternehmen wurde zusätzlich noch dadurch erschwert, daß wir einen sehr großen Kuchen brauchten und das Rohr zu klein war, um ihn in einem Durchgang zu backen. Wir backten also vier Bleche voll und brachten den Nachmittag damit zu, die vier Teile mit Zuckerguß zu einem einzigen großen Kuchen »zusammenzuschweißen«.

Jeremiah legte eine Platte auf, um uns die Arbeit mit Musik zu versüßen. Reuben und Philip mußten ständig angehalten werden, nicht zu naschen, und dennoch mußten wir eine zweite Schüssel Guß anrühren, weil wir von der ersten so viel »probiert« hatten, daß die Menge nicht mehr ausreichte, um den ganzen Kuchen zu glasieren. Als das Werk schließlich vollendet war, zeigte sich Jeremiah, der sich sonst keine fünf Minuten auf eine Sache konzentrieren konnte, unerwartet kreativ. Er leerte einen Beutel Smarties aus, sortierte die Bonbons nach Farben und ordnete sie dann in Form eines Regenbogens auf dem weißen Guß an. Das Muster hatte gerade in seiner Einfachheit eine wunderschöne Wirkung, und einen Moment lang standen wir alle staunend vor dem Meisterwerk, das wir geschaffen hatten.

Jeremiah selbst war am überraschtesten über seinen Erfolg. Er trat einen Schritt zurück und betrachtete den Kuchen voll stummer Bewunderung. »Hab ich gut gemacht, hm?« murmelte er dann ungläubig.

»Einfach toll«, bestätigte ich.

»Schade, daß meine Mama den nicht sehen kann. Schade, daß sie nicht sehen kann, wie schön ich das gemacht hab.«

»Ich habe meinen Fotoapparat dabei, weil ich beim Picknick fotografieren möchte«, sagte ich. »Sollen wir ein Bild von unserem Kuchen machen?«

Die Jungen waren begeistert von dem Vorschlag, und ich ging hinaus, um den Apparat zu holen. Als ich zurückkam, hatten sie sich schon hinter dem Kuchen in Positur gestellt.

»Komm, Jadie, du auch«, sagte ich. »Das wird unser Klassenfoto.«

Sie blieb abseits stehen.

»Komm doch!«

Sie schüttelte den Kopf.

»Du kannst dich neben Jeremiah stellen. Du hast doch beim Teigrühren geholfen. Es ist auch dein Kuchen.«

»Nein«, entgegnete sie.

»Nein?«

»Ich mag mich nicht fotografieren lassen.«

»Ach, komm doch! Wir haben noch gar kein Klassenfoto. Der Schulfotograf war da, ehe ich zu euch kam, und ich habe überhaupt keine Andenken an euch. Wir machen jetzt ein richtiges Klassenfoto. Zur Erinnerung an unseren prachtvollen Kuchen und die schöne Zeit, die wir dieses Frühjahr zusammen verlebt haben.«

»Ich mag mich nicht fotografieren lassen«, beharrte sie wieder.

Die Jungen wurden ungeduldig. Jeremiah kam hinter dem Tisch hervor, packte Jadie und riß sie mit sich. »Sei nicht so blöd, Kleine.«

»Okay, alle lächeln!« Ich stellte den Apparat ein.

Die drei Jungen strahlten, Jadie schmollte.

Ich wartete noch einen Moment, weil ich hoffte, Jadie würde sich fangen, aber nichts geschah. »Jadie, wie wär's mit einem Lächeln?«

»Ach, der ihr Gesicht sieht man doch sowieso nicht, so wie sie immer auf den Boden schaut«, meinte Jeremiah abfällig. »Wenn sie grinst, dann auch nur zum Boden. Knipsen Sie ruhig. Jadie ist mit drauf, und das ist die Hauptsache. Ihr Lächeln ist nicht so wichtig.«

10

Letzter Schultag. O'Banyon, der Hausmeister, und Tinbergen stellten hinten auf der Wiese lange Klapptische auf. Der Geruch der Holzkohle von den Grillöfen wehte durch die weit geöffneten Fenster, während wir die letzten Kleinigkeiten des alten Jahres erledigten. Jedesmal wieder ergriff mich leise Wehmut, wenn ich am Ende eines Jahres den Bestand an Materialien aufnahm und Schränke und Schubladen abschloß. Der letzte Schultag war für mich bedeutsamer als der 31. Dezember und rief stets Nachdenklichkeit und eine gewisse Trauer hervor. Dieses Jahr allerdings war mir nicht ganz so wehmütig ums Herz wie sonst, da wir alle uns im Herbst wiedersehen würden. Es fiel mir daher leicht, mich von der festlichen Stimmung des Tages anstecken zu lassen.

Als endlich alles geschafft war und wir mittags in den Hof hinausliefen, war alles für das große Picknick bereit, und Tinbergen sprang schon zwischen den Grills hin und her, auf denen die Würstchen brutzelten. Lucy und ich holten die Kartons mit dem Eis aus der Tiefkühltruhe, während andere Lehrkräfte Pappteller und Servietten verteilten.

Es war ein herrlicher Junitag: sonnig, beinahe heiß, ein idealer Tag für ein Picknick. Als die Würstchen fertig waren, trieb ich meine vier Schäfchen zusammen und drückte ihnen Teller in die Hände. Dann stellten wir uns hinter Lucys Kindern auf und beluden unsere Teller mit Chips, Würstchen und gebackenen Bohnen, ehe wir uns in den Schatten einer großen Platane am Ende der Wiese zurückzogen.

»He! Schaut mal her!«

Jeremiah robbte auf einem der niedrig hängenden dicken Äste des alten Baumes entlang.

»Ich eß hier oben. Gebt mir mal meinen Teller.«

»Guten Appetit«, sagte ich und reichte ihm seinen Teller hinauf.

»Oh! Schau'n Sie mal, was Reuben macht!« schrie er lachend.

Kaum hatte ich ihm einen Moment den Rücken gedreht, hatte Reuben eine der Plastikflaschen mit dem Ketchup gepackt und ging nun daran, das Gras zu garnieren. Mit einem Ruck fuhr ich herum, schnappte ihn mir, drückte aber dabei die Plastikflasche zu fest zusammen, und die rote Soße schoß in hohem Bogen aus der Öffnung. Alle lachten, sogar Jadie.

Nach dem Essen waren die Spiele an der Reihe. Jeremiah weigerte sich, »Katz' und Maus« und »Ist die böse Köchin da« zu spielen. Er behauptete, das seien Babyspiele, und forderte die Erlaubnis, mit den größeren Jungen Fußball spielen zu dürfen. Aber auch das ging nicht gut, da er es nicht ertragen konnte, nicht als erster in die Mannschaft gewählt zu werden. Schließlich flitzte er die Kletterstangen hinauf und spielte ganz für sich mit viel Geschrei und Gegröle den Superman. Reuben und Philip amüsierten sich im Sandkasten, und Jadie strich ziellos herum.

»Möchtest du mir helfen?« rief ich ihr zu, als sie an mir vorüberkam. »Es ist bald Zeit zum Heimgehen, und wir müssen noch die Sachen alle hineinbringen.«

Nickend kam sie zu mir. Ich stapelte schmutzige Pappteller und Plastikbecher ineinander und warf sie in einen Müllsack.

Mittendrin überraschte uns Reuben, der mit der Hand zwischen den Beinen angerannt kam und verzweifelt »Pipi!« rief.

»Ja, gut. Lauf rein. Schnell!« sagte ich und schob ihn zur Tür. Jadie war dabei, den Müllsack zu verknoten. »Kannst du ihn da rübertragen und neben die Tür stellen? Mr. O'Banyon wirft später alles in den Brenner.«

Jadie nickte und stolperte mit dem Müllsack davon.

Jeremiah hatte Philip überredet, bei seinem Superman-Spiel mitzumachen. Mit wildem Vergnügen hopste er Philip, der auf allen Vieren im Sandkasten herumkroch, auf dem Rücken herum. Nachdem ich mich vergewissert hatte, daß alle beschäftigt waren, trug ich die anderen Dinge ins Klassenzimmer zurück.

Auf dem Weg nach oben hörte ich von irgendwoher lautes Schluchzen. Es war unverkennbar Reuben. In Windeseile hastete ich hinauf, warf die Sachen, die ich im Arm hatte, einfach ins Zimmer, und machte mich auf die Suche nach dem Kleinen.

»Reuben? Reuben, wo bist du?«

Normalerweise benutzten die Kinder die Jungen- und Mädchentoiletten im Souterrain; es gab aber für die körperbehinderten Kinder eine Toilette, die unserem Zimmer viel näher war. Die anderen durften sie im allgemeinen nicht benutzen, aber Reuben hatte ich es erlaubt, da er sich leicht verirrte, wenn er allein nach unten gehen mußte. Es war nur ein kleiner Raum mit einer einzelnen Toilette und einem kleinen Waschbecken. Die Tür hatte ein Schnappschloß, war aber nicht abzusperren.

Reubens Schluchzen kam aus dieser Toilette. Da der Kleine in Panik zu sein schien, versuchte ich gar nicht erst, ihn aufzufordern, die Tür selbst zu öffnen, sondern holte mir aus der Kammer, wo Putzmaterial und Werkzeug aufbewahrt wurden, einen Schraubenzieher und schob damit den Schnappriegel auf.

Als ich die Tür aufmachte, verschlug es mir im ersten Moment die Sprache. Auf der Toilette saß Jadie, das Kleid bis über die Hüften hochgehoben, das Höschen an den Knöcheln, und hielt Reuben, der mit heruntergelassener Latzhose vor ihr stand und herzzerreißend schluchzte, fest am Penis gepackt.

»Laß sofort los!«

Jadie war erstarrt, als ich hereingekommen war, aber sie ließ nicht locker. Und sie schien auch nicht sonderlich beschämt oder verlegen. Auf ihrem Gesicht war vielmehr ein seltsamer, fast herausfordernder Ausdruck.

»Ich habe gesagt, du sollst loslassen.« Diesmal gehorchte sie. »Und jetzt zieh dich an und warte im Klassenzimmer auf mich.« Auch diesem Befehl gehorchte sie.

Mit Reuben allein, gab ich mir alle Mühe, den Jungen zu trösten, der gar nicht mehr aufhören wollte zu weinen.

Der kleine Raum sah schauderhaft aus. Der Boden war naß von Urin, und überall lag Toilettenpapier herum. Ich zog mehrere Papiertücher aus dem Automaten, wischte den Boden auf, so gut es ging, und warf das Toilettenpapier in den Mülleimer. Bei dem Gedanken an die anderen Kinder, die Busse, die gleich kommen würden, und an die Reaktion von Reubens Eltern fühlte ich mich gehetzt und bang.

»Ach, Reuben, lieber, armer Reuben«, tröstete ich und drückte ihn an mich. »Das hat dich furchtbar erschreckt, nicht?«

»Pipi«, stieß er schluchzend hervor.

»Ja, du wolltest Pipi machen, und was ist dann passiert? Kannst du mir sagen, was Jadie getan hat?«

»Pipi«, jammerte er.

Ich wußte, daß ich wahrscheinlich nie erfahren würde, was genau sich abgespielt hatte; dennoch versuchte ich, wenigstens ein bißchen aus ihm herauszubekommen. »Ist Jadie hereingekommen, während du auf der Toilette warst? Was hat sie denn getan, hm?«

»Pipi!«

»Ja, du wolltest Pipi machen, und Jadie hat dich erschreckt.«

Er riß ungeduldig an mir. »Reubens Pipi«, rief er weinend und nahm zum erstenmal die Hand von seinem Penis. Erschrocken sah ich die Bißspuren in dem roten, geschwollenen Fleisch.

Jadie war nicht mehr da, als ich ins Klassenzimmer zurückkam. Es war noch nicht ganz halb vier, aber die Busse standen schon draußen, und überall wimmelte es von Kindern. Lucy, die meine Abwesenheit bemerkt hatte, hatte Jeremiah und Philip unter ihre Fittiche genommen, aber von Jadie war keine Spur zu finden.

Ich übergab den immer noch leise vor sich hin jammernden Reuben seinem Kindermädchen, erklärte kurz, was geschehen war, und entschuldigte mich. Reubens Eltern, sagte ich, könnten mich jederzeit anrufen, und ich gab ihr meine private Telefonnummer. Noch einmal versicherte ich der Frau, wie leid mir die Angelegenheit tue, und das war nicht gelogen. Ich haßte derartige Zwischenfälle; sie hatten unweigerlich traumatische Wirkung, und ich konnte mich niemals ganz von der Verantwortung für das Geschehene freisprechen.

Nachdem die Kinder abgefahren waren, ging ich wieder nach oben und ließ mich bei Lucy, die noch einige Sachen aufzuräumen hatte, auf einen Stuhl fallen.

»Das kann doch nicht wahr sein!« rief Lucy fassungslos, nachdem ich ihr berichtet hatte, was geschehen war.

»Aber es ist leider wahr.«

Lucy rümpfte die Nase. »Puh, das ist ja widerlich. Was willst du jetzt tun?«

»Was kann ich schon tun? Wenn sie weg ist, ist sie weg. Es lohnt sich wahrscheinlich nicht, zu ihr nach Hause zu gehen, schon gar nicht, da heute der letzte Schultag ist. Ungeschehen machen kann ich es sowieso nicht.« Ich seufzte. »Daß das Jahr auf so häßliche Weise enden muß!«

Lucy sah mich an. »Sie hat doch so was nicht schon früher getan?«

»Jedenfalls nicht daß ich wüßte.«

»Hm...« Lucy sah mich nachdenklich an. »Wie kommt ein kleines Mädchen auf solche Ideen? Das ist doch krank, Torey. So etwas würde ihr doch nicht von selbst einfallen, oder?«

Ich zuckte die Achseln. »Ich weiß nicht. Bei den Dingen, die die Kinder heutzutage zu sehen bekommen – auf Videos und auch im Fernsehen... wer weiß. Es kann sein, daß sie so etwas schon einmal irgendwo beobachtet hat, aber –«

»Aber es ist krank«, sagte Lucy wieder. »Ich weiß, du hältst mich manchmal für unerfahren und naiv, und vielleicht bin ich das auch, aber mir kann einer sagen, was er will – wenn ein kleines Mädchen so etwas tut, so ist das krank.«

Wieder in meinem eigenen Zimmer, räumte ich die letzten Sachen auf. Es war nicht mehr viel zu tun, und ich hoffte, früh nach Hause zu kommen. Die wenigen Dinge, die ich über den Sommer nicht in der Schule lassen wollte, packte ich in einen Karton, den ich mit zum Auto hinunternahm. Auf dem Parkplatz setzte ich ihn ab, sperrte den Kofferraum auf und öffnete den Deckel. Als ich den Karton hineingestellt und die Klappe wieder zugeschlagen hatte, stand plötzlich Jadie neben meinem Auto.

»Oh, hallo«, sagte ich.

Sie war offensichtlich inzwischen zu Hause gewesen. Sie trug jetzt ein orangefarbenes Sommerkleid, das einen leuchtenden Kontrast zu ihrem dunklen, zerzausten Haar bildete, das der leichte Wind ihr ins Gesicht blies. Sie hatte keine Schuhe an. Ich musterte sie. Sie war ein sehr sinnlich wirkendes kleines Mädchen, mit ihren tiefblauen Augen und den dunklen Wimpern, dem großen, vollen Mund und dem langen wilden Haar.

»Ich bin froh, daß du wiedergekommen bist«, meinte ich. »Ich hätte es sehr schade gefunden, wenn das Schuljahr für uns beide so unschön geendet hätte.«

Jadie betrachtete mich stumm.

»Möchtest du mit mir nicht noch einmal ins Zimmer hinaufgehen, damit wir in Ruhe sprechen können?«

Sie wirkte wie eine Vision, wie sie da schweigend und reglos zwischen den Autos stand. Fast hätte ich glauben können, daß ich mir ihre Anwesenheit nur einbildete. Dann wehte ihr der Wind eine Haarsträhne ins Gesicht, und sie hob die Hand, um sie wegzuschieben; die erste Bewegung, die sie machte, seit sie lautlos an meiner Seite erschienen war.

»Ich möchte gern verstehen, was zwischen dir und Reuben geschehen ist«, sagte ich. »Ich möchte gern deine Version hören.«

Ich spürte deutlich, daß sie nicht mit mir nach oben gehen würde; daß ich, wenn ich die Sache klären wollte, es hier auf dem Parkplatz würde versuchen müssen.

»Ich werde einfach glauben, daß das, was du Reuben getan hast, ein Versehen war«, sagte ich leise. »Ich werde annehmen, daß du es nicht besser wußtest und es nicht getan hättest, wenn du geahnt hättest, wie sehr du Reuben damit verletzen würdest.«

Jadie preßte die Lippen aufeinander.

»Weißt du, jeder Mensch hat gewisse Körperteile, die nur ihm ganz allein gehören und die kein anderer berühren darf, wenn er es nicht selbst möchte. Bei Jungen und Männern sind diese Körperteile der Penis, die Hoden und das Gesäß. Bei Mädchen und Frauen sind es die Scheide, der Po und später der Busen. Das sind alles besonders empfindliche Körperteile, die auf Berührung in besonderer Weise reagieren, und das ist auch der Grund, weshalb wir sie schützen und nicht jedem erlauben, sie anzufassen. Niemand hat das Recht, sie ohne Erlaubnis zu berühren.«

Jadie sah mich mit unergründlichem Blick an.

»Verstehst du das?« fragte ich.

Sie nickte kurz.

»Darum kann ich nicht zulassen, daß du noch einmal ein anderes Kind so anfaßt, wie du heute nachmittag Reuben angefaßt hast. Wenn Reuben nicht will, daß du seinen Penis berührst, dann darf er es dir verbieten und erwarten, daß du dich danach richtest. Und meine Aufgabe ist es, dafür zu sorgen, daß du so etwas nicht wieder tust.«

Jadie begann lautlos zu weinen.

»Ich nehme an, du wußtest das alles nicht. Jetzt, wo ich es dir erklärt habe, brauchen wir ja nicht zu fürchten, daß so etwas noch einmal geschieht, nicht wahr? Wir vergessen die Geschichte einfach.« Ich streckte den Arm aus, um sie an mich zu ziehen.

Aber sie trat zurück und wich mir aus.

»Du hast gesagt, daß du mir helfen kannst«, sagte sie leise.

»Wie meinst du das?«

»Als du damals zu uns gekommen bist.« Ihre Stimme war tränenerstickt. »Du hast gesagt, du kennst solche Kinder wie mich und weißt, wie du ihnen helfen kannst. Du hast gesagt, daß du mir hilfst, damit alles gut wird.«

Ich sah sie nur stumm an.

»Ich hab's dir geglaubt damals, an dem Tag, an dem du gekommen bist. Drum hab ich auch mit dir geredet. Ich hab gedacht, du hilfst mir. Du hast doch gesagt, daß du es kannst.«

11

Die ersten Ferienwochen über blieb ich in Pecking, um die tausend kleinen Dinge zu erledigen, zu denen ich während der Schulzeit nicht gekommen war. Vor allem meine Wohnung, die noch immer eher einem Möbellager als einem gemütlichen Zuhause glich, hatte Renovierungs- und Aufräumungsarbeiten dringend nötig. Da ich praktisch Hals über Kopf eingezogen war, hatte ich vorher nicht viel mehr tun können, als gründlich auszufegen. Als Folge davon hatte ich mich gar nicht erst richtig häuslich eingerichtet; erst müsse die Wohnung gründlich saubergemacht und frisch gestrichen werden, hatte ich mir gesagt; vorher die Kartons auszupacken, lohne sich gar nicht. Natürlich hatte ich mir nicht träumen lassen, daß die Kartons noch im Juni herumstehen würden, aber so war es. Jetzt endlich kam ich dazu, Farbe zu kaufen, die Wände abzuwaschen, frisch zu streichen und schließlich die Kartons auszupacken.

Es war eine Entscheidung. Obwohl ich mittlerweile seit fast sechs Monaten in Pecking lebte, war ich, glaube ich, nie heimisch geworden, sondern aus eigenem Willen eine Fremde geblieben, gewissermaßen nur auf der Durchreise. Solange alle meine Sachen noch in Kartons verstaut gewesen waren, hatte ich mir vormachen können, ich könnte jederzeit so schnell wieder aus Pecking verschwinden, wie ich gekommen war. Als die Kartons leer waren und alle Dinge ihren Platz gefunden hatten, war ich ansässig geworden.

Der Sommer wurde heißer, und die ersten Wochen, nachdem ich mich endlich häuslich eingerichtet hatte, ließ ich mich einfach treiben. Von den Schulkollegen sah ich nur Lucy mit einiger Regelmäßigkeit. Sie und Ben hatten an einem Stausee in der Nähe ein kleines Motorboot liegen und fuhren an den Wochenenden häufig zum Wasserskifahren hinaus. Ich freute mich sehr, als sie mich das erste Mal aufforderten, mitzukommen. Ich hatte zwar vom Wasserskifahren keine Ahnung, aber da ich mein Leben lang sportlich gewesen war, glaubte ich, ich würde es schnell lernen und eine gute Figur dabei machen. Tatsächlich kam ich kaum auf die Beine, und die Bauchlandungen im Wasser, mit denen jeder Versuch unweigerlich endete, waren gelinde gesagt ernüchternd. Aber das Bootfahren und die Picknicks im Freien machten mir zuviel Spaß, als daß ich diese Wochenendausflüge meiner sportlichen Niederlagen wegen aufgegeben hätte.

Die letzten sechs Wochen des Sommers verbrachte ich in der Stadt, um an einem Seminar in der Klinik teilzunehmen. Ursprünglich wollte ich mir für die Zeit ein kleines möbliertes Apartment mieten, aber dann nahm ich doch das Angebot meines Exfreundes Hugh an, bei ihm zu wohnen.

Seit meinem Umzug nach Pecking war mein Privatleben ein ziemliches Trümmerfeld, war es, genau genommen, schon einige Zeit vorher gewesen. Hugh und ich waren uns in den drei Jahren meiner Arbeit an der Klinik sehr nahe gekommen, an Heirat allerdings hatten wir nie gedacht. Ich bastelte noch an meiner Karriere und wußte, daß ich bei meinem Freiheitsdrang und meiner Abenteuerlust zu einer dauerhaften Bindung noch nicht bereit war. Hugh ging es ähnlich. Er hatte eine gescheiterte Ehe hinter sich und hielt nicht viel von dieser Institution. Aber wir mochten uns und beschlossen schließlich zusammenzuziehen.

Es kam jedoch nie dazu. Noch ehe ich meine Wohnung aufgeben konnte, ging die Beziehung in die Brüche. Das war wahrscheinlich nicht einmal verwunderlich, da wir im Wesen völlig verschieden waren. Während ich in unserer Beziehung die Rolle der Intellektuellen, der Gebildeten und Vernünftigen innehatte, verkörperte Hugh den trinkfreudigen, rauhen, aber herzlichen Naturburschen, und gerade diese Ungleichheit gab viel Anlaß zu gutmütiger Neckerei und Amüsement. Aber eben auch zu Streitigkeiten.

Hugh hatte eine Zeitlang studiert, war dann aber ausgestiegen, um eine eigene Schädlingsbekämpfungsfirma zu gründen, und da er einen ausgeprägten Geschäftssinn besaß, hatte er sie bald zu einem der größten Unternehmen dieser Branche in der Stadt ausgebaut. Er kutschierte in einem Lieferwagen herum, der mit Bildern toter Insekten aller Art dekoriert war, und gerade den Humor und das von der Meinung der Leute unabhängige Selbstbewußtsein, die sich darin ausdrückten, bewunderte ich. Leider jedoch war dies keine Tätigkeit, die sich für leichte Konversation bei den Cocktail-Partys in der Klinik eignete, und jedesmal, wenn wir einen Abend mit meinen Freunden verbracht hatten, gab es hinterher wegen Hughs Spötteleien über die »gehobenen Kreise«, in denen ich verkehrte, Krach zwischen uns. Für ihn war meine Arbeit gut gemeint, aber völlig unrealistisch, und er wies mich gern darauf hin, daß ich trotz meiner Bildung und beruflichen Qualifikation weniger verdiente als er.

Ich hatte vor allem deshalb so lange an der Beziehung festgehalten, weil Hughs gutmütiger Humor mir half. Selbst wenn ich einen noch so schwierigen oder harten Tag hinter mir hatte, verstand Hugh es stets, die Dinge wieder in die richtige Perspektive zu rükken und mich aufzuheitern. Und es machte mir Spaß, gewissermaßen in zwei Welten zu leben – in der Hughs, die uns in Western-Bars und Arbeiterkneipen führte, und in meiner, in der man Theater und bessere Restaurants besuchte. Doch mit dem Beschluß zusammenzuziehen brach die Realität in unsere Beziehung ein. Wir erkannten offenbar gleichzeitig, daß wir doch etwas mehr brauchten als unsere Gegensätzlichkeit, um auf Dauer zusammenleben zu können. Wir trennten uns in beiderseitigem Einvernehmen und als gute Freunde.

Das war im August gewesen. Im Januar war ich nach Pecking gegangen, und seitdem hatte ich ziemlich isoliert gelebt. Das kulturelle und gesellschaftliche Leben Peckings war nicht gerade mitreißend. Aber als ich beschloß, im Sommer noch einmal für sechs Wochen an die Klinik zurückzukehren, tat ich das nicht aus Sehnsucht nach Gesellschaft und Kultur und ganz gewiß nicht, um die Beziehung zu Hugh wiederaufzuwärmen. Wir hatten allerdings in den vergangenen Monaten immer wieder einmal Kontakt gehabt, und als er mir vorschlug, für die Dauer meines Aufenthalts in der Stadt bei ihm zu wohnen, fand ich das verlockender, als ganz für mich zu hausen, und nahm an.

Diese sechs Wochen waren eine merkwürdige Zeit. Als ich noch an der Klinik tätig gewesen war, hatte ich mein Büro mit Jules geteilt, einem ruhigen, ernsthaften Mann, der sich nach einigen Jahren Tätigkeit als Urologe entschlossen hatte, Kinderpsychiater zu werden. Unser gemeinsames Büro war unverändert, als ich zurückkehrte, kein anderer hatte meinen Platz eingenommen. Alles schien wie früher zu sein. Ich zog wieder ein, nahm meinen alten Schreibtisch in Besitz, stellte meine Kaffeetasse in den Schrank in der Büroküche und klebte mein Namensschildchen auf mein altes Postfach im Sekretariat.

Und doch war alles anders. In dem Bewußtsein, daß mein Aufenthalt nur von kurzer Dauer sein würde, registrierte ich alles in meiner Umgebung mit größerer Aufmerksamkeit und nahm nichts als selbstverständlich hin. Tausend kleine Dinge fielen mir auf, die mir gefehlt hatten, ohne daß ich mir dessen bewußt gewesen wäre. Auch die Kollegen behandelten mich anders – sehr herzlich und entgegenkommend, fast wie eine verlorene Tochter. Die Beziehung zu Hugh war harmonisch. Wir konnten vieles, was uns früher verbunden hatte, wieder so unbeschwert genießen, als hätte es eine Trennung nie gegeben, und die Reibereien und Streitigkeiten, die vorher das Beisammensein getrübt hatten, blieben aus. Ein Gefühl der Vergänglichkeit war da. Niemals konnten wir das Wissen ganz hinter uns lassen, daß die Zeit verfloß und ich bald wieder fort sein würde.

Ich hatte Jadies Akte mitgenommen. Von allen meinen Kindern war sie dasjenige, das mir am rätselhaftesten war. Reuben, Philip und Jeremiah konnte ich nicht immer helfen, doch ich meinte, ihre Probleme und die Ursachen dafür recht gut erfaßt zu haben. Bei Jadie hatte ich das Gefühl, überhaupt nichts zu begreifen. Darum hatte ich das Videoband mitgebracht, auf dem sie um Hilfe rief, dazu verschiedene Arbeiten, die sie im Unterricht angefertigt hatte, und die ausführlichen Aufzeichnungen, die ich mir über ihre Besuche nach dem Unterricht gemacht hatte. Ich hoffte, Jules oder einer der anderen Kollegen würden mir weiterhelfen können.

Das Videoband stieß allgemein auf großes Interesse, und alle, selbst Dr. Rosenthal, der Leiter der Klinik, nahmen sich Zeit, es anzusehen. Alle waren fasziniert von der plötzlichen Haltungsänderung Jadies und ihrem direkt in die Kamera gerichteten Hilferuf. Sie wisse unzweifelhaft, wofür die Kamera da sei, behaupteten sie und meinten, der Hilferuf gelte eindeutig mir.

Ich hatte viele der Zeichnungen mitgebracht, die Jadie bei mir in der Garderobe angefertigt hatte. Ich wies auf die seltsamen glokkenförmigen Menschengestalten hin und erzählte, daß sie darauf beharrte, kein kleines Mädchen, sondern ein Geist zu sein. Auch einige der Symbolzeichnungen zeigte ich, insbesondere das Kreuz im Kreis – »X ist das Zeichen«, wie sie stets sagte –, da es das Symbol war, das sie am häufigsten zeichnete, vor allem, wenn sie zornig war. Und ich berichtete ausführlich von den Sitzungen nach dem Unterricht, den verschlossenen Türen, der Angst vor den Spinnen, dem Puppenspiel mit seinen gelegentlichen sexuellen Anklängen. Und natürlich ging ich auch auf den Zwischenfall mit Reuben am letzten Schultag ein.

Jeder an der Klinik hatte eine Meinung, aber alle diese Theorien wurzelten im psychoanalytischen Bereich. Sie mochten interessant und vielleicht auch zutreffend sein, für meine Arbeit mit Jadie jedoch hatten sie wenig praktischen Wert. Damit mußte ich mich abfinden; Patentrezepte hatte ich ja im Grunde auch nicht erwartet. Ich hatte Erfahrung genug, um zu wissen, daß es niemals so einfach war. Aber ich hatte doch gehofft, daß die Gespräche mit den Kollegen, der gegenseitige Austausch, die Konfrontation mit ihren Ansichten irgendwie und irgendwo zu einem Aha-Erlebnis führen würden.

Mit Hugh sprach ich im allgemeinen nicht über meine Arbeit. Früher hatte ich gelegentlich einen Fall erwähnt, wenn er mir besonders zu schaffen machte, aber auch dann immer nur flüchtig, ohne in die Tiefe zu gehen. Eines Abends jedoch wurde Hugh auf den dicken braunen Umschlag mit Jadies Unterlagen aufmerksam, den ich, wie es meine Gewohnheit war, nach der Rückkehr aus der Klinik zusammen mit meinen anderen Sachen auf den Eßtisch geworfen hatte.

»Was ist denn das?« fragte er, als er den Tisch freimachte, um zum Essen zu decken.

Er hielt den Umschlag hoch.

»Ach, das sind die Unterlagen über eines meiner Kinder in Peking. Ich hab sie mitgenommen, weil ich dachte, Jules oder einer der anderen könnte mir in der Sache weiterhelfen.«

»Du lieber Gott«, brummte Hugh, als er sich Jadies Zeichnungen ansah, die halb aus dem Umschlag herausgerutscht waren. »Das ist vielleicht komisches Zeug. Was fehlt denn der Kleinen?«

»Ich weiß nicht genau.«

»Schau dir mal das hier an«, sagte er. Es war das schwarze Kreuz im roten Kreis, das Jadie angefertigt hatte, als wir an den Collagen gearbeitet hatten.

»Ja, mit den Symbolen hat sie's. Sie malt mit Vorliebe alle möglichen Zeichen, es ist fast wie eine Schrift, aber das hier bevorzugt sie vor allen anderen. Sie zeichnet es dauernd. Jules sagte, es stünde für Geschlechtsverkehr. Der Kreis symbolisiere die Vagina, das Kreuz den Penetrationspunkt.«

Ich hielt inne und neigte mich über Hughs Schulter, um das Bild zu betrachten. »Ich weiß nicht, ob ich mit seiner Deutung so recht einverstanden bin. Jules sieht überall vaginale und phallische Symbole. In diesem Fall allerdings könnte er recht haben; ich habe nämlich den Verdacht, daß die Kleine sexuell mißbraucht wurde.«

Hugh besah sich das Bild prüfend. »Das könnte aber auch etwas ganz anderes symbolisieren.«

»Was meinst du?«

»In der Marl Street, gleich gegenüber von der Imbißstube, wo Barry und ich mittags oft hingehen, ist eine esoterische Buchhandlung. Ich hab da ein paarmal reingeschaut, wenn Barry sich verspätet hatte und ich auf ihn warten mußte. In einem der Bücher dort habe ich so ähnliche Zeichen gesehen. Ich will damit nicht sagen, daß Jules sich täuscht. Es kann wahrscheinlich genausogut das eine wie das andere sein. Aber ich erinnere mich deutlich, daß ich in dem Buch etwas Ähnliches sah. Es war das Zeichen, das die Jünger Satans angeblich in Bäume einritzen, wenn sie zu einer Schwarzen Messe rufen wollen.«

Schweigend betrachtete ich Jadies Mosaik.

»Ziemlich düstere Bude, der Laden«, fuhr Hugh fort. »Voller Kristallkugeln und Räucherstäbchen und diesen bizarren Büchern. Das Mädchen, das da arbeitet, behauptet von sich, eine Hexe zu sein. Eine weiße Hexe.«

»Du hast mit ihr gesprochen?« fragte ich.

»Klar, warum nicht? Ich hab ihr gesagt, wenn sie mal Spinnenbeine oder Fledermausflügel brauchen sollte, könne sie sich vertrauensvoll an mich wenden. Für eine Sammelbestellung könnte ich ihr wahrscheinlich sogar Rabatt geben.«

»Also wirklich!« rief ich lachend und gab ihm einen Klaps. Zweifellos hatte er genau das zu der Frau gesagt.

Ich nahm Jadies Bild und legte es zurück zu den anderen Arbeiten. »Jünger Satans?« murmelte ich. »Ich weiß nicht. Vielleicht ist sie ein Wechselbalg, und die Trolle sind mit dem echten Kind abgehauen. Vielleicht ist sie verzaubert worden. Das ist auch nicht weiter hergeholt als Jules' Mutmaßungen darüber, was für Gedanken ihr durch den Kopf gegangen sind, als sie aufs Töpfchen gesetzt wurde.«

An meinem letzten Abend in der Stadt führten Jules und seine Frau mich aus, zuerst ins Theater, danach zum Essen in ein Restaurant in der Stadtmitte. Das Gespräch beim Essen drehte sich hauptsächlich um das Theaterstück, das wir uns angesehen hatten.

»Fehlt dir das alles hier nicht sehr?« fragte Jules, als uns zum Nachtisch der Kaffee gebracht wurde.

Mir war nicht ganz klar, was er mit »das alles hier« meinte: das Theater, die Tätigkeit an der Klinik oder vielleicht einfach das Essen in einem guten Restaurant?

Gewiß, vieles, was ganz selbstverständlich zu meinem früheren Leben gehört hatte, fehlte mir. Andererseits jedoch hatte ich in den sechs Wochen meines Aufenthalts in der Stadt mit Überraschung festgestellt, daß ich mich an der Klinik zunehmend unwohl fühlte. Ich wurde mir eines schwelenden Grolls gegen die Patienten bewußt, die sich so ausgezeichnete Behandlung, so hochklassige Spezialisten dank ihres dicken Portemonnaies leisten konnten und damit automatisch eine weit größere Chance hatten, mit ihren Schwierigkeiten fertig zu werden, als die finanziell schlechter gestellten. Erinnerungen an meine frühen Jahre als Lehrerin wurden wach. Ich hatte damals eine erste Klasse unterrichtet, nette, saubere Kinder gutsituierter Eltern, und ich konnte mich erinnern, wie übel ich es ihnen genommen hatte, daß sie die Privilegien, die sie genossen, mit soviel ahnungsloser Selbstverständlichkeit hingenommen hatten. Als mir klar wurde, daß eine solche Einstellung keinem half, hatte ich nach Ablauf des Jahres den Unterricht an regulären Schulen aufgegeben und war an eine Sonderschule gegangen. Jetzt, am Ende dieses Sommers, spürte ich den gleichen Groll wie damals und erkannte, daß vor allem dieses Gefühl mich getrieben hatte, die Klinik zu verlassen.

Ich freute mich, als ich Ende August nach Pecking zurückkehrte, und sah dem neuen Jahr mit Zuversicht entgegen. Der Abschied von der Sandry-Klinik war so überstürzt und impulsiv gewesen, daß ich mich lange gefragt hatte, ob die Entscheidung richtig gewesen war, und mich innerlich nie richtig von meiner früheren Tätigkeit gelöst hatte. Fünf Monate lang hatte ich in Pecking inmitten unausgepackter Kartons gelebt, um das Gefühl zu haben, jederzeit wieder gehen zu können. Als ich diesmal nach Pecking zurückkehrte, war ich mit mir im reinen. So impulsiv und unüberlegt meine Entscheidung damals gewesen sein mochte, für mich war sie richtig gewesen.

12

Reuben war der erste, der kam. Vom Fenster aus sah ich den Wagen seiner Mutter vorfahren. Mit seinem Pausebrotköfferchen und irgendeinem anderen Gegenstand bepackt, den ich auf die Entfernung nicht erkennen konnte, sprang Reuben aus dem Auto, schlug die Tür zu und flitzte zum Schulhaus, ohne auf die anderen Kinder zu achten, die, da es noch nicht geläutet hatte, im Vorhof spielten. Ich hörte ihn die Treppe heraufpoltern.

»Guten Morgen, Reuben«, sagte ich, als er ins Zimmer gelaufen kam.

»Guten Morgen, Reuben«, brummelte er und ging zu seinem gewohnten Platz.

»Komm, wir hängen deinen Pulli in der Garderobe auf. Das Pausebrotköfferchen kannst du aufs Bord legen. Und was hast du denn da noch dabei?«

Es schien der Deckel einer Keksdose aus Keramik zu sein, in Gestalt einer Holländerin geformt und entsprechend bemalt. Sie hatte allerdings nur Kopf, Oberkörper, die abgewinkelten Arme und die Hände, die fest in die runden Hüften gestemmt waren. Das Unterteil fehlte.

Reuben drückte die kleine Holländerin an sich, als hätte er Angst, ich könnte sie ihm entreißen.

»Ist das deine neue Freundin?« fragte ich.

»Neue Freundin?« plapperte er nach und wandte sich, seine kleine Holländerin fest im Arm, zum Gehen.

»Das ist Keramik, Reuben. So etwas Ähnliches wie Glas. Es zerbricht, wenn man es fallen läßt. Vielleicht stellen wir deine Freundin besser aufs Bord zu deinem Köfferchen. Nur zur Sicherheit.«

Aber davon wollte er nichts wissen und lief mit seinem Dosendeckel ins Klassenzimmer zurück.

Als nächster kam Philip. Wie ein Wilder stürzte er ins Klassenzimmer und rannte auf mich zu. Mit einem strahlenden Lachen sprang er mir so ungestüm in die Arme, daß ich taumelte.

»Hallo, Phil, wie schön, daß du wieder da bist. Wie waren die Ferien? Okay?«

Er nickte enthusiastisch. »Nhhaahh, haahh«, hauchte er mir ins Gesicht.

»Und im Lager war's lustig?«

Wieder nickte er. »Haah.«

Dann kam Jeremiah. Er sah ein wenig verwahrloster aus als im Frühjahr, mit schmutzigem T-Shirt und Jeans, aus denen er sichtlich herausgewachsen war. Jeremiah war in die Höhe geschossen. Aus dem untersetzten, muskulösen Jungen war über den Sommer ein schlanker, langgliedriger Bursche geworden.

»Hallo, Jeremiah! Schön, dich wiederzusehen.«

Er schlurfte zu seinem alten Platz und lümmelte sich mißgelaunt in den Stuhl. »Mann, glauben Sie vielleicht, daß ich gern wieder in diese beschissene Schule gekommen bin?«

Der nächste, der hereinspazierte, war ein Neuer namens Brucie. Brucie war sechseinhalb, ein kleiner, stämmiger Junge mit dichtem weißblondem Haar und einem Posaunenengelgesicht.

»Ach, sieh mal, Brucie!« rief seine Mutter strahlend, als sie mit ihm hereinkam. »Ist das nicht ein schönes Klassenzimmer? Oh, hier wirst du dich bestimmt wohl fühlen. Und sieh mal! Da ist deine nette Lehrerin.«

Ich ging in die Knie. »Hallo, Brucie. Ich heiße Torey.«

»Willst du nicht guten Tag sagen, Brucie? Komm, versuch's doch mal, Mami zuliebe. Sag deiner netten Lehrerin guten Tag. Ist sie nicht hübsch? Sieh mal, was sie für schönes Haar hat! Und was für schöne blaue Augen. Genau wie Brucie. Und mein Brucie mag doch schöne blaue Augen, nicht wahr?«

Sie kraulte ihn kurz unter dem Kinn und wandte sich dann strahlend an mich. »Brucie ist immer ganz hingerissen von blonden, blauäugigen Menschen, wissen Sie.«

Brucie beäugte mich finster.

»Brucie kann nur durchpassierte Speisen zu sich nehmen. Hat Dr. Larson Ihnen das gesagt? Haben Sie mit Mrs. Peterson über Brucies Diät gesprochen? Es dürfen auf keinen Fall Klümpchen in seinem Essen sein. Da verschluckt er sich.«

»Ja, das habe ich schon gehört.«

»Für den Anfang habe ich der Einfachheit halber einige Gläser Säuglingsnahrung mitgebracht. Aber ich möchte selbstverständlich nicht, daß das zur Gewohnheit wird. Er braucht frische Sachen. Hier ist der Apparat zum Durchpassieren. Bis Sie sich damit vertraut gemacht haben, können Sie die Gläser nehmen.« Sie übergab mir eine Einkaufstüte mit Säuglingsnahrung. »Das müßte für eine Woche reichen. Zwei Gläser pro Mahlzeit. Apfelmus oder Joghurt kann er auch essen, wenn es das gibt, aber *keine* Klümpchen. Sonst verschluckt er sich.«

Sie reichte mir eine zweite Tüte. »Und hier sind seine Windeln. Sie müssen mindestens viermal am Tag gewechselt werden. Er bekommt einen fürchterlichen Ausschlag, wenn die Windeln nicht oft genug gewechselt werden, und dort, wo er im letzten Jahr war – unglaublich, wie oft er da den Ausschlag bekam. Dabei kann der völlig vermieden werden.«

Mit einem höflichen Lächeln nahm ich die Tüten.

»Auf Wiedersehen, Herzchen«, sagte sie zu Brucie. »Komm, sag Mami auf Wiedersehen.«

Brucie drehte nicht einmal den Kopf nach ihr. Er war zu sehr damit beschäftigt, mich in Augenschein zu nehmen.

Dann läutete es. Jadie war noch nicht da, darum wartete ich einige Minuten. Als jedoch klar wurde, daß sie nicht kommen würde, wandte ich mich den Kindern zu.

»Pinkelt der Kerl noch in die Hose?« erkundigte sich Jeremiah und näherte sich Brucie. »Hat der echt Windeln an?« Er spähte Brucie neugierig ins Gesicht. »He, Kleiner, wie alt bist 'n du? Find'st du nich, daß du für so 'n Scheiß zu alt bist?«

Ich unterdrückte ein Lachen über Jeremiahs unbeabsichtigtes Wortspiel und führte Brucie zum Tisch.

»Kann der nich reden?« fragte Jeremiah. »Was is' eigentlich mit der Klasse hier los? Wieso bin ich der einzige, der hier redet?«

»Weil du der einzige bist, der das Glück hat, es zu können.«

»Von wegen Glück. Blödsinn, Mann, Glück hat damit gar nichts zu tun. Man *muß* reden können. Das kann doch nicht aufs Glück ankommen.«

»Vieles sollte nicht aufs Glück ankommen, Jeremiah, und trotzdem ist es so.«

Brucies Grinsen verlor einiges von seiner Engelhaftigkeit und wurde zusehends einfältiger und leerer. Sobald er am Tisch saß, begann er rhythmisch auf ihn einzuschlagen, als hätte er zwei Bongotrommeln vor sich.

»Moment mal!« rief ich und umfaßte leicht seine Hände. »Nicht so laut.«

»Der kann einem ganz schön auf den Wecker gehen«, bemerkte Jeremiah. »Daß Sie den hier reingelassen haben, war schön blöd. Der stört uns doch nur.«

Das Interesse an Brucie flaute ab, als die Kinder ihr Zimmer wieder in Besitz nahmen. Philip, Reuben und Jeremiah liefen zu ihren Schränken und sahen sich die Dinge an, die sie im vergangenen Schuljahr darin zurückgelassen hatten. Sie suchten sich ihre alten Garderobenhaken, sprangen auf den Bodenpolstern herum, spielten mit den Tieren und suchten dann unter den Büchern, Spielsachen und Gesellschaftsspielen nach alten Bekannten. Ich setzte mich inzwischen zu Brucie, um mich mit ihm bekannt zu machen.

Kurz nach dreiviertel zehn kam Tinbergen. Er winkte mich in den Korridor hinaus. »Würden Sie bitte zu Alice hinuntergehen?« fragte er, als ich herauskam.

Ich hob fragend die Augenbrauen.

»Ihre Jadie ist unten bei ihr. Ihre Schwester Amber ist dieses Jahr in die Vorschule gekommen – und bis jetzt ist es uns nicht gelungen, die beiden voneinander zu trennen. Würden Sie mal runtergehen und versuchen, sie hier heraufzulotsen?«

Meine Jadie!

Unten bei Alice hockte die ganze Vorschulklasse im Kreis auf dem Boden und sang mit lautstarkem Vergnügen. In einer Ecke des Zimmers kniete Jadie und halb hinter ihr versteckt ihre Schwester Amber.

Ohne Alice und die anderen Kinder zu stören, ging ich zu den beiden Mädchen hinüber. »Es ist Zeit, daß du nach oben kommst«, sagte ich ruhig und sachlich.

Jadie hatte sich kaum verändert. Das dicke, zerzauste Haar war vielleicht ein wenig länger und ein wenig verfilzter, aber das war auch schon alles. Tief vornüber gebeugt, die Arme hochgezogen, das Gesicht hinter dem herabfallenden Haar verborgen, erinnerte sie mich im ersten Moment an eine Hexe aus dem Märchen. Amber, die mit blassem Gesicht und großen Augen hinter ihr kauerte, vervollständigte den Eindruck.

»Du möchtest doch sicher mit den anderen singen«, sagte ich zu Amber und streckte meinen Arm nach ihr aus.

Jadie sprang auf, so daß ich Amber nicht berühren konnte, und drängte ihre kleine Schwester noch weiter in die Ecke. Die Kinder hörten zu singen auf. Es war, als hielten sie gespannt den Atem an.

»Aber Jadie! Amber gehört hierher. Das ist ihr Zimmer und ihre Lehrerin.«

Die anderen Kinder sahen in stummem Entsetzen zu, wie ich Amber über Jadie hinweghob und sie zu Alice trug. Jadie stolperte mit hastigen Trippelschritten hinter mir her, grapschte und krallte und bekam schließlich einen von Ambers Füßen zu packen, ehe ich die Kleine Alice übergeben konnte. Amber begann zu weinen, es klang überlaut in der Stille.

Sobald Alice mir Amber abgenommen hatte, drehte ich mich blitzschnell um und schnappte mir Jadie. Mit einem Schwung hob ich sie hoch und trug sie aus dem Zimmer. Sie wehrte sich plötzlich nicht mehr, aller Widerstand schien gebrochen. Als ich sie im Korridor herunterließ, schwankte sie unsicher. Aus dem Zimmer erklangen wieder die singenden Stimmen der Kinder.

»Sie kommt schon zurecht«, sagte ich leise. »Ich weiß, du warst nur um sie besorgt. Du wolltest ihr eine gute Schwester sein. Aber du brauchst dir keine Sorgen zu machen. Mrs. Havers kümmert sich schon um Amber. Du mußt jetzt mit mir nach oben kommen, in unser Zimmer. Alle anderen sind schon da.«

Hand in Hand stiegen wir die Treppe hinauf, Jadie gekrümmt wie immer, mit ungeschickten Stolperschritten. Als wir an der Tür zur Garderobe vorüberkamen, blieb sie stehen.

»Da bin ich immer dringewesen«, sagte sie.

»Ja.«

Dann standen wir vor der Tür zum Klassenzimmer. Ich konnte die Stimme Tinbergens hören, der gerade Jeremiah ermahnte. Aus Sorge darüber, was Jeremiah jetzt wohl wieder für Dummheiten machte, wollte ich rasch die Tür öffnen. Aber Jadie hielt mich zurück.

»Weißt du noch?« fragte sie leise, aber mit Nachdruck. »Letztes Jahr? Als ich immer da drin war?«

Ich nickte.

»Du hast mir immer erlaubt, daß ich zuschließe.«

»Du wolltest immer gern abschließen«, antwortete ich.

»Weißt du noch, wie ich da war? Weißt du noch, was ich immer getan hab?«

»Du meinst, wenn wir abgesperrt hatten?«

Sie nickte.

»Ja, das weiß ich noch.«

Sie sah zu mir auf, was bei ihrer tief gekrümmten Haltung nicht einfach war. Sie mußte den Kopf ganz zur Seite drehen und dann das Gesicht aufwärts wenden und wirkte dabei wie ein buckliger kleiner Zwerg.

»Du hast keine Angst vor mir, nicht wahr?« fragte sie.

»Nein«, antwortete ich lächelnd. »Du machst mir keine Angst.«
»*Ich* hab gemacht, daß du fortgegangen bist.«

Fragend zog ich die Brauen hoch. »Wie meinst du das?«

»Am letzten Tag. Da hab ich gemacht, daß du fort bist. Genau wie bei der anderen Lehrerin. Und ich dachte, du kämst nicht wieder.«

»Du hast mich nicht gezwungen fortzugehen, Jadie. Das Schuljahr war zu Ende. Es waren Ferien. Darum bin ich weggefahren. Aber jetzt sind die Sommerferien vorbei, und ich bin wieder hier.«

»Du bist stark«, murmelte Jadie.

Da ich nicht wußte, was ich darauf sagen sollte, lächelte ich nur.

»Ich hab gleich gewußt, daß du stark bist«, fügte sie hinzu, als ich sie bei der Hand nahm, um mit ihr ins Zimmer zu gehen. »Ich hab gewußt, daß du wiederkommst.«

Ich wußte aus Erfahrung, daß ich bei Schuljahresbeginn im allgemeinen etwa acht Wochen brauchte, um mich durchzusetzen und die Kinder zu einer Gruppe zusammenzufügen, mit der man produktiv arbeiten konnte. In dieser Periode gegenseitigen Abtastens probierten die Kinder immer wieder aus, wie weit sie gehen konnten, während ich ständig feste Grenzen setzen mußte. Ich hatte gehofft, daß die Anpassungszeit bei dieser Gruppe von kürzerer Dauer sein würde, da wir uns, abgesehen von Brucie, alle schon kannten. Aber das war nicht der Fall. Im Gegenteil, in den ersten Wochen ging es chaotisch zu.

Brucie brachte alles durcheinander. Im Verlauf des vergangenen Schuljahres hatten sich unter den vier Kindern meiner Gruppe Paare gebildet, die sich recht gut ergänzten: Philip und Reuben, die etwa den gleichen Entwicklungsstand hatten, einerseits; Jadie und Jeremiah, die um einiges weiter waren, andererseits. Aber Brucie paßte da nirgends hinein. Die meiste Zeit verhielt er sich wie ein großes, dickes Baby, das am liebsten stillvergnügt auf dem Boden lag. Wenn ich ihn in der Gruppe haben wollte, mußte ich ihn hochziehen und eigenhändig auf einen Stuhl setzen. Von allein tat er gar nichts. Dadurch erweckte er den Eindruck, weit unselbständiger zu sein als Reuben und Philip, und machte außerdem einen Haufen Arbeit.

Aber hin und wieder entwickelte er wahrhaft erstaunliche Aktivitäten. Die Zeiten tatenlosen Herumliegens waren nicht vergeudet; Brucie besaß ein ungewöhnliches Gespür für alles, was andere bewegte, das er sich zweifellos in diesen endlosen Stunden der Beobachtung angeeignet hatte, und es schien ihm höchstes Vergnügen zu bereiten, in gute Beziehungen hineinzufunken. Ich hatte das Gefühl, daß Brucie stets soviel Kraft und Mühe darauf verwendet hatte, seine Umwelt zu manipulieren, daß ihm zu einer normalen Entwicklung keine Energie geblieben war.

In den ersten Wochen wirkte daher seine Anwesenheit auf unsere Gemeinschaft nur zerstörerisch, schon allein dadurch, daß er einen so großen Teil meiner Zeit beanspruchte. Ihn zu füttern, seine Windeln zu wechseln, ihn von einem Ort zum anderen zu schleppen, weil er selbst sich nicht vom Fleck rührte, war schon zeitraubend genug; mit dem Bemühen, ihn zu irgendeiner Art von Eigeninitiative zu überreden, konnte ich leicht den ganzen Tag vertun. Aber schlimmer war noch, was er den anderen Kindern antat. Mit häßlichen kleinen Tricks hetzte er Philip gegen Reuben, Jadie gegen Philip und Jeremiah gegen alle auf.

Jeremiah war derjenige, der am meisten unter ihm zu leiden hatte. Impulsiv, leicht ablenkbar und aufbrausend wie er war, fiel er immer wieder auf Brucies hinterhältige Manipulationen herein. Warnungen drangen niemals rechtzeitig zu ihm durch. Die »stille Ecke« war fast immer besetzt. Im Klassenzimmer war es selten ruhig und friedlich.

In dieser Zeit hatte ich kaum Gelegenheit, mit Jadie allein zusammenzusein. Nachmittags nach dem Unterricht war sie meistens mit Amber auf dem Spielplatz. Ich sah die beiden häufig vom Fenster aus im Sandkasten oder auf den Schaukeln. Meine Nachmittage in jenen Wochen waren angefüllt mit Konferenzen, Besprechungen und Seminaren, so daß ich für Jadie nur höchst selten verfügbar war. Und wenn ich einmal frei hatte, saß ich über meinem Lehrplan und überlegte krampfhaft, wie ich es anfangen sollte, den kommenden Tag erfreulicher und produktiver zu gestalten als den, den ich gerade mit Mühe hinter mich gebracht hatte. Jadie schien aber sowieso nicht das Verlangen zu haben, mich allein zu sehen. Wie die anderen Schüler auch, kam und ging sie mit dem Läuten der Schulglocke.

Der Sommer verging, und der erste herbe Hauch des Winters lag in der Luft. Der Herbst war in dieser Gegend weiter Ebenen immer nur ein kurzes Zwischenspiel, ein farbenfrohes Intermezzo zwischen der braunen Dürre des Augusts und der weißen Eintönigkeit des allzufrühen Winters. In diesem Jahr hatten wir praktisch überhaupt keinen Herbst. Im September schwitzten wir bei dreißig Grad bis zur Mitte des Monats, dann überfiel uns ein regnerisches und windiges Wochenende, die Temperaturen sanken rapide, und innerhalb von zehn Tagen welkten die Blätter an den Bäumen und fielen braun und vertrocknet zur Erde. Der Wind blies aus Norden, und die ersten arktischen Luftmassen wälzten sich südwärts. Anfang Oktober schneite es.

Es war ein grauer, wolkenverhangener Nachmittag. Ich saß am Tisch im Klassenzimmer und verteilte die Arbeitsblätter für den folgenden Tag in die Mappen der Kinder, als ich im Korridor ein Geräusch hörte. Ich hob den Kopf. Jadie spähte durch die Scheibe in der Tür. Im unbeleuchteten Korridor war es düster. Jadie, die etwas von der Scheibe entfernt stand, wirkte verwischt wie ein Schemen.

Ich winkte ihr, aber sie reagierte nicht. Schließlich stand ich auf und ging zur Tür. »Möchtest du hereinkommen?«

Sie war dick angezogen; ihr Gesicht kaum zu sehen unter der Wollmütze und dem Schal.

»Möchtest du hereinkommen?« fragte ich wieder.

Mit einem schwachen Nicken trat sie ins Zimmer.

»Ich mache gerade die Sachen für morgen fertig«, sagte ich und setzte mich wieder an den Tisch.

Langsam und umständlich schälte sie sich aus ihrer Vermummung. Stück um Stück legte sie die Sachen auf einen Stuhl neben sich, bis sie in ihrem abgetragenen Baumwollkleidchen mit der Strickjacke darüber vor mir stand. Völlig reglos. Ein, zwei Minuten verstrichen, ohne daß sie eine Bewegung machte oder ein Wort sagte.

»Möchtest du dich setzen?« fragte ich.

Langsam zog sie den Stuhl mir gegenüber heraus und setzte sich. Wieder Schweigen.

»Wie geht's dir denn?« fragte ich freundlich.

Sie antwortete nicht.

»Kommst du zurecht?«

Wieder keine Antwort.

»Und Amber? Wie gefällt es Amber in der Vorschule?«

Noch immer schwieg sie.

»Was macht Sapphire? Sie ist sicher ein ganzes Stück gewachsen, hm? Wie alt ist sie jetzt? Kann sie schon laufen?«

Jadie hockte so tief in sich zusammengesunken auf dem Stuhl, daß ihr Gesicht beinahe den Tisch berührte. Stille hüllte uns ein wie eine erstickende Decke.

»Weißt du was? Ich habe den Schlüssel noch. Wenn wir in die Garderobe gehen, können wir die Tür absperren.«

Obwohl Jadie nicht einmal aufblickte, sah ich an der leichten Bewegung ihrer Schultern, daß sie sich ein wenig entspannte.

»Komm, gehen wir hinüber. Da ist es gemütlicher. Und ich habe dort am Pult sowieso noch etwas zu tun.«

Aber auch in der Garderobe, nachdem ich die Türen abgeschlossen hatte, blieb Jadie angespannt. Sie setzte sich auf die Bank auf der rechten Seite, den Oberkörper weit vornüber geneigt, die Arme auf den Bauch gepreßt, als hätte sie starke Magenschmerzen. Da ich sie mit meiner Aufmerksamkeit nicht bedrängen wollte, setzte ich mich ans Pult und suchte mir etwas heraus, um mich zu beschäftigen.

Minuten vergingen. Jadie, die immer noch da saß wie ein buckliges altes Männlein, hob die Arme und stützte ihr Gesicht in die Hände. Nach einer Weile drehte sie den Kopf und sah sich in dem kleinen Zimmer um.

»Es fällt dir wohl schwer, zu sprechen?« meinte ich ruhig.

Sie sah mich forschend an.

»Das macht nichts, Jadie.«

Wieder Schweigen.

»War der Mann schon da?« fragte sie schließlich.

»Welcher Mann?«

Sie hob ein klein wenig den Kopf, um mich besser sehen zu können. »Der Spinnentöter, von dem du mir letztes Jahr erzählt hast.«

»Ach so, du meinst den Mann von der Schädlingsbekämpfung?«

Sie nickte.

»Ich denke schon. Mr. Tinbergen läßt die Firma zweimal im Jahr kommen. Wahrscheinlich war der Mann kurz vor Schulanfang hier.«

Stille.

»Du magst Spinnen nicht?« fragte ich.

»Ich *hasse* Spinnen.«

»Warum denn?«

»Sie sind überall. Sie sehen alles, was man tut.« Eine tiefe Müdigkeit schien Jadie plötzlich zu überkommen. Sie senkte den Kopf und legte ihn auf die hochgezogenen Knie. Einen Moment schloß sie die Augen, dann öffnete sie sie wieder. »Was tust *du* mit Spinnen? Machst du sie tot?«

»Im allgemeinen nicht. Ich habe keine Angst vor ihnen. Wenn sie mir mit ihren Netzen nicht gerade in den Weg kommen, lasse ich sie einfach in Ruhe.«

»Aber sie schauen doch zu, was du tust.«

»Ich glaube nicht, daß das, was ich tue, für Spinnen sehr interessant ist«, erwiderte ich.

Darauf folgte eine kleine Pause.

»Ich habe den Eindruck, du hast Angst, daß sie beobachten, was du tust«, sagte ich.

Jadie nickte.

»Wieso glaubst du das?«

Keine Antwort.

Ich wandte mich wieder den Papieren auf dem Pult zu. Mit einer Mühseligkeit, als hätte sie Schmerzen, richtete Jadie sich auf. Sie ließ erst ihre Schultern kreisen, als wären sie steif, dann tat sie das gleiche mit dem Kopf. Schließlich faltete sie die Hände im Schoß und hielt den Blick gesenkt. »Ich muß dich was fragen«, sagte sie leise.

»Was denn?«

Eine ganze Weile blickte sie unverwandt auf ihre Hände. Doch schließlich hob sie den Kopf und sah mich an. »Glaubst du mir?«

»Was denn?« fragte ich wieder.

»Die Sachen, die ich dir erzähle. Glaubst du mir die?«

»Ich versuche es. Hast du Angst, daß ich dir nicht glaube?«

Sie senkte wieder den Kopf und sah stirnrunzelnd auf ihre Hände. »Manchmal klingen Sachen so, als ob sie nicht wahr sind, und dann glauben einem die anderen nicht. Sogar wenn es wahr ist, glauben sie, daß man es sich nur ausgedacht hat.«

»Und du fürchtest, das könnte bei mir der Fall sein?«

Sie nickte schwach.

Ich neigte mich lächelnd über das Pult zu ihr. »Paß auf, ich sag dir was. Wie wär's, wenn ich immer *versuche*, dir zu glauben? Wenn ich dir verspreche, immer zuzuhören und zu versuchen, dir zu glauben, wenn du mir etwas erzählst, das wahr ist?«

Jadie krauste die Stirn. »Ich wollte dir nämlich sagen, daß du dich vor Spinnen in acht nehmen mußt.«

»Ich verstehe.«

»Sie beobachten dich wirklich. Die Spinnen sehen ganz genau, was du tust, drum darfst du nur mit mir reden, wenn keine Spinnen da sind.«

»Oh.«

»Sonst mußt du nämlich sterben. Das ist die Wahrheit. Die Spinnen wollen, daß du stirbst. Und wenn sie sehen, daß ich dir das sage, muß ich auch sterben.«

13 Wir waren erst in der zweiten Oktoberwoche, und schon brach das »Halloween-Fieber«* aus. Jeremiah, bei weitem der wortgewandteste der Gruppe, zeigte auch die größte Begeisterung über die Möglichkeiten, die sich zu Halloween boten.

»Wenn mein Bruder und ich zum Sammeln gehen, nehmen wir jeder einen Kissenbezug mit. Wir gehen in jedes einzelne Haus in der ganzen Stadt, und wir kriegen garantiert mindestens hundert Süßkram.«

»Hundert *Stück* Süßkram«, verbesserte ich automatisch.

»Wahrscheinlich sogar zweihundert. Oder sogar tausend. Ja, vielleicht tausend Süßkram.«

»Tausend *Stück* Süßkram.«

»Ja, genau, sag ich ja.«

Wir saßen alle im Kreis um den Tisch und arbeiteten an einer Leuchtdekoration für unser Schwarzes Brett. Es war ein hirnverbranntes Projekt, das ich aus einer Fachzeitschrift hatte: Man zeichnete die Vorlage auf ein großes Blatt Papier; dann falteten die Kinder winzige Rechtecke aus buntem Seidenpapier zu kleinen Blüten, und diese Blüten wurden auf die Vorlage aufgeklebt. Am Schluß sollte daraus ein hübscher dreidimensionaler Wandschmuck entstehen. Da die Arbeit auch für Vorschulkinder empfohlen worden war, hatte ich geglaubt, das wäre für unsere Gruppe genau das Richtige.

Ich hatte allerdings nicht bedacht, welche Mengen an selbstgedrehten Blüten wir brauchen würden, um eine Vorlage in der Größe, wie ich sie aufgezeichnet hatte, auszufüllen. Und ich hatte mir auch

* Halloween – der Abend des 31. Oktober. Nach amerikanischem Brauch maskieren sich die Kinder und ziehen von Haus zu Haus, um Süßigkeiten zu sammeln. Ihre Parole heißt »trick or treat«: Wer keine Süßigkeiten gibt, muß damit rechnen, daß ihm ein Streich gespielt wird. (Anm. d. Übers.)

nicht überlegt, wie langweilig dieses Papierdrehen und Aufkleben auf die Dauer werden würde.

»In welchem Haus wohnen Sie?« fragte mich Jeremiah. »Ich komm wahrscheinlich vorbei. Und wissen Sie, als was ich geh? Als Superman, der mächtigste Mann des Universums.« Er sprang von seinem Stuhl auf, warf seinen Bleistift in die Luft und schrie: »Bei Greyskull dem Mächtigen! Ich habe die Macht!«

Jadie, die neben ihm saß, hielt sich die Ohren zu.

»Ich finde, das ist ein bißchen laut, Jeremiah«, sagte ich.

»Nein, ich geh nicht als Superman. Ich weiß was Besseres. Ich geh als Batman.«

Er breitete die Arme aus und bewegte sie wie große Schwingen auf und nieder.

»Jeremiah, bitte setz dich wieder.«

»Als was gehst du, Philip?« fragte Jeremiah.

Philip, der gegenüber am Tisch saß, bemühte sich krampfhaft, sein Fetzchen Seidenpapier zur Blüte zu drehen. Zehn Minuten konzentrierter Anstrengung, und Philip hatte genau zwei Blüten zustande gebracht.

»He, und du, Reuben? Als was gehst du, Kleiner?«

Reuben strich sich mit einer Papierblüte an den Wimpern entlang und starrte traumverloren vor sich hin.

»Als was geht Reuben?« fragte Jeremiah mich.

»Ich glaube, als Pirat, stimmt's, Reuben?« sagte ich und zog behutsam seine Hände von seinem Gesicht weg. »Und Brucie geht als Landstreicher. Nächste Woche machen wir dir hier einen richtigen Landstreicherstock und ein Bündel, ja, Brucie?« Ich lächelte Brucie zu, dessen einziger Beitrag bisher darin bestanden hatte, daß er aufrecht auf seinem Stuhl sitzen geblieben war.

»Aber so gut wie ich wird der bestimmt nicht. Mein Kostüm wird das tollste, und dann gewinn ich den ersten Preis. Mr. Tinbergen setzt immer Preise aus, und dieses Jahr gewinn ich.« Jeremiah sah wieder zu Philip hinüber. »Also los, Mann, als was gehst du?«

»Hah-hahh«, schnaubte Philip.

»Genau«, sagte ich. »Als Hase. Sehr gut, Philip.«

»Als Hase?« brüllte Jeremiah. »Als Hase? Was is 'n das für 'ne beschissene Idee, Mann? Du willst echt als Hase gehen?«

»Ich finde, das ist eine gute Idee, Jeremiah. Philips Pflegemutter hat mir das Kostüm schon beschrieben. Er bekommt lange Ohren und sogar Schnurrhaare.«

»Und 'n Schwanz auch?« schrie Jeremiah, der das alles ungeheuer komisch fand.

Wieder sprang er von seinem Stuhl auf und hoppelte wie ein Hase durch das Zimmer, wobei er eine Hand an seinen Po legte und mit ihr auf und nieder wippte wie mit einem Schwanz. »Ich hab 'n Schwanz! Ich hab 'n Schwanz!«

Ohne ihn zu beachten, sah ich zu Jadie hinüber, die mit ernsthafter Miene ihre Papierblüten faltete und auf die Vorlage klebte. Obwohl sie mittlerweile weit mehr am Geschehen in der Gruppe teilnahm als früher, kam es auch jetzt noch häufig vor, daß sie sich verhielt, als wären wir anderen gar nicht vorhanden.

»Hast du dir schon überlegt, wie du dich kostümieren willst?« fragte ich.

Jadie antwortete nicht.

Jeremiah sprang von hinten auf Jadies Stuhl und umschlang ihren Hals mit beiden Armen. »He, als was gehst du, Kleine? Hm, sag schon! Als Hexe? Als böse Hexe, die auf dem Besen durch die Luft reitet? Morgen früh um sechs kommt die alte Hex –«

»Jeremiah, bitte!« stöhnte ich.

Er stieg vom Stuhl. Jadie wischte sich die Schultern ab, als hätte er sie beschmutzt.

»Weißt du schon, als was ich geh, Kleine?« Diesmal warf er sich vor sie und schleuderte dabei ihre Papierrechtecke über den ganzen Tisch. »Ich geh als Dracula, und dann beiß ich dich in den Hals. Grrrr!«

Wieder umschlang er Jadies Hals.

»Jeremiah!« sagte ich. »Runter vom Tisch und zurück an deinen Platz. Sofort! Du kannst auch ein bißchen mithelfen. Wir haben das Leuchtbild noch lange nicht fertig. Also, hilf uns jetzt bitte.«

»Ich kauf mir Zähne«, verkündete er, während er über den Tisch rutschte und ganz dicht an mich herankam. »Solche Vampirzähne, die im Dunkeln leuchten, und dann schmier ich mir den ganzen Mund mit Ketchup voll. Wenn ich ihn dann aufmache, tropft das Zeug raus wie Blut. Grrrr!« Diesmal wollte er mir an den Hals.

Ich packte ihn fest bei den Schultern, zog ihn vom Tisch herunter und plazierte ihn auf seinem Stuhl.

»Sie werden schon sehen, wie das Blut tropft. Micah und ich haben nämlich jedesmal, wenn wir bei MacDonald's waren, diese kleinen Ketchup-Beutel mitgehen lassen. Ich schütt mir das ganze Zeug in den Mund, und dann reiß ich ihn ganz weit auf und – chuääääh! Das wird echt widerlich«, erklärte er begeistert. »Ich hab bestimmt das tollste Kostüm von allen. Wahrscheinlich gibt Mr. Tinbergen mir den ersten Preis. Wahrscheinlich schenkt er mir sogar Geld oder so was, weil das Kostüm nämlich so gut wird, daß er's gar nicht glauben kann.«

»Das klingt alles sehr interessant«, sagte ich und wandte mich wieder Jadie zu. »Na, weißt du schon, was du anziehen willst?«

Sie zuckte leicht die Schultern. »Ich hab kein Kostüm.«

»Was! Du hast keins?« rief Jeremiah ungläubig.

»Pscht«, sagte ich und schob ihn wieder auf seinen Stuhl. »Es ist ja noch Zeit genug.«

»Man braucht gar kein Kostüm«, erklärte Jadie. »Letztes Jahr hab ich auch keines gehabt.«

»Aber kriegst du denn keins?« fragte Jeremiah verdattert.

»Ich will gar keins.«

Da verschlug es Jeremiah ausnahmsweise einmal die Sprache. Ich muß zugeben, ich selbst war auch überrascht. Ich hatte automatisch angenommen, daß sich alle Kinder mit Vergnügen an der Maskerade beteiligen würden.

»Was machst du dann beim Umzug?« bohrte Jeremiah weiter. »Wie willst du'n da von Zimmer zu Zimmer gehen und den anderen Kindern dein Kostüm zeigen, wenn du gar keins hast?«

»Ich mag gar nicht mitmachen beim Umzug.«

»Aber dann kannst du ja auch keinen Preis gewinnen.«

»Ich will gar keinen Preis.«

»Warum kommst du dann überhaupt in die Schule, wenn du die guten Sachen gar nicht haben willst? Warum bleibst du nicht einfach zu Hause?«

Jadie hob den Kopf und drehte ihn zur Seite, um Jeremiah über den Tisch hinweg anzufunkeln. »Ich komm aus demselben Grund hierher wie du. Weil die Polizei sonst kommt und mich holt, wenn ich nicht zur Schule gehe. Ich komm her, weil ich muß.« In ihrem Ton war eine unerwartete Heftigkeit. »Aber sie können mich nicht zwingen, blödes Zeug zu tun, das ich nicht mag. Ich laß mich nicht zu was machen, das ich gar nicht bin.«

»Wau!« sagte Jeremiah. »Die Kleine weiß, was sie will. Wau! Haben Sie das gehört, Fräulein? Passen Sie bloß auf, sonst sind Sie Ihren Job los, wenn's nach der Kleinen geht. Die ekelt sämtliche Lehrer raus. Und nimmt ihr ganzes Geld.« Jeremiah legte eine Pause ein und betrachtete Jadie. »Du nimmst mir's bestimmt übel, daß ich das sage, aber es ist gut, daß sie dich in die Klasse hier gesteckt haben. Weil irgendwie tickst du echt nicht richtig.«

Die Leute, die im Haus neben dem Schulgebäude wohnten, hatten einen Golden Retriever, eine schöne, gutmütige Hündin, die häufig draußen im Garten war. Fast immer rannten dann meine Kinder zum Zaun, um mit dem Hund zu sprechen und hinüberzulangen, um ihn zu streicheln. Im September entdeckten sie mit Entzücken, daß die Hündin Junge hatte. Im Oktober sprangen die Welpen bereits tolpatschig und fröhlich kläffend im Garten herum. Mehr als einmal mußten wir so ein Kleines zurückbringen, das eines der Kinder irgendwie über den Zaun in den Schulhof gehievt hatte. Es war daher keine besondere Überraschung, als eines Tages nach der Mittagspause eines der älteren Kinder ins Lehrerzimmer kam, um mir mitzuteilen, daß Jeremiah sich mit einem der jungen Hunde davongemacht hatte.

Jeremiah liebte Hunde. So wenig Respekt vor Menschen er zeigte, so zuverlässig war er im Umgang mit Tieren. Darum war ich von der Mitteilung nicht sonderlich beunruhigt, hielt es aber dennoch für besser, Jeremiah zu suchen.

Ich brauchte ein paar Minuten, um ihn zu finden, aber schließlich hörte ich seine Stimme aus einem Treppenschacht, der zu einem mittlerweile zugemauerten Kellereingang führte. Unsichtbar dort unten, plapperte er eifrig darauf los, und mir wurde schnell klar, daß er nicht allein war. Ich wartete einen Moment, dann hörte ich Jadies Stimme.

»Schau, das ist sein Ding«, sagte Jadie.

»Er hat einen Jungsschnippel«, erklärte Jeremiah. »Die anderen haben Mädchenpipis, aber der hier hat einen Jungsschnippel, drum mag ich ihn am liebsten.«

»Ich weiß einen anderen Namen dafür«, sagte Jadie.

»Ja, ich auch.«

»Was für ein Wort weißt du?« fragte Jadie.

»Penis«, antwortete Jeremiah ernsthaft.

»Ich weiß ein besseres: Schwanz«, sagte Jadie.

»Mein Vetter sagt immer Pimmel«, berichtete Jeremiah.

»Ja, Pimmel, das kenn ich auch. Und Pipi.«

»Das ist ein Mädchenwort«, erklärte Jeremiah herablassend. »Das ist blöd.«

»Weißt du noch andere Wörter?« fragte Jadie. Als Jeremiah nicht gleich antwortete, sagte sie: »Ich weiß eins. Schwengel.«

»Und Stöpsel.« Das erste Kichern folgte.

»Wurm«, sagte Jadie. »Weil er nämlich so aussieht.«

»Gar nicht wahr«, widersprach Jeremiah beleidigt. Dann eine Pause. »Was für Wörter kennst du noch?«

Jadie antwortete nicht gleich, und ich wollte schon die Treppe hinuntergehen, um den kleinen Hund zu holen, als ich hörte, wie Jeremiah enthusiastisch sagte: »He, schau mal, wie 'ne Kuh. Ich melk ihn jetzt. Stripp, strapp, strull! Schau! Wie die Dinger, die bei der Kuh runterhängen.«

»Wenn du an seinem Schwanz ziehst, kriegst du Milch«, sagte Jadie.

»So'n Quatsch. Die Milch kommt doch bei der Kuh nicht aus dem Schnippel. Die kommt aus den Titten. Da müßt er schon ein Mädchen sein.«

»Stimmt nicht. Ich weiß, wie man aus einem Schwanz Milch rauskriegt«, erklärte Jadie in prahlerischem Ton, der verriet, wie sehr sie es genoß, Jeremiah etwas voraus zu haben.

»Nie im Leben. Das kannst du gar nicht.«

»Kann ich doch. Aber man darf nicht so drücken. Man muß dran lutschen – so!«

»Jadie!« rief ich schrill und rannte die Treppe hinunter.

Sie fuhr heftig zusammen und ließ den kleinen Hund zu Boden fallen. Jeremiah, der neben ihr stand, sah völlig entsetzt aus.

»Haben Sie gesehen, was sie tun wollte, Fräulein? Sie wollte den Schnippel von dem Hund da in den Mund nehmen.«

»Bis zum Läuten ist noch ein wenig Zeit, Jeremiah. Wenn du dich beeilst, kannst du mit den anderen Fußball spielen.«

»Aber –« Immer noch der entsetzte Ausdruck auf seinem Gesicht.

Ich sah ihn scharf an. »Aber dann mußt du *sofort* gehen.«

Jeremiah verstand und flitzte davon.

Jadie wollte ihm nach, aber ich hielt sie fest. »Ich finde, wir müssen erst einmal miteinander sprechen.«

Ich bückte mich, hob den kleinen Hund auf und streichelte ihn einen Moment. Jadie starrte mich mit großen Augen ängstlich und mißtrauisch an.

»Vor den Schulferien hast du Reubens Penis in den Mund genommen. Ich habe dir damals erklärt, daß man so etwas nicht tut, weil manche Körperteile besonders empfindlich sind. Ich wollte damals glauben, daß es einfach Gedankenlosigkeit von dir war, weil ich weiß, daß Kinder in solchen Dingen manchmal sehr unüberlegt sein können. Aber jetzt fange ich an, mir Sorgen zu machen, daß mehr dahinterstecken könnte.«

»Ich hab doch nur gespielt«, murmelte Jadie und senkte den Kopf.

»Ich bin nicht böse, Jadie, und ich werde auch nicht böse werden. Davor brauchst du keine Angst zu haben. Aber ich mache mir Sorgen, Jadie. Wenn kleine Mädchen Dinge tun wie du eben, dann tun sie das im allgemeinen, weil sie es irgendwo schon einmal gesehen haben. Manchmal zeigt ihnen jemand, der älter ist, so etwas oder tut es mit ihnen, und daher wissen sie es.«

Jadie seufzte.

»Es ist nicht deine Schuld, Jadie. Ich bin nicht böse. Aber wenn jemand dich zwingt, diese besonderen Stellen an seinem Körper anzufassen, oder wenn er dich auf diese Weise anfaßt, dann mußt du es mir sagen. Das ist ganz wichtig. Wenn du es mir nicht sagen willst, mußt du mit einem Erwachsenen sprechen, dem du vertrauen kannst.«

Jadie trat unruhig von einem Fuß auf den anderen. Klein und schmächtig stand sie vor mir, das lange dunkle Haar wirr um die Schultern. Selbst in dieser buckligen Haltung, die sie mißgestaltet aussehen ließ, wirkte sie auf eine düstere Weise fast verführerisch.

»Wenn so etwas vorgehen sollte«, sagte ich, »hat man dich wahrscheinlich versprechen lassen, daß du nichts verrätst. Man hat dir wahrscheinlich gesagt, daß irgend etwas Schlimmes geschieht, wenn du etwas erzählst. Oder daß die anderen denken werden, es sei alles deine Schuld. Oder daß kein Mensch dir glauben wird. Oder daß man dich von deinen Eltern fortholen wird oder etwas ähnlich Schlimmes. Wenn ein Erwachsener etwas Unrechtes tut, dann droht er mit solchen Dingen, weil er möchte, daß du ihn nicht verrätst. Er weiß nämlich ganz genau, daß er etwas Unrechtes tut. Er lügt, um dich daran zu hindern, Hilfe zu suchen. Aber wenn jemand dich anfaßt oder dich zwingt, ihn anzufassen, dann brauchst du Hilfe. Du bist nur ein kleines Mädchen, und das sind Dinge für Erwachsene. Du brauchst einen erwachsenen Menschen, der dir da heraushilft.«

»Aber ich hab doch gar nichts getan«, sagte sie. »Ich hab bloß Quatsch gemacht. Sonst nichts. Ich hab gespielt.«

Ich war ratlos und schwieg.

Jadie zuckte die Achseln, verstimmt, wie mir schien, als fühlte sie sich belästigt. »Tut mir leid«, murmelte sie. »Ich tu's nicht wieder.«

»Darum geht es nicht, Jadie. Ich möchte dir helfen.«

Schweigen. Sie scharrte mit den Füßen, stieß mit der Schuhspitze ein welkes Blatt beiseite und seufzte wieder. Als ich stumm blieb, sah sie endlich auf. »Kann ich jetzt gehen?«

Unmutig sah ich sie an, hoffte, sie würde doch noch mit mir sprechen.

»Bitte? Mir bleibt sonst gar keine Zeit mehr zum Spielen. Ich hab doch gesagt, daß es mir leid tut. Kann ich gehen?«

Ich winkte mit der Hand. »Ja, geh nur.«

14

Am Donnerstag nachmittag kam Arkie Peterson, völlig unerwartet, wie so häufig. Sie zeigte sich wieder einmal in einer höchst ungewöhnlichen Kombination: Jeans und Lederweste und dazu lange Straßgehänge in den Ohren. Sie erinnerte an ein aufgedonnertes Cowgirl, aber irgendwie schaffte sie es, solche Kostümierungen mit herrlicher Selbstverständlichkeit zu tragen, ohne daß sie ihrem professionellen Image schadeten.

»Na, wie geht's?« Sie hockte sich auf die Kante des Tisches.

Ich verdrehte die Augen. »Mit Brucie haben Sie mir ganz schön was angetan.«

Sie lachte frech. »Ich hab Ihnen doch schon letztes Frühjahr angekündigt, daß ich ein Prachtexemplar für Sie habe. Und was machen die anderen?«

»Über Jadie muß ich dringend mit Ihnen sprechen.«

»Aha, ich seh schon, ein weiteres Arbeitsessen auf Spesen, hm?«

»Ums Essen geht es mir weniger. Aber ich würde gern mal zwanzig Minuten in Ruhe mit Ihnen reden. Es muß sein! In aller Ernsthaftigkeit und unter vier Augen.«

Arkie wurde ernst. »Warum? Was ist denn passiert?«

»Ich glaube, sie wird sexuell mißbraucht.«

»Im Ernst? Hat sie etwas gesagt?«

»Nicht direkt, nein, aber ich kann zwei und zwei zusammenzählen. Irgend etwas ist bei diesem Kind überhaupt nicht in Ordnung.«

»Leiten Sie das alles von diesem Zwischenfall mit Reuben im letzten Frühjahr ab?«

»Nicht allein. Ich fand die Sache damals beunruhigend, aber ich hätte sie als Einzelvorkommnis akzeptieren können. Kinder sind sexuelle Wesen, ob uns das nun gefällt oder nicht, und gestörte Kinder sind in dem Bereich manchmal sehr aktiv. Aber es kommt noch anderes dazu.« Ich berichtete Arkie von der Geschichte mit dem jungen Hund.

Sie verzog angewidert das Gesicht.

»Sie sagte, sie könne aus einem Penis – aus einem Penis, wohlgemerkt, nicht aus einer Zitze – Milch heraussaugen, und es bedarf ja wohl keiner besonderen Phantasieleistung, um diese ›Milch‹ als Samen zu identifizieren. Von allein kommt ein achtjähriges Kind nicht auf so etwas. Die meisten Kinder in diesem Alter erschrecken bei der Vorstellung von Geschlechtsverkehr, und erst recht von Fellatio.«

Arkie sah mich nachdenklich an. »Andererseits braucht es nichts weiter als einen einzigen Pornofilm. Woher wissen wir, daß ihr Vater nicht eine ganze Pornovideothek zu Hause auf dem Bücherregal hat? Wer sagt uns, daß sie nicht nachts um halb zwölf noch vor der Glotze sitzt und Pornofilme anschaut? Die Kinder von heute wissen eine Menge, Torey. Sie sehen und hören viel mehr als wir früher.«

»Das will ich ja gar nicht bestreiten, aber es ist doch ein Riesenunterschied, ob man so etwas sieht oder ob man es selbst tut. Sogar Jeremiah war entsetzt, als er begriff, was sie vorhatte, und der Junge erlebt zu Hause bestimmt einiges. Genau das ist der springende Punkt – sie *wollte* es tun!«

Arkie schwieg.

»Mir ist klar, daß ich im Moment nicht viel tun kann. Wenn sie keine bestimmte Anschuldigung vorbringt, kann ich sie auch nicht drängen, das weiß ich. Ich bin mir der Gefahr sogenannter Suggestivfragen bewußt, falls tatsächlich etwas herauskommen und die Sache vor Gericht gehen sollte, aber ich mache mir wirklich Sorgen um dieses Kind. Ich habe ein ganz ungutes Gefühl.«

»Ja«, meinte Arkie, »das kann ich verstehen. Ich mache mir einen Vermerk in ihre Akte und sehe mal alle alten Aufzeichnungen durch, um festzustellen, ob irgendwo etwas auftaucht, das da weiterhelfen kann. Im übrigen denke ich, Sie gehen genau den richtigen Weg. Wenn sie wirklich mißbraucht wird, benötigen wir entweder konkrete Beweise, oder sie selbst muß eine entsprechende

Bemerkung machen. Wir müssen also Augen und Ohren offenhalten und sehen, ob wir die richtigen Fragen stellen können.«

»Ja«, seufzte ich, obwohl ich in Wirklichkeit auf die richtigen Antworten gehofft hatte.

In der folgenden Woche saßen wir nach der Nachmittagspause alle um den Tisch im Klassenzimmer. Reuben, Jadie und Jeremiah arbeiteten an schriftlichen Aufgaben: Philip, der die Aufgabe bekommen hatte, alles an Nahrungsmitteln zusammenzustellen, was er finden konnte, schnitt Bilder aus Zeitschriften aus und klebte sie ein; ich arbeitete mit Brucie an einem Farbenschema. Wir hatten endlich das Stadium erreicht, in dem wir uns als Gruppe zusammensetzen und produktiv tätig sein konnten, und ich genoß es, daß endlich ein gewisser Friede eingekehrt war. Aber plötzlich fing Jeremiah an, mit den Fingern an der Unterseite des Tisches zu krabbeln.

»Jeremiah, bitte mach deine Aufgabe fertig«, sagte ich.

Eine Weile war es still, dann fing er wieder an zu krabbeln.

»Wart nur, ich krieg dich schon noch«, flüsterte er Philip scherzhaft zu, der ihm gegenüber saß.

»Jeremiah«, mahnte ich etwas energischer.

Er schob die Hand wieder auf den Tisch und tat so, als widme er sich seiner Arbeit.

Diesmal legte er ein Blatt Papier über seine Hand und scharrte darunter mit den Fingern. »Das ist eine Tarantel«, flüsterte er mit Gruselstimme und bewegte das Papier auf Philip zu. »So ein riesiges, behaartes Biest. Sie kriecht jetzt zu dir hin, und gleich wird sie dich holen.«

Jadie starrte mit weit aufgerissenen Augen auf das Blatt Papier, unter dem sich Jeremiahs Hand bewegte. Schnell griff ich hinüber und zog das Papier weg, so daß seine krabbelnden Finger sichtbar wurden. »Alberner Junge«, sagte ich zu ihr. »Er hat nur Spaß gemacht.«

Jeremiah ließ sich davon nicht stören. Seine Finger krabbelten weiter über den Tisch hinweg zu Philip. »Jetzt hab ich dich!« schrie er plötzlich, sprang über den Tisch und packte Philip am Hals.

»Jeremiah! Schluß jetzt! Gib endlich Ruhe. Das ist die letzte Warnung.«

Jeremiah verdrehte die Augen und ließ sich auf seinen Stuhl zurückfallen. »Das sagen Sie nur, weil ich Indianer bin. Bei einem Weißen würden Sie nie so schnell böse werden.«

»Weiß, Braun, Schwarz oder Lila – ich erlaube nicht, daß du dauernd störst. Deine Hautfarbe interessiert mich nicht. Dein *Verhalten* paßt mir nicht.«

»Wau, hör dir das an, Mann«, brummte er. »Unsere Hautfarbe interessiert sie nicht.«

Wir konnten uns vielleicht drei oder vier Minuten wieder auf unser Tun konzentrieren, ehe Jeremiah erneut mit den Fingern zu krabbeln anfing. Als bedürfe es äußerster Anstrengung, sie zu zähmen, ließ er sich von seinem Stuhl fallen und drückte die Finger der einen Hand mit der anderen fest auf den Boden.

»Ich versuch's ja, Mann«, sagte er angesichts meines tadelnden Blicks und setzte sich wieder auf seinen Stuhl. »Aber diese Finger, die machen sich immer selbständig.« Und damit begann er von neuem zu krabbeln, ließ die Finger seinen Arm hinaufspazieren und auf Jadies Schulter hinüberspringen.

Mit einem Schrei fuhr Jadie in die Höhe. »Tu ihn weg von mir!« schrie sie. »Er soll aufhören.«

Ehe ich reagieren konnte, stieß sie ihren Stuhl zurück und rannte stolpernd durch das Zimmer in die Garderobe. Krachend flog die Tür hinter ihr zu. Ich wollte ihr nach, aber da hörte ich schon den Schlüssel im Schloß. Sie hatte abgesperrt.

»Jadie? Jadie, laß mich hinein.«

Keine Antwort.

Vorsichtig drehte ich den Türknopf, um zu prüfen, ob sie tatsächlich abgesperrt hatte. Aber ich rüttelte nicht an der Tür. Ich wollte sie nicht noch mehr ängstigen.

»Bitte laß mich hinein.«

Keine Antwort.

»Ich bin's doch nur, Jadie. Laß mich hinein, bitte.«

Nichts.

Schließlich wandte ich mich ab und kehrte zum Tisch zurück, an dem die Jungen saßen, die die Szene beobachtet hatten.

»Wieso hat sie 'n das getan?« fragte Jeremiah.

»Was glaubst du wohl?« entgegnete ich gereizt.

Er warf einen Blick nach hinten zur Tür, dann schüttelte er verdrossen den Kopf. »Sie hören's wahrscheinlich nicht gern, aber ich find echt nicht, daß Sie so 'ne tolle Lehrerin sind. Sie soll'n doch schauen, daß es nicht so aussieht, als ob hier lauter Gestörte wären. Und jetzt hat sie sich da hinten in der Kammer eingeschlossen.«

»Sie möchte eben ein Weilchen allein sein.«

Jeremiah runzelte die Stirn und rubbelte mit einer Hand sein dunkles Haar, bis es gerade in die Höhe stand. »Ich mein, letztes Jahr hat sie zwar nicht geredet, aber sonst hat ihr nichts gefehlt. Jetzt redet sie und spielt dauernd verrückt. Ehrlich, ich sag's nicht gern, aber das ist wahrscheinlich Ihre Schuld.«

Jadie blieb den ganzen Nachmittag in der Garderobe. Ab und zu hörten wir ein dumpfes Geräusch durch die Wand, sonst jedoch verriet nichts, daß sie dort drinnen war. Und es gab kein Anzeichen dafür, daß sie vorhatte, wieder herauszukommen.

»Mist, und was machen wir jetzt?« fragte Jeremiah, als es zum Unterrichtsende läutete. »Unsere Mäntel und unsere ganzen Sachen sind doch da drin.«

Ich ging zur Tür. »Jadie? Du mußt jetzt aufmachen. Eben hat es geläutet, und die Jungen brauchen ihre Sachen, sonst können sie nicht nach Hause gehen.«

Aus der Garderobe kam kein Laut.

»Wir müssen die Tür aufbrechen, Fräulein.«

»Mach auf, Jadie. Die Busse warten schon. Die Jungen brauchen ihre Sachen.«

Reuben, den diese Abweichung vom Gewohnten ängstigte, begann zu weinen.

»Hey!« brüllte Jeremiah mit ohrenbetäubender Lautstärke und trat mit dem Fuß in die Luft. »Ich tret jetzt die beschissene Tür ein.«

»Das wirst du nicht tun. Hör jetzt auf«, mahnte ich und hielt ihn fest. »Jadie!« rief ich durch die Tür.

Nichts rührte sich.

Ich wußte, daß der Hausmeister einen Hauptschlüssel für alle Türen hatte, aber es widerstrebte mir, ihn zu holen. Die Tatsache, daß Jadie sich in der Garderobe immer sicher gefühlt hatte, war ein wesentliches Element unserer Beziehung; ich wollte ihr Vertrauen in diesen Zufluchtsort nicht zerstören. Aber irgend etwas mußte ich unternehmen, das war mir klar.

»Hör mal, Jadie, wenn es sein muß, werde ich diese Tür öffnen«, sagte ich in meinem strengsten Lehrerinnenton. »Wenn du das nicht willst, dann öffne selbst. Das wäre sowieso das beste.«

Endlich hörte ich das leise Knirschen des Schlüssels, der sich im Schloß drehte. Dann öffnete sich die Tür. Jadie stand mit roten, verschwollenen Augen vor mir.

»Jeremiah«, sagte ich, »lauf rasch hinaus und sieh, ob Mrs. McLaren mit ihren Kindern noch da ist. Frag sie, ob sie so nett sein könnte, dich und die anderen zu den Bussen hinunterzubringen.«

Ich eilte in die Garderobe und holte die Sachen der Jungen samt Reubens geliebter kleiner Holländerin.

Lucy kam ins Klassenzimmer.

»Tust du mir den Gefallen?« fragte ich mit meinem gewinnendsten Lächeln, ehe ich wieder in der Garderobe verschwand.

Jadie stand noch an derselben Stelle, tief gekrümmt, den Kopf gesenkt, das Gesicht hinter dem lang herabfallenden Haar verborgen. Hinter ihr auf der Bank lagen, ordentlich aufgereiht, die Puppen.

»Oh, das ist ja eine ganze Familie«, rief ich und trat näher an die Puppen heran. »Das hier könnte die Mutter sein, das hier der Vater und die da die Kinder.«

Jadie regte und rührte sich nicht.

Ich setzte mich neben den Puppen auf die Bank. »Was tut denn diese hier?« fragte ich, als ich die Puppe mit den langen dunklen Haaren hochnahm, die Jadie am liebsten hatte. »Ich würde gern wissen, wie sie sich fühlt.«

Jadie zeigte keine Reaktion.

Sachte streichelte ich die Puppe und strich ihr das ungekämmte Haar aus dem Gesicht. »Wollen wir mit den Puppen spielen?« fragte ich Jadie. »Das hier kann deine Puppe sein. Du tust so, als wärest du sie, und erzählst meiner Puppe, woran sie gerade denkt. Okay?« Ich hielt ihr die Puppe hin.

Jadie wandte sich ab.

Ich zog den Arm zurück und stellte die Puppe auf mein Knie. »Ach, ich bin so traurig«, klagte ich mit hoher, dünner Piepsstimme. »Ich fühl mich so schrecklich. Ich hab solche Angst und bin so unglücklich.«

»Ach, du Arme«, sagte ich mit meiner eigenen Stimme teilnahmsvoll. »Wie kommt denn das?«

»Ich hab Angst. Ich hab solche Angst«, wimmerte die Puppe.

»Aber warum denn? Kannst du mir sagen, warum?«

»Mir passieren so schreckliche Sachen, und ich weiß nicht, wie ich machen soll, daß sie aufhören«, jammerte die Puppe.

»Wie schlimm für dich«, murmelte ich und drückte die Puppe an mich. »Du arme Kleine. Du tust mir ja so leid. Komm her, damit ich dich in die Arme nehmen kann. Komm, damit ich dir helfen kann.«

Jadie kam einen Schritt näher. Während ich sie verstohlen aus dem Augenwinkel beobachtete, setzte ich mein Gespräch mit der Puppe fort.

»Ich hab Angst! Ich hab Angst!« rief die Puppe mit jammervoller Stimme. Ich kann's dir nicht sagen. Ich hab Angst, daß du's nicht verstehst. Ich hab Angst, daß du's mir nicht glaubst und denkst, es wäre alles meine eigene Schuld.«

»Ach, du Arme«, sagte ich und drehte den Kopf, um Jadie anzusehen. »Sie ist so unglücklich, die Kleine. Was können wir ihr sagen? Komm her. Fällt dir etwas ein, das wir ihr sagen können, damit es ihr besser geht?«

Jadie starrte die Puppe an. Ihr Gesicht zeigte Verblüffung. Dann kam sie ganz vorsichtig noch einen Schritt näher. Einen Moment blieb sie unschlüssig stehen, dann streckte sie unsicher den Arm aus. »Hab keine Angst«, flüsterte sie und strich der Puppe leicht über das Haar.

»Warum sie wohl solche Angst hat«, überlegte ich laut.

»Es ist ihr Geburtstag.«

»Ach so«, entgegnete ich, als erklärte das alles, obwohl ich keine Ahnung hatte, weshalb Jadie einen Geburtstag beängstigend fand. »Du armes kleines Ding«, sagte ich zu der Puppe. »Du hast solche Angst, nicht wahr? Aber ich halte dich ganz fest.« Ich drückte die Puppe an mich. »Reden ist gut. Das hilft mir, dich zu verstehen. Ich bleib ganz nah bei dir, und dann kannst du mir alles erzählen. Dann kann ich dir helfen.«

Jadie begann zu weinen.

»Komm zu mir, Schatz«, sagte ich und streckte einen Arm nach ihr aus. »Du kannst auch mit mir reden.«

»Nein, kann ich nicht.«

»Aber ja.«

»Nein, ich kann nicht. Du verstehst es ja doch nicht.«

»Du kannst mit mir reden, und ich werde es verstehen.«

»Ich kann nicht, und du verstehst es auch nicht.«

»Gib mir doch wenigstens eine Chance, hm?« Ich lächelte sie an. »Hier drinnen, wo du sicher und geborgen bist. Ich halte dich ganz fest im Arm.«

»Ich kann nicht!« rief sie heftig. »Du verstehst es einfach nicht.« Sie riß sich von mir los und rannte zur Tür. Nachdem sie hastig aufgeschlossen hatte, stürzte sie hinaus, noch ehe ich sie aufhalten konnte. Ich konnte nur noch dem Klang ihrer Schritte im leeren Korridor nachlauschen.

Der Unterricht begann um Viertel vor neun. Meistens kam ich schon um acht, um die Materialien zu verteilen, mir meine Sachen zurechtzulegen und dann noch ein bißchen Kontaktpflege zu betreiben. Wenn ich mir in der Kantine eine Tasse Kaffee geholt hatte, machte ich auf dem Rückweg nach oben Stippvisiten bei Alice und ein paar anderen Kollegen, ehe ich schließlich in Lucys Zimmer landete, wo ich meist bis zum Läuten blieb.

Auch am Morgen nach dem mißlungenen Gespräch mit Jadie machte ich meine gewohnte Runde, aber bevor ich zu Lucy hineinging, kehrte ich in unser eigenes Zimmer zurück, um dort meine inzwischen leere Kaffeetasse abzustellen. Zu meiner Überraschung war Jadie schon da.

»Wie bist du denn hier hereingekommen?«

Sie antwortete nicht. In Mantel, Mütze und Handschuhen saß sie stumm auf ihrem Stuhl.

»Das wird Mr. Tinbergen nicht recht sein, daß du schon hier bist. Bei deinen Besuchen nach dem Unterricht hat er bisher immer beide Augen zugedrückt, aber ich denke, wir dürfen es nicht zu weit treiben. Er möchte, daß die Kinder vor dem Läuten nicht hereinkommen.«

»Meine Schwester hat bald Geburtstag«, erklärte Jadie mit sorgenvoll gekrauster Stirn und sah mich mit ihren klaren blauen Augen an, deren reine Schönheit mich immer wieder bezauberte.

»Deine Schwester hat bald Geburtstag?« wiederholte ich verwirrt.

Jadies Augen wurden groß und dunkel, während sie mir forschend ins Gesicht sah. Ich spürte ihr Flehen um Verständnis und fühlte mich einen Moment lang schrecklich hilflos, weil ich wußte, daß ich überhaupt nichts verstand.

»Welche von deinen Schwestern?« fragte ich.

»Amber.«

»Ah.«

Jadie krümmte sich noch tiefer. »Sie wird sechs.« Ihre Stimme war so leise, daß ich sie kaum hören konnte. »Am Siebenundzwanzigsten.«

»Und das beunruhigt dich?«

Ihre Beunruhigung war offensichtlich. Den Kopf gesenkt, die Schultern nach vorn gezogen, spielte Jadie mit einer Troddel an ihrem Fäustling.

Ich zog mir den Stuhl gegenüber heraus und setzte mich zu ihr an den Tisch. »Kannst du mir ein bißchen mehr dazu sagen?«

Keine Antwort.

Ich griff über den Tisch und berührte ihre Hände. »Jadie, ich möchte dir helfen. Ich merke doch, daß du in letzter Zeit sehr gequält bist. Ich weiß, daß du unglücklich bist. Ich weiß, daß du Hilfe suchst, aber du mußt mit mir sprechen. Sonst sehe ich ja nicht, was ich tun soll.«

»Vielleicht muß Amber sterben.«

»Warum glaubst du das?«

Mit einem Ausdruck ungeduldigen Vorwurfs sah Jadie auf. »Das hab ich dir doch eben gesagt. Sie wird an ihrem Geburtstag sechs.«

Ich schwieg verwirrt.

»Und ich will nicht, daß sie stirbt.«

»Aber die Menschen sterben doch nicht, wenn sie sechs Jahre alt werden, Schatz.«

»Tashee ist gestorben. Und vielleicht stirbt Amber genauso. Ich glaube, daß jetzt Amber dran ist.«

»Tashee ist gestorben?«

Jadies Blick wurde mißtrauisch. »Das weißt du doch. Das hab ich dir doch längst erzählt.«

»Ich komme manchmal ein bißchen durcheinander, Jadie. Nicht, weil ich nicht zuhöre oder weil ich nicht glaube, was du sagst. Es passiert einfach...«

Jadie begann auf ihrem Stuhl nach rückwärts zu rutschen. Gleich würde sie aufspringen und weglaufen. Ich suchte verzweifelt nach den richtigen Worten.

»Als Tashee starb«, sagte ich leise, »wie war denn das? Wie ist es passiert?«

Immer noch musterte Jadie mich argwöhnisch. Dann sah sie sich im Klassenzimmer um, ihr Blick glitt auf der Suche nach Spinnweben über Schränke und Ritzen. Endlich neigte sie sich zu mir und flüsterte: »Miss Ellie hat das Messer genommen, das, das so eine Form hat« – sie hielt inne und zeichnete mit dem Finger eine Kontur auf die Tischplatte –, »und sie hat es Tashee direkt hier an den Hals gedrückt.«

Wieder hielt Jadie inne, schluckte, neigte sich noch näher zu mir. »Als sie es getan hatte, kam Blut raus. Wie bei einem Schlauch, weißt du. Es ist nicht runtergelaufen, wie wenn man sich geschnitten hat. Es ist hochgespritzt wie bei einem Schlauch, und Miss Ellie hat es mit einem Becher aufgefangen.«

Ich schob eine Hand unter das Kinn und drückte die Finger auf die Lippen, um meine Gedanken nicht zu verraten. Ich mußte ein, zwei Sekunden verstreichen lassen, ehe ich das Gefühl hatte, normal sprechen zu können. »Miss Ellie hat sie getötet? Miss Ellie? Die Frau aus dem Fernsehen?«

Jadie legte den Kopf zur Seite und sah mir in die Augen. »Ja«, antwortete sie zögernd. »Du weißt es?« In ihrer Stimme schwang Erleichterung. »Du weißt es? Du hast es in deinem Fernseher auch gesehen?«

15

Mittwochs gab ich den Kindern nachmittags nach der Pause immer eine »Freistunde«, in der sie tun durften, was sie gerade wollten. Brucie nutzte das im allgemeinen dazu, sich auf seiner geliebten Decke auf dem Boden zu räkeln und alle möglichen Gegenstände in den Mund zu schieben. Philip und Reuben panschten am liebsten mit Sand und Wasser am Spülbecken herum und bespritzten sich von oben bis unten. Bei Jeremiah und Jadie wechselten die Neigungen. Manchmal spielten sie, manchmal zeichneten, malten oder lasen sie, manchmal arbeiteten sie an einem angefangenen Projekt weiter, das sie interessierte. Und Jeremiah, der in mancher Hinsicht ein kleiner Pedant war, vertrieb sich die Zeit gelegentlich damit, meine Schränke zu säubern und neu einzuräumen.

An diesem besonderen Nachmittag jedoch fand Jadie keine Ruhe und konnte sich zu nichts entschließen. Immer wieder sprang sie von ihrem Stuhl auf, irrte im Klassenzimmer umher, berührte zerstreut die Bücher auf dem Bord, das Aquarium, die Arbeitsmappen, die in einem Stapel aufeinanderlagen. Vor unserem Schwarzen Brett blieb sie stehen und studierte die Zeichnungen, die dort aufgehängt waren. Sie betrachtete die Poster an den Wänden. Schließlich kam sie zu dem Regal, in dem die Malsachen standen. Erst ging sie daran vorüber, dann kehrte sie wieder um. Auf einem der Borde lagen mehrere Tuben mit Temperafarben. Sie starrte sie eine Weile an, strich dann mit den Händen darüber.

»Darf ich malen?« fragte sie schließlich und hob eine der Tuben hoch.

»Aber ja. Die großen Blätter sind da oben auf dem Schrank.« Ich wandte mich wieder meiner eigenen Beschäftigung zu.

Jadie stellte die Staffelei auf, machte ein großes Blatt darauf fest, schlüpfte in einen Malkittel und füllte dann die Eierkartons, die wir als Paletten benutzten, mit verschiedenen Farben. Dann suchte sie sich einen Pinsel aus und stellte sich vor der Staffelei auf. Als ich einige Minuten später hochsah, stand sie immer noch vor dem leeren Blatt.

Nach einer Weile kam sie mit dem Pinsel in der Hand zu mir. »Kann ich mit den Sachen in die Garderobe gehen?« fragte sie leise.

»Du willst alles mitnehmen, auch die Staffelei?«

Sie nickte.

»Meinetwegen. Aber schließ bitte die Tür nicht ab.«

»Darf ich wenigstens die andere zuschließen? Nicht die hier, die zum Korridor?«

Ich nickte.

Geschäftig schleppte Jadie die Staffelei in die Garderobe, kam zurück, um Zeitungen für den Fußboden zu holen, und trug zum Schluß Pinsel, Palette und Farben hinaus.

Als ich etwas später nach hinten ging, um meinen Korrekturstift aus dem Pult zu holen, war Jadie gerade dabei, die ersten Striche auf ihr Blatt zu setzen. Mir fiel sofort auf, daß sie fast völlig gerade stand. Doch von meinem Hereinkommen erschreckt, zuckte sie zusammen und machte sofort wieder ihren Buckel.

»Ich bin's doch nur«, sagte ich und nahm den Stift.

»Machst du die Tür wieder zu, wenn du rausgehst?« fragte sie. »Und sag den anderen, sie sollen klopfen, bevor sie reinkommen. Okay? Wenn ich nicht zuschließe, dann sollen alle klopfen.«

Wir ließen Jadie ungefähr fünfzehn bis zwanzig Minuten allein in der Garderobe. Offensichtlich machte ihre Tätigkeit ihr viel Vergnügen. Sie kam mehrmals heraus, um sich frisches Papier, mehr Farbe und dickere Pinsel zu holen.

Schließlich ging ich nach hinten, um ihr zu sagen, daß es gleich läuten würde. In dem kleinen Raum herrschte kreatives Chaos. Überall auf den Bänken lagen Farbtuben; auf dem Boden standen schmutzige Pappbecher, ein ganzes Sortiment gebrauchter Pinsel lag herum.

»Darf ich sehen, was du gemalt hast?« fragte ich.

Als sie nickte, trat ich hinter sie.

Das Bild zeigte eine riesige schwarz gestreifte Katze, so gigantisch, daß sie fast das ganze Blatt füllte. Der überdimensional große Kopf war dem Betrachter zugewandt, und die weiß umrandeten Augen mit den runden gelben Pupillen blickten mich starr an. Die Ohren waren langgezogene Ovale, und zu beiden Seiten der zwei Punkte, die die Nase darstellen sollten, schwangen sich üppige Schnurrhaare nach außen. Das auffallendste jedoch war das Maul der Katze. Knallrot, zu einem breiten, recht boshaften Grinsen geöffnet, das sechs klotzige, rechteckige Zähne sehen ließ, nahm es gut die Hälfte des Katzengesichts ein und fast ein Viertel des ganzen Zeichenblatts. Die Aggressivität dieser Katze, die so fest in den Rahmen des Bildes eingezwängt war, war unverkennbar.

»Das ist Jenny«, sagte Jadie. »Weißt du noch? Sie war mal kurze Zeit meine Katze.«

»Sie ist schön. Das Bild gefällt mir wirklich gut.«

»Sie schaut aus wie ein Tier, nicht?« meinte Jadie.

»Ja.«

Jadie nahm plötzlich einen Becher mit orangeroter Farbe und begann dicke orangefarbene Striche von oben nach unten über das ganze Bild zu ziehen.

Bestürzt fragte ich: »Warum hast du das getan?«

»Ich konnte sie doch nicht einfach so lassen. Tiger sind gefährlich. Sie wär rausgesprungen und hätte jemanden getötet.«

Die Gitterstangen wirkten seltsamerweise noch aggressiver als die Katze. Was, fragte ich mich, repräsentierten sie? Hatte die Katze die beängstigende Außenwelt verkörpert, und stellten die plötzlich angebrachten Gitterstangen den Versuch dar, sich vor ihr zu schützen? Oder symbolisierte die Katze Jadies eigene aggressive Gefühle und die Gitterstangen ihr Bemühen, sie zu unterdrücken?

»Wolltest du das Gitter von Anfang an malen?« fragte ich.

Unerwartet brach Jadie in Tränen aus. »Es ist verpatzt«, schluchzte sie und wollte das Blatt von der Staffelei reißen.

»Nicht!« Ich hielt ihre Hand fest. »Tu das nicht. Es ist immer noch gut.«

»Nein, es ist verpatzt. Ich wollte nur den Tiger. Ich wollte gar kein Gitter, und jetzt ist es verpatzt.«

»Nein, nein, Jadie. Der Tiger ist immer noch da. Das Gitter machen wir einfach wieder weg.« Ich beugte mich zu dem Bild und wischte einen großen Teil der orangeroten Farbe einer Stange mit dem Finger weg. »Wir müssen es erst ein bißchen trocknen lassen. Wenn wir es jetzt versuchen, wo es noch naß ist, verschmieren wir die Farbe nur. Aber wenn es trocken ist, zeige ich dir, wie wir das Orange einfach mit anderen Farben übermalen können. Wir malen das Gitter einfach weg.«

Jadie beruhigte sich etwas.

»Wenn du einen Tiger willst, können wir wieder einen Tiger daraus machen. Hier bestimmen wir und nicht die Farbe.«

»In Wirklichkeit ist es gar kein Tiger«, sagte sie leise. »Es ist Jenny.«

Ich drückte sie leicht an mich.

»Es ist Jennys Geist. Sie ist ein Tigergeist. Als sie noch lebendig war, sah sie von außen aus wie eine Katze, aber in Wirklichkeit war sie ein Tiger. Die meisten Leute haben das nicht gewußt, aber ich wußte es. Ich konnte in sie reinschauen, und ich hab gesehen, daß sie stark war. Und drum ist sie, wie sie gestorben ist, ein Tigergeist geworden.«

»Ich verstehe.«

Jadie blieb an mich gelehnt. »Das ist die wahre Jenny. Weil nämlich der Körper gar nicht zählt, weißt du. Der stirbt. Was mit dem passiert, ist ganz egal, weil er nämlich am Ende einfach von einem abfällt. Aber der Teil von einem, der ein Geist ist, der bleibt lebendig. Und man ist nur wirklich lebendig, wenn man ein Geist ist.«

Am Donnerstag morgen stürmte Philip in freudiger Aufregung ins Klassenzimmer. Seine leibliche Mutter, die jetzt in Chicago lebte, hatte ihm ein Spielzeug geschickt, eine jener kleinen, mit Flüssigkeit gefüllten Kugeln aus durchsichtigem Kunststoff, in denen Schnee fällt, wenn man sie schüttelt. Obwohl wir noch nicht einmal November hatten, zeigte die darin eingeschlossene Szene den Weihnachtsmann auf seinem Schlitten, der von zwei Rentieren gezogen wurde.

Philip war selig mit seiner Schneekugel. Immer wieder schüttelte er das kleine Gehäuse, bis der Schnee in dichten Flocken fiel, und hielt es mir dann vor die Nase, damit ich es gebührend bewundern konnte.

»Sch-nee«, sagte ich deutlich und sehr artikuliert, nahm seine Hand, die das Spielzeug hielt, und führte sie ihm vor die Augen. »Sag es, Philip. Schau, die Lippen so. Sch-nee.«

»Nn-äh«, blies Philip mir ins Gesicht und riß sich los, um den anderen Kindern sein Prachtstück vorzuführen.

»So eins hab ich auch zu Hause«, erklärte Jeremiah. »Los, gib mal her, Phil.«

Aber Philip wollte sein Spielzeug nicht aus der Hand geben. Jeremiah riß und zog, und schließlich landeten beide Jungen strampelnd auf dem Boden.

»He, ihr beiden, hört auf damit!« Ich sprang auf, um das Spielzeug zu retten, ehe es im Handgemenge in Stücke gehen konnte. »Jeremiah, Schluß jetzt!«

Widerstrebend ließ Jeremiah von Philip ab, konnte es sich aber nicht verkneifen, ihm noch einen letzten Fußtritt zu verpassen, ehe er aufstand. »Du bist vielleicht ein selbstsüchtiger Kerl. So was Ekelhaftes. Ich hätte doch deinem blöden Ding da überhaupt nichts getan.«

»Wenn man etwas haben möchte, das einem anderen gehört, wartet man, bis der es einem gibt«, sagte ich. »Man nimmt es ihm nicht einfach weg. Und schon gar nicht schlägt man zu. Ist das klar?«

»Ach was, meins ist sowieso viel schöner«, brummte Jeremiah.

»Meins ist aus Disneyland, und es ist ein richtiges Märchenschloß drin. Das ist nich aus so 'nem billigen Niggerladen und hat auch nich so 'n blödes Babybild drin wie das hier.«

»Komm, es ist Zeit für die Diskussion«, sagte ich und drehte Jeremiah herum, um ihn in ein anderes Fahrwasser zu steuern. »Geh und hol den Kasten mit den Requisiten.«

»So 'n Babykram«, brummelte Jeremiah weiter. »He, du, Kleiner, das paßt zu dir. Guck-guck, ich bin der Weihnachtsmann. Du glaubst bestimmt noch an den lieben guten Weihnachtsmann, der nachts den Kamin runterkommt, du Baby du.«

»Jeremiah!«

Philip, der sich in meiner Gegenwart sicher fühlte, wollte sich die Gelegenheit nicht entgehen lassen, Jeremiah eins auszuwischen. Seine kostbare Schneekugel hocherhoben in beiden Händen, tänzelte er mit übertriebenen Bewegungen zu Jeremiahs Platz hinüber – und erzielte natürlich genau die gewünschte Wirkung: Jeremiah sprang fuchsteufelswild von seinem Stuhl. Sofort rannte Philip zu mir und versteckte sich hinter mir.

»Ich finde, wir haben dein Spielzeug jetzt genug bewundert, Philip«, sagte ich und nahm es ihm aus der Hand. »Alle haben es gesehen und bestaunt, und jetzt müssen wir mit dem Unterricht weitermachen.«

»Na-ain!« schrie Philip jämmerlich. »Mma-ains!«

»Ja, es gehört dir, aber solange wir Stunde haben, stelle ich es auf den Schrank. Du bekommst es zurück, wenn wir alle nach Hause gehen. Jetzt ist es da oben am besten aufgehoben.«

Philip brüllte einige Sekunden lang voller Empörung, gab jedoch klein bei, als er erkannte, daß er das Ding nicht zurückbekommen würde. Schnüffelnd und schniefend setzte er sich endlich zu uns in die Diskussionsrunde.

Aber als die Zeit zum Nachhausegehen kam, war Philips Spielzeug nirgends zu finden. Sobald es läutete, griff ich auf den Schrank, um es ihm herunterzuholen, fand jedoch nichts. Ich holte mir einen Stuhl und stieg hinauf, um nachzusehen, aber die Schneekugel war nicht da.

Philip war untröstlich. »Ma-ains! Mma-ains!« weinte er, während er mit erhobenen Armen erst um den Schrank, dann um mich herumlief.

Während ich krampfhaft nach der verflixten Schneekugel suchte, bemühte ich mich, fröhliche Zuversicht auszustrahlen, aber schon bald wurde mir klar, daß das Verschwinden des Spielzeugs kein Zufall war. Ich vermutete, daß Jeremiah die Hand im Spiel hatte, und hätte ihm in diesem Moment am liebsten den Kragen umgedreht, aber da ich keine Beweise hatte, konnte ich ihn nicht beschuldigen. Zu allem Überfluß standen auch schon die Busse unten, und mir blieb keine Zeit mehr für ein Verhör. Ich versuchte Philip ein wenig zu trösten, versprach ihm, das ganze Zimmer auf den Kopf zu stellen, sobald alle gegangen waren, und sagte, wir würden morgen weiter über die Sache sprechen. Danach stieg Philip, immer noch schluchzend, in seinen Bus.

Als die Kinder weg waren, startete ich eine großangelegte Suchaktion. Ich rückte den Schrank von der Wand ab, ich robbte auf dem Bauch herum, um unter sämtlichen Möbelstücken nachzusehen, ich fegte mit dem Besen die Ritzen hinter dem Bücherregal und dem Heizkörper aus. Aber außer zwei Gummibändern, einem Fetzen Papier und vielen Staubflusen fand ich nichts. Niedergeschlagen rückte ich die Möbel wieder an ihren Platz. Die Schneekugel mußte gestohlen worden sein. Ich war so bedrückt, daß ich beschloß, auf einen Sprung ins Lehrerzimmer hinunterzugehen und mich ein wenig aufheitern zu lassen, ehe ich mich über meine Arbeit setzte.

Ich blieb viel länger, als ich beabsichtigt hatte; eben diese Neigung, klebenzubleiben, war der Hauptgrund, weshalb ich nach dem Unterricht nur selten hinunterging. Es war zu verlockend, sich in einen bequemen Sessel sinken zu lassen und eine Tasse Kaffee nach der anderen zu trinken. Wenn ich einmal in diesem Behagen versunken war, bereitete es mir größte Schwierigkeiten, mich wieder aufzuraffen und an die Arbeit zurückzukehren. Kurz und gut, als ich wieder nach oben ging, war mir bereits klar, daß ich mir nicht genug Zeit gelassen hatte, um meine Sachen auszuarbeiten, und einen Teil der Arbeit würde ich mit nach Hause nehmen müssen, etwas, das ich haßte.

Auf dem Weg durch den Korridor zu meinem Zimmer fiel mir auf, daß die Tür zur Garderobe, die noch offengestanden hatte, als ich gegangen war, jetzt geschlossen war. Ich blieb lauschend stehen. Jadies sanftes Murmeln drang durch die Tür. »... und dann stieg sie in den Schlitten, und er sauste ganz hoch hinauf in den Himmel. ›Wir fliegen‹, rief Tashee. ›Willst du mit mir gegen sie kämpfen?‹ – ›Ja‹, sagte Tashee. ›Ich und Jadie und Amber, wir schaffen es.‹ Und sie rannten zu dem Schlitten und sprangen hinein. Es schneite. Es schneite unaufhörlich in dicken, dicken Flocken. Und sie flogen in die Höhe. Aufwärts, immer weiter aufwärts...«

Ich ging ins Schulzimmer und schlug die Tür laut hinter mir zu, um auf mein Kommen aufmerksam zu machen. Auch die Verbindungstür zur Garderobe war geschlossen. »Jadie?« rief ich.

Keine Antwort.

Ich drehte den Knopf, aber die Tür war abgeschlossen. »Jadie, würdest du mich bitte hineinlassen?«

Sie antwortete noch immer nicht.

»Bitte sperr jetzt die Tür auf!« Mit Lehrerinnenstimme.

Kein Laut, keine Bewegung, nichts.

»Das muß aufhören, Jadie, sonst kann ich dir nicht mehr erlauben, die Garderobe zu benutzen. Ich zähle jetzt bis drei, und bei drei ist die Tür offen, verstanden? Also: eins...«

Leises Rumoren. Ich hörte, daß sie sich der Tür näherte. Aber sie öffnete noch immer nicht.

»Zwei...«

Der Schlüssel drehte sich im Schloß, und die Tür wurde langsam aufgezogen.

»Kann ich jetzt bitte Philips Schneekugel haben?« sagte ich ganz sachlich und hielt ihr meine offene Hand hin.

»Die hab ich nicht.«

»Wenn du sie mir jetzt gibst, können wir sie wieder auf den Schrank stellen, und die Jungen brauchen nichts zu erfahren.«

»Ich hab sie nicht.«

Ich sah sie nur stumm an.

»Wieso glaubst du mir's nicht? Du hast gesagt, du würdest mir glauben, aber du glaubst mir nie. Du bist genau wie alle anderen.«

Ich legte die Hand auf ihre Schulter, drehte sie herum und schob sie in den Garderobenraum zurück. Nachdem ich die Tür hinter mir geschlossen hatte, sperrte ich ab. »Wenn du sie nicht hast, macht es dir sicher nichts aus, wenn ich nachsehe«, meinte ich und wollte in ihre Manteltaschen greifen.

»Nicht! Hör auf!« Sie riß sich von mir los, rannte um mich herum und versuchte, die Tür aufzusperren.

Ich lief ihr nach und hielt sie fest. Ich brauchte nur einen Moment, um die Schneekugel in ihrer Tasche zu fühlen. Aber selbst da weigerte sich Jadie weiterhin, sie herzugeben. Zornig schrie sie mich an und versuchte von neuem, durch die Tür zu entwischen.

Als ich sie am Arm festhielt, fuhr sie herum wie ein kleiner Teufel und riß sich los. Die Schneekugel hüpfte bei der heftigen Bewegung aus ihrer Manteltasche und fiel auf den Linoleumboden. Dumpf prallte sie auf und zersprang. Eine kleine Wasserlache breitete sich auf dem Boden aus.

Einen Moment lang standen wir beide wie vom Donner gerührt.

»Ach, du lieber Gott«, seufzte ich schließlich, weil mir etwas Besseres nicht einfiel.

Jadie fing an zu schluchzen. Sie ließ sich auf die Knie fallen und machte sich daran, die Scherben einzusammeln.

»Warte, ich helfe dir«, sagte ich und kniete neben ihr nieder.

»Nein!« schrie sie und stieß mich zornig weg. »Nein. Du hast es kaputtgemacht. Deinetwegen ist es kaputtgegangen.«

»Das tut mir leid. Ich wollte doch nicht, daß es zerbricht.«

»Es ist deine Schuld. Du bist schuld, daß ich es kaputtgemacht hab. Du bist böse. Du bist gemein. Ich möchte dich umbringen.«

Ich hockte mich auf die Fersen.

»Ich wollte, du wärst tot.«

»Ich hab dich sehr zornig gemacht, das sehe ich«, sagte ich. »Du würdest mich am liebsten umbringen.«

»Genau!« schrie sie in blinder Wut und sprang auf, die Scherben des kleinen Spielzeugs fest an sich gedrückt.

»Das ist nicht schlimm. Gefühle sind keine Taten. Man darf sie ruhig haben, man darf sie sogar aussprechen. Du kannst dich gerade hinstellen und deine Gefühle herauslassen. Gefühle und Wünsche töten nicht.«

Mit verblüffter Miene brach Jadie mitten in ihrer Tirade ab und sah an sich hinunter. Sie stand kerzengerade. Einen Augenblick später begann sie von neuem, zornig zu weinen.

Die Wut ergriff völlig Besitz von ihr. Mit einer Leidenschaft, wie ich sie bisher nie bei ihr erlebt hatte, rannte sie schreiend im Zimmer hin und her und geriet bei jeder Runde mehr außer sich. Immer wenn sie zu einer Tür kam, trommelte sie wie rasend mit den Fäusten auf das Holz, wirbelte dann herum und rannte wieder los.

Ich hatte natürlich nicht die Absicht gehabt, eine derart traumatische Szene heraufzubeschwören, und war ziemlich erschrocken über die Entwicklung der Dinge. Mein erster Impuls war, die Tür aufzusperren und sie hinauszulassen, wie man das bei einem verirrten Schmetterling tut, der verzweifelt gegen die Fensterscheibe fliegt. Aber als ich sah, wie stark ihre Gefühle waren, wurde mir klar, daß ich vollenden mußte, was ich begonnen hatte, und so wartete ich, bis sie sich völlig verausgabt hatte.

Schließlich ließ sie sich einfach neben der Korridortür zu Boden fallen. Die Scherben der Schneekugel, die sie die ganze Zeit über in der Hand behalten hatte, drückte sie jetzt wieder fest an die Brust und neigte sich beschützend darüber. Das lang herabfallende Haar verbarg ihr Gesicht. Minutenlang hockte sie so auf dem Boden und weinte vor sich hin, bis Müdigkeit sie überkam. Das Schluchzen hörte auf. Sie hob ein wenig den Kopf und wischte sich Augen und Nase mit dem Mantelärmel.

»Ich glaube, das hat dir gutgetan«, sagte ich ruhig. »Ich glaube, du mußtest das einmal loswerden.«

Jadie sah mich an.

»Komm und setz dich zu mir.« Ich klopfte neben mir auf die Bank.

Erst zögerte sie. Dann aber stand sie doch auf und kam näher.

Ich holte eine Schachtel Kleenex aus meinem Pult, nahm mehrere Tücher heraus und beugte mich zu Jadie, um ihr das Gesicht zu trocknen.

Sie sah mich aufmerksam an. »Tashee hat recht«, murmelte sie.

»Womit?«

»Du bist stärker. Du mußt Gott sein.«

»Du möchtest gern, daß ich Gott bin, nicht wahr?«

Langsam öffnete sie ihre Hände und sah auf die Scherben von Philips Schneekugel hinunter. »Ja«, antwortete sie leise.

»Warum denn?«

»Weil das dann nicht wahr wäre, was die sagen.«

»Was *wer* sagt?«

»Na, die eben. Was die sagen.«

Ich hätte gern ein wenig tiefer gebohrt, aber ich fürchtete, das würde das eben erst gewonnene, noch prekäre Gleichgewicht gefährden.

»Manchmal möcht ich gern sterben, genau wie Tashee. Ich glaub, das ist viel besser. Aber dann wieder...« Sie verstummte und suchte unter den Scherben der Schneekugel den billigen kleinen Plastikweihnachtsmann in seinem Schlitten heraus. »Aber dann möcht ich doch wieder nicht sterben. Ich möcht nur, daß es aufhört. Ich möcht, daß Amber und ich – ach, ich weiß nicht. Ich möcht nur, daß wir...« Wieder schwieg sie.

Den Blick auf den kleinen Weihnachtsmann geheftet, seufzte sie. »Die sagen immer, es ist gut, wenn es weh tut. Daß man immer stärker wird, wenn man Schmerzen aushalten muß. Die machen einen stark, damit man Leute totmachen kann. Wenn man jemanden nicht mag, dann zeigen sie einem, wie man ihn totmachen kann.«

»Oh!«

»Aber du bist nicht gestorben.«

»Nein«, sagte ich. »Du warst zornig auf mich, das ist alles. Zorn ist ein Gefühl. Gefühle töten nicht.«

»Aber Miss Ellie sagt was andres. Sie sagt, wenn ich möchte, daß du stirbst, kann ich auch machen, daß du stirbst.«

»Nein, ich werde nicht sterben.«

»Weil du Gott bist, stimmt's?« fragte Jadie und sah mich an.

»Nein. Weil Miss Ellie unrecht hat.«

16 Ich war verwirrt und tief beunruhigt, als ich an diesem Abend nach Hause fuhr. Für Jadies Verhalten gab es meiner Meinung nach nur drei mögliche Erklärungen: Entweder war sie ein sehr krankes Kind, dessen innere Welt aus einer grauenvollen Mischung von Bewußtseinstäuschungen und schizophrenen Wahnvorstellungen bestand, oder sie hatte ein schweres Trauma erlitten – vielleicht durch Mißbrauch oder Trennung oder etwas Ähnliches – und kompensierte das durch den Rückzug in diese Phantasiewelt, die sie davor schützte, dem wirklich Erlebten ins Auge zu sehen, oder sie war ein geistig völlig gesundes Kind, das in ein Netz von Mord und Folter verstrickt war und niemanden fand, der ihr glaubte. Ich war inzwischen ziemlich sicher, daß Jadies Störungen nicht organischen Ursprungs waren. Sie zeigte keines der Anzeichen, die auf Aphasie oder andere Formen einer gehirnorganischen Schädigung hingewiesen hätten; dennoch wußte ich, daß ich auch diese Möglichkeit nicht ganz außer acht lassen durfte.

Zu Hause war ich an diesem Abend ruhelos und unkonzentriert. Ich sah meine Post durch wie immer, aber die meisten Briefe las ich nur zur Hälfte, und die Rechnungen schob ich einfach zur Seite. Hungrig war ich im Grunde nicht, und nichts, was ich im Kühlschrank fand, reizte mich. Ich begnügte mich mit zwei Broten, die ich vor dem Fernsehapparat aß. Das einzig halbwegs Sehenswerte um diese Tageszeit war eine Wiederholung von »I love Lucy«, eine Sendung, die mich für eine Weile in Erinnerungen an meine Kindheit entführte, ehe sich erneut die Gedanken an Jadie in den Vordergrund drängten.

Unfähig, mich noch länger auf das Fernsehen zu konzentrieren, stand ich auf, lief rastlos in der Wohnung hin und her, spülte mein Frühstücksgeschirr und schob die Papiere auf meinem Schreibtisch herum.

Unter einem Bücherstapel neben dem Arbeitstisch war die Cassette mit der Videoaufzeichnung von Jadie aus dem vergangenen Winter. Ich hatte sie mir nicht mehr angesehen, seit ich sie in den Sommerferien Jules vorgeführt hatte, aber jetzt spürte ich plötzlich ein starkes Verlangen, mir noch einmal alles anzusehen, um Jadies geisterhafte kleine Gestalt zu studieren und mir ihr gespenstisches Flüstern anzuhören. Würde alles das mir jetzt vielleicht mehr sagen? Würde ich Dinge verstehen, die ich damals nicht verstanden hatte? Während ich auf das Band in meiner Hand hinuntersah, wurde mir klar, daß meine Rastlosigkeit an diesem Abend nicht daher kam, daß ich die Sorge um Jadie nicht abschütteln konnte. Was mich umtrieb, war die Tatsache, daß ich nicht fähig war, dem Problem auf den Grund zu gehen. Wenn ich ehrlich war, mußte ich zugeben, daß ich gar nicht *aufhören* wollte, über sie nachzudenken. Was mich so bedrängte war, daß ich sie nicht verstand.

Während ich allein im Schlafzimmer meiner Mansardenwohnung saß, überkam mich eine heftige Sehnsucht nach der kollegialen Kameradschaft der Klinik, nach den Gesprächen mit Jules und Dr. Rosenthal und den anderen, nach den lebhaften Diskussionen, die die Tage belebt hatten. Warum nur hatte ich mich in diese Isolation hier zurückgezogen?

Flüchtig spielte ich mit dem Gedanken, Jules anzurufen. Mit ihm hätte ich mein Problem am liebsten erörtert. Er war ein kreativer Mensch, offen für alles, immer fähig, einen originellen Beitrag zu leisten, der, wenn er auch vielleicht das Problem nicht löste, wenigstens neue Gesichtspunkte eröffnete und zum Weiterdenken anregte. Wir hatten gut zusammengearbeitet, uns Gedanken und Einfälle in scheinbar sprunghaften Gesprächen wie Bälle zugeworfen. Aber würde er sich an diesen Fall überhaupt klar genug erinnern? Würde er dafür Verständnis haben, daß ich ihn einfach so abends anrief? Würde er Zeit haben? Würde es am Telefon überhaupt das gleiche sein?

Nein. Ich wollte *mit* jemandem sprechen, von Angesicht zu Angesicht, und am liebsten mit einem Menschen, der Jadie auch kannte. Da blieben nicht viele Möglichkeiten.

Im Telefonbuch standen Dutzende von Petersons. Nachdem ich die drei herausgepickt hatte, die am ehesten in Frage kamen, versuchte ich Arkie anzurufen. Die ersten beiden Nummern gehörten anderen Petersons, unter der dritten meldete sich niemand. In meiner Verzweiflung rief ich schließlich Lucy an.

»Ja, Lucy, ich bin's. Was machst du? Ja, ich wollte nur mal sehen... Ist Ben zu Hause? Nein? Na, wunderbar. Entschuldige, so war das nicht gemeint, du verstehst schon. Ich wollte dich eigentlich fragen... Sag mal, hast du Lust, mit mir zum Bowling zu gehen?... Ja, ich weiß, daß es spät ist... So plötzlich, ja... Nur zwei, drei Spielchen, hm? Ich brauch dringend ein bißchen Bewegung. Und ich würde gern mal mit dir reden. Natürlich nur, wenn's dir nichts ausmacht. Okay? Treffen wir uns dort?«

Lucy war in Jeans und hatte das halblange Haar zum Pferdeschwanz hochgebunden. So zwanglos hatte ich sie noch nie gesehen. Sie gefiel mir, sie hatte etwas Frisches und Natürliches.

»Mensch, das ist wirklich toll«, sagte sie mit leiser Stimme zu mir, als wir unsere Bowlingschuhe holten. »Ich komme mir richtig unternehmungslustig vor. Ben wird staunen, wenn er das hört. Er glaubt nämlich, ich sitze nur zu Hause rum und mach meine Stundenpläne, wenn er nicht da ist. Meistens tu ich das allerdings auch. Außer, ich besuch meine Mutter.«

Ich lachte.

Wir machten nicht zwei Spiele, sondern sechs, und waren um halb elf, als die Anlage schloß, immer noch da.

»Trinken wir noch eine Cola zusammen?« fragte ich, als wir unsere Kugeln zurückbrachten. Zur Bowlinganlage gehörte eine kleine Bar, die länger geöffnet war.

»Ja, gern«, meinte Lucy vergnügt. »Mann, morgen früh komm ich bestimmt nur mit Stöhnen aus dem Bett. Hast du deine Stunden schon vorbereitet?«

Wir holten uns am Tresen unsere Getränke und setzten uns zusammen an einen kleinen Tisch.

»Du hast wohl deine Vorbereitungen gleich in der Schule gemacht«, sagte Lucy, als wir es uns bequem gemacht hatten. »Ich bewundere deine Organisation. Ich habe immer die besten Vorsätze, aber dann geh ich ins Lehrerzimmer runter und bleib unweigerlich dort hängen...« Sie zuckte die Achseln. »Na ja, so schlimm ist das nicht. Auf die Weise hab ich wenigstens abends was zu tun, wenn Ben nicht da ist.«

Sie sah mich an. »Aber dieser Ausflug hat mir wirklich Spaß gemacht. Erst wollte ich nicht mitkommen. Ich hatte meine Haare noch nicht gewaschen, und ich sah fürchterlich aus, aber dann hab ich mir gedacht, was soll's? Sei spontan, Mädchen, und amüsier dich. Und ich hab mich wirklich amüsiert, Torey. War nett, daß du mich gefragt hast.«

Ich lächelte.

»Du machst so was wohl häufiger?« fragte sie. »Du bist das wahrscheinlich von der Stadt so gewöhnt. Du bist da oben doch bestimmt viel ausgegangen.«

Ich schüttelte den Kopf. »Eigentlich nicht. Ich bin an sich gern zu Hause. Aber heute abend brauchte ich Tapetenwechsel. In der Schule ist manches doch sehr schwierig, und ich merke, daß ich die Probleme mit nach Hause nehme.«

»Du hast Probleme?«

Ich sah ihre Beunruhigung und wußte sofort, daß sie an June Harriman dachte.

»Keine persönlichen Probleme«, sagte ich beschwichtigend. »Es geht um Jadie. Da stecke ich wirklich fest.«

Ich erzählte, was sich in den vergangenen Monaten zugetragen hatte. Vieles davon wußte Lucy schon, weil sie mir ja in Augenblikken des totalen Chaos immer wieder einmal zu Hilfe gekommen war; jetzt aber berichtete ich auch von meinen Sitzungen mit Jadie nach dem Unterricht und von Jadies völlig verändertem Verhalten in diesen Stunden. Ich erzählte von Tashee, Jenny, Miss Ellie und den anderen; von Geistern und Spinnen. Als ich einmal angefangen hatte, sprudelte alles nur so aus mir heraus.

Als ich schließlich eine Verschnaufpause einlegte, senkte Lucy den Kopf und stocherte mit ihrem Strohhalm in den Eisresten in ihrem Glas herum. »Du lieber Gott«, murmelte sie.

»Verstehst du, ich komme einfach nicht dahinter, was mit ihr los ist. Und das macht mich ganz krank. Stell dir nur mal vor, ihre Geschichten sind wahr. Stell dir vor, ich sitze hier und tue nichts, weil ich überzeugt bin, sie bildet sich alles nur ein, und in Wirklichkeit erlebt sie diese grauenvollen, unvorstellbaren Dinge tatsächlich.«

»Nein, das kann nicht sein«, entgegnete Lucy. »Das wäre ja Mord, Torey.«

»Ja, ich weiß. Das sag ich mir auch immer, aber was sie erzählt, ist so folgerichtig, ganz ohne Widersprüche – aber es klingt natürlich unglaublich. Ich versuche dauernd, mir vorzustellen, in welcher Situation es zu solchen – solchen Exzessen kommen würde...«

»Aber die Geschichten *können* nicht wahr sein«, erklärte Lucy.

»Es müßte eine Gruppe sein. Ein Pornoring vielleicht. Ein Haufen Pädophile.«

»Torey!« Lucys Stimme klang beinahe vorwurfsvoll.

Ich sah sie an.

»Wir sind hier in Pecking und nicht in der Stadt. Und ich glaube, nicht einmal in Falls River gibt's solche Sachen. Was du da erzählst, klingt nach Kalifornien. Oder wie die Geschichten, die man aus New York oder Amsterdam hört oder diesen Städten im Ausland, wo jeder tun kann, was er will. Aber das hier ist mein Heimatort, Torey.«

»Ich sage ja nicht, daß es tatsächlich passiert. Ich stelle nur Mutmaßungen an.«

»Ich weiß natürlich, daß es solche Dinge gibt. So naiv bin ich auch wieder nicht. Aber ich glaube einfach nicht, daß so was hier passieren könnte. Pecking ist eine festgefügte kleine Gemeinde, wo jeder jeden kennt. Ich meine, was würden denn die Nachbarn sagen?«

Eine Pause der Nachdenklichkeit trat ein. Lucy rührte wieder in den Eisresten in ihrem Glas. Eine Country-Ballade aus der Musikbox drang flüchtig in meine Gedanken und lenkte mich mit ihren weichen, klagenden Klängen ab.

»Weißt du, was ich mich frage«, meinte Lucy schließlich. »Ich frage mich, ob Jadie so ein Kind wie Sybil sein könnte. Du weißt schon, das Mädchen aus dem Buch.«

»Die mit den vielen verschiedenen Persönlichkeiten?«

»Ja. Vielleicht hat Jadie sich in all diese verschiedenen Menschen gespalten. Vielleicht führt eine Seite von ihr ein Leben wie in ›Dallas‹, und sie hat sich eine Phantasiewelt mit all diesen Figuren aufgebaut. Zum Beispiel könnte sie doch alles Schlechte oder Böse, das sie in sich hat, ausgeklammert und auf Miss Ellie und J. R. und diese Leute übertragen haben. Die Figuren in ›Dallas‹ sind ja keine Heiligen; vielleicht benutzt sie sie einfach zur Personifizierung ihrer eigenen dunklen Seiten. Und Tashee – Tashee ist vielleicht der gute, helle Teil ihrer selbst; der Teil, den sie retten will.«

Vieles von dem, was Lucy sagte, klang recht einleuchtend. Es war durchaus vorstellbar, daß ein Kind wie Jadie Teile der eigenen Persönlichkeit, die es als böse empfand, auf Fernsehfiguren übertrug, zumal ja das Fernsehen überall in unserem Alltag präsent ist; und für mich gab es kaum einen Zweifel, daß Tashee, ob sie nun real war oder nicht, in Jadies Vorstellung all das symbolisierte, was gut war. Ich wußte außerdem, daß das Phänomen der Persönlichkeitsspaltung häufig mit sexuellem Mißbrauch einherging, der zugleich eine Erklärung für Jadies starke Sexualisierung gewesen wäre.

Dennoch stimmten mich einige Punkte nachdenklich. Wieso, zum Beispiel, stimmten die Charaktere der Figuren, die sie sich als Repräsentanten ihrer eigenen negativen Seiten ausgesucht hatte, nicht ganz mit dem Bild überein, das im Fernsehen von ihnen vermittelt wurde? Gut, J. R. und die anderen Antihelden aus der Serie »Dallas« eigneten sich für die Rollen der Bösewichte, aber gerade Miss Ellie war doch viel eher eine sanftmütige, gütige, mütterliche Gestalt. Konnte es sein, daß die Person, die Jadie mißbrauchte, ihre Mutter war? Dagegen sprach, daß die Worte und Handlungen, die von ihrer Sexualisierung zeugten, sich alle auf die männliche Anatomie bezogen.

Die zweite Schwierigkeit, die ich mit Lucys Theorie hatte, war die, daß die multiple Persönlichkeit, besonders bei Kindern in Jadies Alter, ein höchst ungewöhnliches Phänomen ist. Ich war einem solchen Fall nie begegnet. Und an der Klinik, wo uns diese Krankheitsform natürlich bekannt war, hatten wir nie eine Person mit dieser Störung in Behandlung gehabt. Ich konnte nicht glauben, daß ich ausgerechnet hier, in diesem Nest, auf solch ein ungewöhnliches Phänomen gestoßen sein sollte, noch dazu bei einem Kind.

Aber während ich da mit Lucy in der kleinen Kneipe saß und das Problem unaufhörlich nach allen Seiten drehte und wendete, wurde mir eines klar: Ganz gleich, worunter Jadie litt, ob unter einer psychischen Krankheit oder einer schrecklichen Wirklichkeit, es war wahrscheinlich vor allem unsere Ungläubigkeit, die uns daran hinderte, des Rätsels Lösung zu finden.

Am folgenden Tag fehlte Jadie im Unterricht. Das beunruhigte mich gerade im Hinblick auf unser Beisammensein am vergangenen Nachmittag. Jadie pflegte, wie die meisten meiner Kinder, sehr gewissenhaft zur Schule zu kommen. Gewiß war sie für Krankheiten, die gerade die Runde machten, so anfällig wie alle anderen, aber im Augenblick lag überhaupt nichts in der Luft. Keines der Kinder hatte auch nur eine Erkältung.

Ich sorgte mich auch deshalb, weil inzwischen die letzte Oktoberwoche angebrochen war, und Ambers gefürchteter sechster Geburtstag bevorstand. Jadie hatte in den letzten Tagen das Ereignis nicht mehr erwähnt, aber ich hatte fest damit gerechnet, daß sich noch eine Gelegenheit ergeben würde, eingehender mit ihr darüber zu sprechen und ihr ein wenig Sicherheit zu geben.

Ich war den ganzen Morgen über ruhelos. Sobald die Jungen beschäftigt waren, zog es mich zum Fenster, von wo ich über den Hof zu ihrem Haus auf der anderen Straßenseite sehen konnte. Nichts schien anders als sonst. Die Jalousien waren hochgezogen, die Vorhänge offen. Dennoch sah ich immer wieder prüfend hinüber.

In der Pause hielt ich unten nach Amber Ausschau. In fröhlichem Spiel mit ihren Kameraden rannte sie mit fliegenden Haaren im Hof herum, lachend und sichtlich vergnügt. Dennoch wurde ich mein Unbehagen nicht los und ging schließlich in der Mittagspause zu den Ekdahls hinüber.

Mrs. Ekdahl öffnete mir sofort auf mein Läuten. Sie hielt Sapphire im Arm und war offensichtlich überrascht, mich zu sehen. Sapphire, ein rundliches kleines Mädchen mit sehr schmutzigem Gesicht, fing an zu quengeln und wollte hinunter.

»Sie hat eine Magenverstimmung«, antwortete Mrs. Ekdahl auf meine Frage nach Jadies Befinden. »Sie hat sich in der Nacht übergeben, da hielt ich es für das beste, sie heute zu Hause zu behalten.«

»Natürlich, das verstehe ich«, meinte ich. »Kann ich ihr kurz guten Tag sagen?«

Die Mittagssonne, die durch die heruntergelassene Sonnenjalousie in Jadies Zimmer schien, tauchte den Raum in matte Helligkeit. Jadie saß mit einem Stapel Donald-Duck-Hefte in ihrem Bett.

»Hallo«, rief ich, und sie sah überrascht von ihrer Lektüre auf. »Deine Mama hat mir gesagt, daß du dich nicht wohl fühlst.«

Sie sagte nichts.

Ich setzte mich zu ihr auf die Bettkante und lächelte ihr zu. »Geht es dir jetzt ein bißchen besser?«

Sie war so zurückhaltend, als hätte sie eine Fremde vor sich. Vielleicht betrachtete sie mich auch einfach als Eindringling.

»Schade, daß du heute nicht gekommen bist. Du fehlst uns. Heute nachmittag backen wir mit Mrs. McLarens Kindern zusammen Nußplätzchen für das Halloween-Fest in der nächsten Woche. Schade, daß du uns nicht helfen kannst.«

Jadie sprach noch immer nicht.

Etwas verwirrt durch ihr beharrliches Schweigen, sah ich mich in dem Zimmer um. Es war ein typisches Mädchenzimmer voller Stofftiere und Spielsachen, mit hellen Möbeln. Auf Jadies Bett lagen neben den Donald-Duck-Heften mehrere Malbücher und eine Schachtel mit Buntstiften. Flüchtig fühlte ich mich in meine eigene Kindheit zurückversetzt, wenn ich mit einer Erkältung oder einem kleineren Wehwehchen hatte zu Hause bleiben dürfen.

Jadie beobachtete mich angespannt.

»Ich habe dir etwas mitgebracht«, sagte ich schließlich und beugte mich zu der Tragtüte hinunter, die ich mitgenommen hatte. Ich nahm eine der »Sascha«-Puppen heraus; nicht die dunkelhaarige, der Jadie Tashees Eigenschaften verliehen hatte, sondern eine mit langem blondem Haar. »Ich habe mir gedacht, du hast vielleicht gern ein bißchen Gesellschaft. Schenken kann ich sie dir nicht, weil sie zu den anderen gehört, aber du kannst sie behalten, solange du willst. Wenn du sie nicht mehr brauchst, bringst du sie mir wieder in die Schule.«

Wortlos nahm Jadie die Puppe in den Arm.

»Die Mittagspause ist gleich vorbei, und ich muß wieder hinüber, aber die Puppe, dachte ich... Wenn du Kummer hast, kannst du sie ansehen, und dann weißt du, daß ich an dich denke.«

Jadie betrachtete immer noch die Puppe.

Ich stand vom Bett auf. »Also, ich muß jetzt gehen. Gute Besserung, Jadie.«

Keine Antwort.

»Okay?«

Sie strich der Puppe sanft das Haar aus dem Gesicht, ehe sie den Kopf hob, um mich anzusehen und ganz sanft zu lächeln.

Jadies Mutter war vor der Tür, als ich hinauskam. Sie stand so dicht davor, daß ich beinahe mit ihr zusammengestoßen wäre.

»Oh, tut mir leid«, sagte sie. »Ich wollte Jadie gerade frische Bettwäsche bringen. Sie schmuddelt immer so rum, wenn sie im Bett liegt.«

Ich nickte. »Es war nett, daß ich sie besuchen durfte.«

»Ich habe die Puppe gesehen«, sagte Mrs. Ekdahl lächelnd. »Das war wirklich nett von Ihnen. Ich kann verstehen, daß sie Sie so mag. Sie sind ja wirklich lieb zu ihr. Sie und Amber spielen immer mit Puppen, da ist das besonders schön für sie.«

»Das freut mich«, meinte ich.

»Die Puppe sieht aus wie Sie«, fuhr Mrs. Ekdahl fort. »Das gefällt Jadie bestimmt. Sie kann sich dann vorstellen, daß Sie bei ihr sind. Wissen Sie, Jadie hatte immer schon am liebsten Puppen, die Ähnlichkeit mit Leuten haben, die sie kennt.«

Am Montag war Jadie wieder da, ganz unverändert. Sie hatte die blonde Puppe dabei und legte sie neben sich auf den Tisch, während sie ihre Aufgaben machte.

»He, schau'n Sie mal, was die Kleine hat«, sagte Jeremiah.

»Ja, ich weiß.«

»Sie hat sie geklaut. Ich weiß es, sie hat sie nämlich vor der Schule schon unten im Hof gehabt. Und es ist doch eine von den Puppen, die Sie mitgebracht haben.«

»Nein, sie hat sie nicht gestohlen. Ich habe sie ihr geliehen.«

»Echt?« rief Jeremiah entrüstet. »Mir haben Sie noch nie was geliehen!«

»Möchtest du auch eine Puppe haben?«

»Nee, ich mein, nix von den Sachen hier im Klassenzimmer. Mir haben Sie nie erlaubt, daß ich was mit heimnehm.«

»Das waren besondere Umstände, Jeremiah. Ich habe Jadie die Puppe aus einem besonderen Grund geliehen. Wenn ich glaube, daß du in einer solchen Lage bist, leihe ich dir gern auch etwas.«

Jeremiah prustete verächtlich. »Ich will überhaupt nix aus der beschissenen Schule.«

Nach Unterrichtsschluß brachte ich die Jungen zu ihren Bussen hinunter. Als ich wieder ins Zimmer kam, war Jadie immer noch da. Sie war in der Garderobe, hatte ihre Stiefel schon an und den Mantel vom Haken genommen, aber nicht übergezogen. Er lag vergessen auf der Bank. Der Karton mit den Puppen stand neben ihr, und sie war in ein lautloses Spiel mit der dunkelhaarigen Puppe vertieft, die sie mit dem Kopf nach unten an die Wand gedrückt hielt.

Als ich durch die Tür trat, zuckte sie zusammen und riß hastig die Puppe von der Wand weg.

»Diese Puppe hast du besonders gern, nicht?« bemerkte ich.

Sie nickte. »Aber die, die du mir gegeben hast, mag ich auch. Ich mag sie am liebsten, weil ich mir vorstellen kann, sie wäre du.«

Ich ging lächelnd zu ihr. »Die hier hat mehr Ähnlichkeit mit Tashee, nicht wahr?«

Mit einer ruckartigen Bewegung hob Jadie den Kopf.

»Sollen wir die Türen zumachen?« Ohne auf eine Antwort zu warten, tat ich es. »Erzähl mal, wie war das Wochenende? Wie war Ambers Geburtstag?«

Jadie ergriff wieder die dunkelhaarige Puppe.

»Hat sie jemanden eingeladen?« fragte ich.

»Nein.«

»Habt ihr in der Familie gefeiert? Habt ihr was Besonderes getan?«

»Ja. Meine Mama hat eine Torte gebacken. Sie war gelb, und oben drauf waren Kerzen.« Jadie krauste plötzlich die Nase. »Wissen Sie, was Amber sich Komisches gewünscht hat? Sie wollte Osterglocken auf ihrer Torte haben. Dabei ist doch jetzt Herbst, da gibt's überhaupt keine Osterglocken mehr. Aber meine Mama hat gesagt, daß sie sich ruhig so was wünschen darf, weil es ja ihr Geburtstag ist.«

»Hat sie auch Geschenke bekommen?«

»Ja.«

»Was denn?«

»Meine Eltern haben ihr was zum Anziehen geschenkt und ein Buch. Und von meiner Großmutter hat sie ein Stickzeug bekommen, aber das kann sie noch nicht, dazu ist sie noch zu klein. Ich hab ihr einen Schokoriegel geschenkt, aber von Sapphire hat sie nichts bekommen. Die kriegt ja noch kein Taschengeld.«

»Amber ist also am Sonntag sechs geworden. Sie hat eine Torte und Geschenke bekommen. Ist sonst noch etwas geschehen?«

Jadie schüttelte den Kopf.

»Sie ist nicht gestorben, nicht wahr?«

Jadie stellte die dunkelhaarige Puppe auf den Kopf und neigte sich ein wenig vornüber, um das Gesicht der Puppe besser sehen zu können.

»Amber geht es gut, nicht wahr?« sagte ich ruhig. »Sie ist sechs Jahre alt geworden, und es geht ihr gut.«

»Nein«, widersprach Jadie, und ihre Stimme klang brüchig.

»Aber ja. Ich habe sie heute morgen selbst unten bei Mrs. Havers gesehen.«

»Nein! Sie kommen trotzdem. Es muß nicht an ihrem Geburtstag sein. Aber jetzt ist sie sechs. Das ist die Zahl, wo sie einen totmachen. Miss Ellie sagt, das ist die Zahl zum Sterben. Sie machen's genauso wie mit Tashee. Ich weiß es.«

»Wer denn?«

»Na, *die*! Ich sag's dir doch dauernd. Miss Ellie und Bobby und die alle.«

»Aber wer sind sie? Woher kommen sie? Wie kommst du mit ihnen zusammen? Holen sie dich? Kommen sie zu dir nach Hause? Sind deine Eltern dann da?«

Jadie sah mich verwirrt an.

»Weißt du das?« fragte ich.

»Meistens schlaf ich in meinem Bett. Miss Ellie kommt rein und weckt mich auf. Sie bringt mir Cola zu trinken. Mir und Amber. Manchmal gehen wir runter ins Wohnzimmer. Manchmal gehen wir auch woanders hin.«

»Wohin denn zum Beispiel?«

Jadie hielt inne. Sie war verwirrt. »Ich weiß nicht, wohin.«

»Wie meinst du das?«

»Na ja, Miss Ellie bindet uns ein Tuch ums Gesicht. Außerdem ist es ja Nacht. Ich kann nichts sehen. Aber sie nimmt uns mit, irgendwohin, ich weiß nicht, wo; und wenn wir da ankommen, kriegen wir noch mehr Cola, und manchmal kommt Tashee.«

»Ich dachte, Tashee sei tot.«

»Ist sie auch, aber sie wird wieder lebendig, weil Miss Ellie ihre Knochen wieder zusammensetzt.«

»Und was ist mit deinen Eltern? Wo sind deine Eltern, wenn das alles geschieht?«

»Im Bett?« fragte sie unsicher. »Ich glaube, sie sind vielleicht in ihrem Schlafzimmer und schlafen. Drum müssen wir immer mäuschenstill sein, wenn Miss Ellie und die alle kommen. Ich glaub, sie will nicht, daß meine Eltern aufwachen.«

»Aber warum weckst du sie denn nicht? Wenn dir das alles nicht gefällt, warum schreist du nicht einfach, wenn Miss Ellie kommt? Dann würden sie aufwachen.«

»Nein, nein, das darf ich nicht! Wenn ich das tu, macht Miss Ellie, daß sie sterben. Und mich macht sie dann vielleicht auch tot.« Jadie schwieg einen Moment. »Man darf nie etwas tun, was Miss Ellie nicht will. Nie, nie, nie. Weil nämlich, wenn Miss Ellies Spinnen sehen, daß man das tut, dann würde keiner am Leben bleiben.«

17

Mit das Erfreulichste an der Arbeit in Pecking war, daß meine Kinder von allen als gleichwertig akzeptiert wurden. Es war die erste Schule, an der ich arbeitete, wo ich das Gefühl hatte, daß meine sonderpädagogische Gruppe wirklich in das Leben der regulären Schule integriert war. Wir wurden in alle Aktivitäten und Unternehmungen miteinbezogen und erhielten immer die Möglichkeit, uns auf wirklich sinnvolle – nicht nur symbolische – Art zu beteiligen. Ja, es wurde im allgemeinen als selbstverständlich vorausgesetzt, daß wir einen nützlichen Beitrag leisten würden, und das war wahrscheinlich das größte Kompliment, weil das hieß, daß wir nichts Besonderes waren, sondern einfach dazugehörten.

Natürlich wurde von unserer Gruppe erwartet, daß sie sich auch an den Vorbereitungen zur traditionellen Halloween-Feier beteiligte, zu der ein Maskenumzug durch das ganze Schulhaus gehörte und am Nachmittag ein Fest im Turnsaal. Jede Klasse steuerte ihren Teil zu den Dekorationen und zum Festschmaus bei. Die Sechstkläßler beispielsweise hatten Kürbislaternen gebastelt und kleine Kuchen gebacken, die sie wie schwarze Katzenköpfe gestaltet hatten. Die Fünftkläßler hatten die Papiertischtücher entworfen und backten Ladungen von Pizza, die mit einem Spinnennetzmuster dekoriert waren. Unsere Gruppe steuerte die Leuchtdekoration mit den selbstgebastelten Blüten aus Seidenpapier bei und hatte den Auftrag erhalten, für die ganze Schule Popcorn-Kugeln zu machen.

Der Auftakt zum Halloween-Tag, ein Donnerstag, war nicht ganz so gelungen, wie ich mir das vorgestellt hatte. Es fing schon damit an, daß Brucie nicht zum Unterricht kam. Das hieß, daß wir ohne die Popcorn-Pfanne würden auskommen müssen, die Brucies Mutter mitzubringen versprochen hatte. Da stand ich nun mit sechs Pfund Puffmais und wußte nicht, wie ich ihn zum Platzen bringen sollte.

Die zweite Enttäuschung bereitete uns Jeremiah, der an diesem Morgen ausblieb.

»Hhha-ha!« quietschte Philip aufgeregt, als er ins Zimmer gelaufen kam.

»Bitte?« fragte ich. »Könntest du das noch mal sagen?«

»Hhha-ha!« Und dazu gestikulierte er wie ein Wilder.

Philip erhielt jetzt intensiven Sprachunterricht und erlernte die Zeichensprache als Hilfsmittel zu einer besseren Verständigung. Leider hatte er noch nicht ganz begriffen, worum es ging, und glaubte, Gesten allein, gleich welcher Art, genügten völlig. Wie besessen wedelte er mit Händen und Armen.

In diesem Moment erschien Tinbergen an der Tür. »Fred hat Jeremiah aus dem Bus gesetzt. Er machte wieder einmal den üblichen Wirbel – Sie wissen ja, wie er herumtoben kann –, und Fred sagte, er hätte einfach genug gehabt. Er kehrte um und brachte Jeremiah wieder nach Hause.«

»Ach, du lieber Schreck«, murmelte ich. »Ausgerechnet heute.«

Jeremiah hatte auf der halbstündigen Busfahrt zur Schule immer schon Schwierigkeiten gemacht. In den vergangenen Jahren hatte man ihn soundso oft kurzerhand wieder nach Hause gefahren, wenn er im Bus über die Stränge geschlagen hatte, und diese Maßnahme hatte meist einige Zeit gewirkt. Aber ich hatte gegen dieses Verfahren mein Veto eingelegt, als ich die Gruppe übernommen hatte; ich fand eine derartige Bestrafung widersinnig. Wenn jemand den festen Rahmen und die Stabilität der Gruppe brauchte, so war es Jeremiah. Wir hatten uns daher ein anderes System überlegt: Für gutes Verhalten im Bus bekam er Sternchen, die er wieder verlor, wenn er die Grenzen überschritt. Ich konnte allerdings auch Fred, den Busfahrer, verstehen, der ab und zu bemerkte, wenn er Jeremiah wirklich für jeden Ausrutscher ein Sternchen abnehmen würde, müßte sich Jeremiahs tägliche Ausbeute an Sternchen ungefähr auf minus siebenundzwanzig belaufen.

Wir mußten also ohne Jeremiah und ohne die Popcorn-Pfanne

auskommen. Ich ging mit den drei Kindern, Jadie, Reuben und Philip, ins Lehrerzimmer hinunter, und dort fabrizierten wir in einem kleinen Topf auf einer Heizplatte anderthalb Stunden lang eine Ladung Popcorn nach der anderen. In der Pause setzte ich mich in meinen Wagen und fuhr los, um Jeremiah zu holen.

Er wußte, daß ich kommen würde, weil Tinbergen zuvor angerufen hatte. Er hockte schon im Schneidersitz auf dem staubigen Weg, der zum Haus seiner Eltern führte.

»Der blöde Busfahrer«, schimpfte er, als er zu mir in den Wagen stieg. »Dieser gemeine Hund. Soll ich Ihnen mal sagen, warum er mich nicht mag? Weil ich Indianer bin. Weil ich braun bin und er weiß. Nur deshalb sind ihm meine Gefühle scheißegal.«

»Glaubst du das wirklich?« fragte ich.

»Mann, was erwarten Sie denn? Ich bin arm. Ich hab nicht so tolle Sachen wie Sie. Meine Eltern haben nich so 'n Lincoln Continental.«

»Das ist ein Fiat, Jeremiah, kein Lincoln Continental.«

»Okay, aber er schaut aus wie ein Continental. Das brauchen Sie mir echt nicht vorzuhalten. Ich brauch 'ne Brille. Aber wir sind so arm, daß meine Eltern nich mal mit mir zum Augenarzt gehen.«

Ich war versucht, ihm zu sagen, daß er die Schuld immer nur bei den anderen suchte, anstatt bei sich selbst, aber ich tat es nicht. Er wußte es sowieso. Und er wußte auch, daß ich das wußte.

Aber dann gab es eine Tragödie. In dem Moment nämlich, als wir ins Schulzimmer traten, stieß Jeremiah einen markerschütternden Schrei aus und warf sich zu Boden, als hätte ihm jemand die Beine weggezogen. »Ach, Mist!« schrie er. »Ich hab mein Kostüm vergessen.« Und dann tat er etwas, das ich noch nie bei ihm gesehen hatte. Er fing an, bitterlich zu weinen.

Ich glaube, selten hat mir ein Kind so leid getan. Ich zog ihn vom Boden hoch und ging mit ihm zum Tisch.

»Ich hätt bestimmt gewonnen«, schluchzte er. »Ich hätt bestimmt das tollste Kostüm gehabt.«

Ich versuchte, ihn zu trösten, aber er war untröstlich.

Jadie, die uns gegenüber am Tisch saß, fuhr ein paar Sekunden lang scheinbar ungerührt fort, ihre Popcorn-Kugeln zu formen. Dann beugte sie sich plötzlich vor. »Ich hab ein Kostüm für ihn«, sagte sie leise.

Ich sah sie erstaunt an.

»Meine Tante ist letzte Woche aus Sioux Falls gekommen, und sie hat mir und Amber Kostüme mitgebracht. Aber Jeremiah kann meins haben, wenn er will. Ich geb's ihm.«

Ich sah sie erstaunt an.

Jeremiahs Gesicht hellte sich auf. »Hey, was für'n Kostüm isses? Isses gut?«

»Aber was ist dann mit dir?« fragte ich Jadie. »Hast du denn dann für heute nachmittag etwas anzuziehen?«

Sie zuckte die Achseln.

»He, Mann, wenn die Kleine mir ihr Kostüm leihen will, dann vermiesen Sie's ihr doch nicht«, sagte Jeremiah und wischte sich die noch feuchten Wangen. »Mann, die Kleine will doch Freundschaft schließen.«

»Aber was ist mit dir, Jadie?« fragte ich wieder.

»Ich muß doch für die Party gar nicht kostümiert sein«, erwiderte Jadie.

»Das nich, aber wenn du Süßigkeiten einsammeln willst, dann mußt du verkleidet sein«, erklärte Jeremiah. »Da kannst du nich einfach als normales Kind gehen. Da geben sie dir bestimmt keinen Süßkram.«

Wieder zuckte Jadie die Achseln. »Das macht nichts. Ich mag sowieso nicht rumgehen. Und Amber auch nicht. Sie traut sich nicht raus, wenn's dunkel ist. Da hat sie Angst. In ihrem Zimmer muß nachts sogar das große Licht anbleiben. Drum wollen wir auch abends gar nicht auf die Straße. Außerdem kriegt man von Süßigkeiten schlechte Zähne.«

In der folgenden Stunde drehten wir alle eifrig unsere Popcorn-

Kugeln, und gegen halb zwölf erlaubte ich Jadie, nach Hause zu laufen und das Kostüm für Jeremiah zu holen. Sie kehrte mit einem Anzug zurück, der aus einer schwarz-gelb gesprenkelten Kombination bestand, und einer ebensolchen Maske, die mich an das Gesicht eines sommersprossigen Hundes erinnerte, aber vermutlich den Träger in einen Leoparden verwandeln sollte.

Jeremiah mußte das Kostüm sofort anprobieren und stellte zu seinem Kummer fest, daß es mindestens zwei Nummern zu groß war und auch noch der Schwanz fehlte. Ich schoppte ihm Ärmel und Hosenbeine mit Gummibändern hoch und stopfte ihm vorn Kissen unter den Anzug.

»Hey!« rief er begeistert. »Schau ich nich aus, als ob ich grad jemanden gefressen hätte? Grrr!« Und er sprang Philip auf den Rükken, wo er sich jedoch zu seiner Überraschung wegen der Kissen nicht halten konnte und sofort abrutschte. Um ihn abzulenken, schlug ich vor, er solle in unserer Kramschachtel nachsehen, ob er nicht etwas finden könne, woraus sich ein Schwanz fabrizieren ließe.

Das Fest war ein voller Erfolg. Das Halloween-Fieber griff wie ein Feuer um sich, während lachende und kreischende Vogelscheuchen, Hexen und Landstreicher durch die Korridore tobten. Meine Gruppe war so aufgedreht wie die anderen. Nachdem ich Philip in sein Hasenkostüm eingeknöpft, Reuben sein Piratentuch aufgesetzt und Jeremiah den Bauch noch einmal ausgestopft hatte, schwirrten sie alle hinaus und stürzten sich ins Getümmel.

Nur Jadie ließ sich von der allgemeinen Erregung nicht anstekken. Sie hatte sich mit einem Behälter mit Kreide und einem Malbuch an mein Pult in der Garderobe gesetzt und malte ein Bild von Pferden auf einer Wiese aus.

»Willst du wirklich nicht mit hinauskommen?« fragte ich, kurz bevor ich ging, um die Jungen wieder einzufangen und für den Maskenzug aufzustellen.

»Nein, ganz bestimmt nicht«, antwortete Jadie, ohne aufzublikken.

»Du brauchst nicht an dem Umzug teilzunehmen. Du kannst auch einfach mit mir zusehen.«

»Nein.«

Ich ließ sie also in der Garderobe zurück.

Die Korridore hallten vom ausgelassenen Geschrei der Kinder wider, die in langem Zug von Klassenzimmer zu Klassenzimmer marschierten und dann Kurs auf den Turnsaal nahmen.

Jeremiah gewann den ersehnten Preis. Alle drei Jungen gewannen etwas, aber Philip und Reuben erhielten nur Anstecker mit der Aufschrift »Helft Superman im Kampf gegen die Karies«, die sie stolz an ihre Kostüme steckten. Jeremiah bekam nicht nur einen Anstecker, sondern dazu noch einen Radiergummi in Form einer Kürbislaterne.

»Hey, schaut mal her«, rief er freudestrahlend. »Ich hab den Preis für den besten Schwanz gewonnen. Ich hab den Preis für den schönsten Schwanz von der ganzen Schule. Er hat bestimmt gedacht, ich hätt ihn im Laden gekauft. So gut war der.«

Ich sah über die Köpfe der Kinder hinweg zu Tinbergen und lächelte. Er zwinkerte mir zu.

Als die Spiele begannen, bat ich Lucy, ein Weilchen auch meine Jungen im Auge zu behalten, und kehrte in unser Zimmer zurück. Jadie saß immer noch am Pult in der Garderobe und malte.

»Jetzt haben die Spiele angefangen. Möchtest du nicht herunterkommen?«

»Nein«, antwortete sie ruhig, ohne sich von ihrer Malerei ablenken zu lassen.

»Was ist denn? Was macht dir daran keinen Spaß?«

»Gar nichts ist. Ich mag's einfach nicht.«

»Aber warum nicht? Sonst machst du doch bei allen Festen gern mit. Und du hast immer viel Spaß, wenn wir an den Geburtstagen Spiele machen.«

»Aber Halloween mag ich nicht.«

»Wegen der Kostüme? Machen sie dir angst?«

»Ich mag's einfach nicht.«

Froh, dem ohrenbetäubenden Lärm im Turnsaal entronnen zu sein, setzte ich mich rechts auf die Bank und lehnte mich an die Wand. Es war ein anstrengender Tag, und er war noch nicht vorüber. Ich seufzte. Erst da sah Jadie auf. Den Kopf hob sie nicht, nur die Augen. Unsere Blicke trafen sich flüchtig. Dann wandte sie sich wieder ihrem Malbuch zu.

Es war still in der Garderobe. Von ferne konnten wir den Lärm aus dem Turnsaal hören, aber er war nur eine gedämpfte Untermalung der wohltuenden Stille. Nach langen Tagen des Regens und der Kälte schien draußen zum erstenmal wieder eine milde Herbstsonne, und in dem kleinen Raum, der schon beheizt wurde, war es warm und stickig. Ich fühlte mich auf einmal sehr schläfrig.

»Ich könnte dir erzählen, wie es passiert ist«, sagte Jadie so ganz nebenbei und ohne den Kopf zu heben.

Ich öffnete mit Mühe die Augen und sah zu ihr hinüber.

»Natürlich nur, wenn du willst«, fügte sie hinzu.

Ich wußte nicht, wovon sie sprach, aber ich nickte. »Okay.«

»Weißt du, damals war auch Halloween. Als Tashee sechs war.«

Ich nickte wieder.

»Wir waren alle beide sechs, sie und ich. Ich war im Dezember sechs geworden, und sie hatte im August Geburtstag. Ich hab gewußt, daß es ganz wichtig ist, sechs zu sein. Miss Ellie hat es immer wieder gesagt. Sie hat gesagt, daß es große Dinge bedeutet, weil ich und Tashee beide sechs waren. Sie hat gemeint, in dem Jahr würden alle stark sein. Sie hat erzählt, daß alle unsere Wünsche in Erfüllung gehen. Es hat irgendwas mit Sechsen zu tun und wie man damit machen kann, daß Wünsche in Erfüllung gehen. Ich hab's nicht genau verstanden, aber ich dachte, es bedeutet, daß ich vielleicht zu Weihnachten ein Barbie-Haus krieg. Das hab ich mir nämlich gewünscht, aber meine Mama hat gesagt, es kostet zuviel. Ich hab gedacht, weil Sechsen Glück bringen, würd ich ein Barbie-Haus kriegen.«

Jadie hielt inne. Ihre Stimme war leise geblieben, und die Worte kamen ihr flüssig und locker über die Lippen. Sie sprach ganz anders als in der Klasse. Selbst wenn sie mit mir allein war, geriet sie relativ häufig ins Stocken und mußte neu ansetzen. Jetzt schwieg sie nachdenklich, den Blick auf ihr Malbuch gerichtet, als versuche sie, das Bild, an dem sie gearbeitet hatte, kritisch zu beurteilen.

»Dann – ich glaub, es war September –, ich weiß es nicht genau, weil ich damals die Monate noch nicht so gut gekannt hab, aber...« Wieder hielt sie inne, die Stirn gekraust, den Blick in tiefer Konzentration nach innen gerichtet. »Tashee und ich haben auf dem großen Tisch gelegen. Wir hatten unsere kleinen Puppen dabei, und Miss Ellie sagte zu J. R., er soll sie uns wegnehmen und auf den Tisch hinter uns legen. Das hat er getan, und dann kamen Miss Ellie und Pam und alle zu uns, und zuerst haben sie die Puppen geküßt, und dann haben sie entweder mich oder Tashee geküßt, aber wir konnten nicht sehen, welche Puppen sie küßten, weil die Puppen ja hinter uns gelegen haben. Tashee hat angefangen zu weinen, aber ich nicht, weil ich gar nicht wußte, was passierte. Dann hat J. R. den Kerzenleuchter genommen und Tashees Puppe gehauen, und da ist der Kopf kaputtgegangen. Und da hab ich gewußt, daß Tashee sterben muß.«

Ich wußte nicht, wie ich reagieren sollte. Ich verstand nicht einmal richtig, was sie mir da eigentlich erzählte; es ergab keinen rechten Sinn.

»Genausogut hätt ich's sein können«, fuhr Jadie sinnend fort und sah zum erstenmal von ihrem Malbuch auf. »Genausogut hätt ich sterben können. Ich war sechs. Aber meine Puppe ist nicht kaputtgegangen, und drum bin ich lebendig geblieben.«

»Und sie ist wirklich gestorben?« fragte ich.

Jadie nickte. »Ja, das hab ich dir doch schon gesagt.«

Ich war sprachlos, wie gelähmt, völlig betäubt.

»Wie Miss Ellie ihr dann das Messer reingesteckt hat und das Blut rausgekommen ist, so wie ich's dir schon erzählt hab, hat sie's in einem Becher aufgefangen. Und wir mußten es trinken. Verstehst du, das war die Zaubermacht von der Zahl Sechs. Es war warm. Es war – es hat irgendwie ölig geschmeckt. So als ob man vom Salatöl probiert und so. Es ist richtig über die Zunge geflutscht.«

18

Ich weiß nicht mehr, wie ich den Rest des Tages hinter mich brachte. Ich blieb wie betäubt, fühlte nichts. Mir war nur übel und flau, mein Kopf war ganz schummrig, und mehr als einmal glaubte ich, ich müsse mich gleich übergeben.

Ich konnte die schreienden, tobenden Kinder im Turnsaal nicht ertragen. Ich war gereizt und ungeduldig und wünschte, sie würden mir vom Leibe bleiben. Das taten sie natürlich nicht, und ich ließ die letzte Stunde der großen Party mit zusammengebissenen Zähnen über mich ergehen.

Jadie hingegen wirkte unnatürlich ruhig und neckte lachend Jeremiah, als wir ins Zimmer zurückkamen. Lucy rettete mich. Sie sah mir an, daß ich mich nicht wohl fühlte, und erbot sich, meine Kinder mitzunehmen, als es läutete.

Nachdem sie alle weg waren, auch Jadie, ließ ich mich völlig ausgepumpt auf eine der Bänke in der Garderobe fallen. Einen Moment lang schloß ich die Augen und bedeckte sie mit beiden Händen. Die vertraute Atmosphäre der Schule umgab mich, das Ticken der Uhr, der Geruch des Bohnerwachses, das ferne Lärmen der Kinder vor dem Haus; und doch war mir, als befände ich mich an einem völlig fremden Ort. Ich war keiner Bewegung fähig und wußte nicht, was ich als nächstes tun sollte.

Was war mit Jadie los? Wurde sie mißbraucht? Waren ihre Geschichten wirklich wahr? Konnten sie denn überhaupt wahr sein? War wirklich ein kleines Mädchen ermordet und Jadie gezwungen worden, ihr Blut zu trinken? Als mir diese Frage durch den Kopf ging, fiel mir mein Gespräch mit Hugh im vergangenen Sommer wieder ein. Von Teufelsverehrung hatte er gesprochen.

Teufelsverehrung? Mein Wissen über solche Dinge beschränkte sich auf das, was ich in Zeitungen über Tierverstümmelungen und die Manson-Morde gelesen hatte. Mich hatte dieses Thema nie sonderlich interessiert. Das ganz banale Böse auf der Welt reichte mir vollauf. Ich glaubte nicht an diesen finsteren Zauber. Ich konnte ohne weiteres akzeptieren, daß es tief gestörte Menschen gab, die fähig waren, unsägliche Taten zu begehen, und ich hatte mit den Randgruppen der Gesellschaft hinreichend Kontakt gehabt, um zu wissen, daß Kulte wie Satanismus oder Teufelsverehrung Anhänger genug fanden, aber ich konnte mir einfach nicht vorstellen, daß es große, weitverzweigte Gruppen von Menschen gab, die regelmäßig Ritualmorde und Menschenverstümmelungen begingen. Solche Geschichten hatte ich stets als Greuelmärchen abgetan, die ihren Ursprung in Horrorfilmen und Gruselbüchern und den wirren Köpfen einiger publicitysüchtiger Psychotiker hatten.

Ich konnte mir absolut nicht vorstellen, daß ausgerechnet ein Kind wie Jadie mit solchem Wahnsinn etwas zu tun haben sollte. Selbst damals, als Hugh den Gedanken das erste Mal zur Sprache gebracht hatte, war er mir sofort wieder entfallen, weil er mir so weit hergeholt erschienen war. Als ich jetzt ganz allein in der stillen Garderobe saß, wagte ich mich vorsichtig an diesen Gedanken heran. Konnte es sein, daß es Tashee wirklich gegeben hatte? Woher kannte Jadie den Geschmack von Blut? Was hatte die Geschichte mit den zerschlagenen Puppen zu bedeuten? Weshalb hätte sie sich so etwas ausdenken sollen? Wie konnte sie solche Details schildern, wenn sie ihr Wissen nicht aus erster Hand hatte?

Aber kaum erhoben sich diese Fragen, kamen schon wieder die Zweifel. Aus solchen Elementen wurden Horrorfilme gebastelt. Einiges von dem, was Jadie erzählt hatte, zum Beispiel, wie Miss Ellie Tashees Knochen wieder zusammensetzte und sie damit zu neuem Leben erweckte, konnte leicht aus Szenen populärer Gruselfilme übernommen sein, die man in jedem Kino sehen konnte. Selbst Szenen wie die Ermordung eines Kindes und das Trinken seines Bluts gehörten bei vielen Filmen der übleren Sorte zur Standardhandlung. Welche Wirkung konnten solche Filme auf ein bereits emotional gestörtes Kind haben? Jadie hatte mir im letzten Jahr gezeigt, daß sie mit einem Videogerät umzugehen wußte. Hatte sie Möglichkeiten, sich Horrorfilme oder, schlimmer noch, sadistische Pornofilme anzusehen? Hatte sie mich deshalb gefragt, ob auch ich im Fernsehen gesehen hatte, wie Miss Ellie Tashee getötet hatte?

Das Schlimmste vielleicht an all diesen Spekulationen war die Erkenntnis, daß ich, ganz gleich, zu welcher Schlußfolgerung ich gelangen sollte, überhaupt nichts tun konnte. So grauenvoll das alles klang, ich hatte nicht einen einzigen konkreten Beweis dafür, daß irgend etwas von dem, was Jadie mir erzählt hatte, tatsächlich geschehen war, und wenn nicht Jadie selbst bereit war, Anschuldigungen zu erheben, waren mir die Hände gebunden. Es drängte mich, etwas zu unternehmen, aber ich wußte, daß ich im Augenblick nur die Möglichkeit hatte, geduldig abzuwarten und aufmerksam zu sein.

Am Freitag waren alle müde und schlecht gelaunt. Jeremiah war bis in die späte Nacht hinein aufgeblieben und hatte weiß Gott was getrieben, wobei allerdings fraglich war, ob das dem Halloween-Taumel zuzuschreiben war oder der allseits bekannten Nachlässigkeit von Jeremiahs Eltern. Auch Jadie meinte, sie sei zu lange aufgewesen, und war im Unterricht still und lustlos. Reuben, den jede Unterbrechung des Gewohnten aus seinem Rhythmus brachte, war kribbelig und zerstreut, und Brucie war mißmutig, weil er die große Party verpaßt hatte. Philip hatten die ausgelassenen Festivitäten so mitgenommen, daß er überhaupt nicht zur Schule kam.

Seit ich die Gruppe übernommen hatte, ließ ich die Kinder regelmäßig Tagebuch führen. Jedes Kind, außer Brucie, der kaum mit einem Stift umgehen konnte, hatte ein Tagebuch, und jeden Tag war eine begrenzte Zeitspanne zum Schreiben und/oder Illustrieren vorgesehen. Ich ermutigte die Kinder, über ihre Gefühle zu schreiben, ihre Freuden und Kümmernisse, ihre Hoffnungen, Wünsche und Träume ebenso wie über tägliche Ereignisse. Ich bemühte mich, den Kindern das sichere Gefühl zu geben, daß ihr Tagebuch ein zuverlässiger Freund war, dem sie alles anvertrauen konnten – selbst eine negative Meinung über mich und meine Methoden –, ohne Strafe fürchten zu müssen. Ich selbst sah die Tagebücher jeden Abend durch und legte Zettel mit kleinen Notizen hinein, um mit den Kindern in fruchtbarer Kommunikation zu bleiben.

Die Vormittagspause an diesem Freitag, an dem ich die Aufsicht hatte, war eine Katastrophe. Nach dem strahlenden Halloween-Tag hatte uns feuchtes, düsteres Novemberwetter überrascht, und ich fror wie alle anderen, während ich draußen im Hof stand. Die Stimmung war allgemein gedrückt und aggressiv. Meine Kinder waren empfindlich und gereizt; ich mußte zwei kleine Raufbolde aus der fünften Klasse trennen, die sich prügelnd auf dem Asphalt wälzten, und einem Erstkläßler, dem ein älteres Kind ein Bein gestellt hatte, das Blut vom Gesicht wischen. Jeremiah legte sich mit jedem an, der ihm in den Weg kam, und mußte den Rest der Pause schließlich im Direktorat absitzen. Und irgendein Mädchen, an deren Namen ich mich nicht erinnern konnte, übergab sich unter der Schaukel.

In Anbetracht der allgemeinen Unruhe beschloß ich, die Arbeit, die ich für die Stunde bis zur Mittagspause geplant hatte, auf später zu verschieben und die Kinder statt dessen Tagebuch schreiben zu lassen. Jeremiah, der die Stunde nach der Vormittagspause haßte, weil sie im allgemeinen ernsthafter Schularbeit vorbehalten war, nahm diesen Vorschlag mit stürmischer Begeisterung auf. Jadie und Reuben holten ihre Tagebücher mit etwas mehr Gelassenheit heraus.

In der ersten Viertelstunde, während die anderen eifrig schrieben oder malten, beschäftigte ich mich mit Brucie. Wir machten in unserem Bemühen, ihn soweit zu bringen, daß er sich allein ankleiden konnte, nicht gerade rapide Fortschritte. Nach zwei Monaten stetigen Übens schaffte er es nun gerade, die Unterhose allein an- und auszuziehen. Ich amüsierte mich also eine brillante Viertelstunde lang damit, ihm immer wieder die Hose hinunterzuschieben und sie ihn wieder hochziehen zu lassen. Er widmete sich diesem Zeitvertreib mit weit mehr Geduld als ich, und heilfroh, als sein Interesse endlich zu erlahmen begann, drückte ich ihm eine Malkreide in die Hand, legte ihm ein Blatt Papier hin und ermunterte ihn, ein Weilchen zu malen.

Als ich zu Jadie hinüberging und mich zu ihr setzte, sah ich, daß sie überhaupt nichts in ihr Tagebuch geschrieben hatte, sondern dabei war, mit Filzstiften ein Bild zu komponieren. Die erste Figur, sehr sorgfältig ausgeführt, war eine stehende Katze. Neben ihr befand sich eine glockenförmige Gestalt, die nur Augen und Beine hatte. Die dritte Gestalt war noch weniger konturiert. Jadie malte wie von einem Uhrwerk getrieben, das langsam ablief. Jede neue Figur wurde kleiner und schemenhafter.

»Das ist ja ein interessantes Bild«, sagte ich.

»Das soll meine Familie sein«, brummelte Jadie. Ihr Ton klang verdrossen, als wäre sie mit dem Ergebnis ihrer Bemühungen nicht sonderlich zufrieden.

»Ach so.«

»Ja. Das ist Jenny.« Sie wies auf die Katze. »Sie ist zwar nicht mehr bei uns, aber deswegen gehört sie trotzdem noch zur Familie. Sie gehört dazu, weil ich sie nicht vergessen hab. Sie war mein Lieblingstier.«

Jadie hielt inne, legte den Stift aus der Hand und lehnte sich zurück. »Sie war gestreift. Hab ich dir das schon mal erzählt? Sie war graubraun und hatte schwarze Streifen. Ich hab mal in einem Buch in der Bücherei nachgeschaut, und da stand, daß solche Katzen Tigerkatzen heißen. Und sie hatte eine orangefarbene Nase und rosa Lippen. Das hatte ich am liebsten an ihr, ihr kleines rosa Maul.« Jadie nahm einen Stift, um die Zeichnung zu verbessern.

Ich hätte lieber über die menschlichen Gestalten auf dem Bild mit ihr gesprochen, aber ich schaffte es, den Mund zu halten, während sie liebevoll das Maul der Katze ausmalte. Erst als sie den Stift weglegte, fragte ich: »Und wer ist das?« und tippte mit dem Finger auf die glockenförmige Gestalt.

»Das bin ich. Und das ist Amber. Und das hier ist Sapphire. Und das sind meine Mama und mein Dad«, erklärte sie, auf die einzelnen Figuren hinweisend. Wieder schwieg sie einen Moment, dann tippte sie noch einmal auf die beiden letzten Figuren, die kaum mehr waren als Farbkleckse. »Die hab ich nicht so schön gemalt, weil ich keine Lust mehr hatte. Ich hab heut überhaupt keine richtige Lust zum Malen.«

»Ja, das merke ich.«

Jadie erwiderte nichts.

Ich beugte mich ein wenig vor, um mir das Bild genauer anzusehen. »Und wie bist du auf die Idee gekommen, heute ein Bild deiner Familie ins Tagebuch zu malen?«

Auch sie beugte sich vor, um ihr Werk zu betrachten, sagte aber nichts.

»Mir fällt auf, daß du und Jenny die beiden einzigen wichtigen Figuren auf dem Bild seid. Alle anderen werden immer kleiner. Deine Eltern sind viel kleiner als du. Kommst du dir manchmal so vor, als wärst du die Große?«

Jadie zuckte die Achseln. »Ich weiß nicht. Ich komm mir so vor, als ob ich für alle sorgen muß.«

»Das ist im allgemeinen die Aufgabe von Vater und Mutter, nicht wahr?«

»Aber vielleicht sind die nicht da. Vielleicht sind die weit weg. Irgendwo anders. Dann muß ein anderer in der Familie für alles sorgen.«

»Ist das bei euch in der Familie manchmal so?«

Sie runzelte die Stirn, sagte aber nichts.

Ich wandte meine Aufmerksamkeit wieder dem Bild zu. »Wieso hat eigentlich nur die Katze auf dem Bild einen Mund? Schau mal, dir hast du keinen Mund gezeichnet und Amber auch nicht. Und den anderen auch nicht.«

»Klar, das sind doch lauter Geister.«

»Ach so.«

»Und Geister können nicht reden. Sie können mit anderen Geistern reden, drum kann Jenny mich auch verstehen, aber mit Menschen können sie nicht reden. Die Leute können sie sowieso nicht hören, drum brauchen sie gar keinen Mund.«

»Jetzt versteh ich. Du meinst, es ist sinnlos zu sprechen, weil die Menschen dich sowieso nicht hören.«

Sie nickte. »Genau.«

Die folgende Woche begann ruhig und friedlich. Alle fünf Kinder schienen sich beim Halloween-Fest gründlich ausgetobt zu haben und arbeiteten im Unterricht fleißig und konzentriert. Es gab kaum Störungen.

Jadie wirkte, genau wie die anderen, gefestigter. Seit dem Montag vor Halloween hatte sie sich nach dem Unterricht nicht mehr sehen lassen, und auch in den ersten vier Tagen dieser Woche erschien sie nicht. Am Freitag jedoch, als ich dabei war, den Kaninchenkäfig sauberzumachen, kam sie.

»Darf ich mit den Puppen spielen?« fragte sie schon an der Tür zur Garderobe.

»Aber ja. Ich bin hier sowieso gleich fertig. Geh nur schon rein. Ich komme dann nach.«

Als ich etwas später in die Garderobe kam, hatte Jadie sich schon den Schlüssel aus dem Pult geholt und die Tür zum Korridor abgesperrt. Sobald ich da war, schloß sie auch die Verbindungstür zum Klassenzimmer ab, legte mir den Schlüssel aufs Pult und holte sich dann den Puppenkarton auf die Bank. Ich setzte mich über die Vorbereitung der Stunden am Montag.

In der Stille des kleinen Raums stand Jadie über den Puppenkarton geneigt und kramte darin herum. Alle großen Puppen außer der blonden, die Jadie noch zu Hause hatte, lagen schon auf der Bank, aber damit schien Jadie nicht zufrieden. Sie wühlte tiefer im Karton, zog ganze Hände voll Puppenkleider heraus und legte sie auf den Boden. Endlich entdeckte sie eine der Babypuppen. Bisher hatten die Babypuppen sie nie interessiert; sie trugen immer noch die Kleider, die ihnen irgendwann einmal ein anderes Kind angezogen hatte. Jetzt jedoch hob Jadie eine Babypuppe heraus und musterte sie eingehend.

»Meine Schwester ist auch ein Baby«, bemerkte sie beiläufig. »Sie ist jetzt ein Jahr alt, aber da ist man immer noch ein Baby.«

»Du meinst Sapphire.«

»Klar, meine andere Schwester ist ja kein Baby mehr. Sie ist sechs.« Ihr Ton war ungeduldig.

Ich sagte nichts.

»Amber und ich sind groß. Wir wissen schon ganz viel. Und wir verstehen es auch. Aber Babys sind dumm. Babys wissen fast überhaupt nichts.«

Sie begann der Babypuppe die Kleider auszuziehen. Die winzigen Knöpfe der kleinen Strickjacke machten ihr Mühe.

»Babys sind eigentlich wie Tiere. Dauernd muß man sich um sie kümmern. Und man muß immer lieb zu ihnen sein, weil sie's gar nicht kapieren, wenn man bös ist.«

»Magst du Babys?« fragte ich.

Sie zuckte die Achseln. »Nicht besonders. Sie gehen mir auf die Nerven.«

Endlich waren die Knöpfe der Jacke geöffnet. Jadie streifte das Kleidungsstück ab und hielt die Puppe hoch, um sie erneut zu betrachten. Dann legte sie sie wieder auf ihren Schoß und fuhr mit dem Auskleiden fort. Als alle Kleider entfernt waren, nahm sie der Puppe die Windel ab.

»He, schau mal!« rief sie. »Es ist ein Junge. Schau mal, was er hat. Ein Leckerchen.« Sie sah auf und kicherte verschämt. »So nenn ich das manchmal, weißt du. Ein Leckerchen.«

Ich lächelte.

»Von den anderen Puppen hat keine so was, auch die Jungens nicht. Sie sind nur Puppen. Aber das kleine Baby – schau mal, was das hat.«

Jadie betrachtete den winzigen Puppenpenis und berührte ihn vorsichtig mit dem Zeigefinger. Dann prustete sie überraschend voll höhnischer Verachtung. »Pah! Wie find ich denn das! Und weißt du, was ich jetzt tu? Das da!« Sie spie mit Nachdruck zwischen die Beine der Puppe, ehe sie sie quer durch den ganzen Raum schleuderte. Die Puppe flog knallend an die gegenüberliegende Wand und fiel auf die darunterstehende Bank.

»Der Penis scheint dich ja sehr zornig zu machen«, bemerkte ich vorsichtig.

Auf ihrem Gesicht lag ein trotziger Ausdruck, der jedoch nicht mir galt, sondern eher der Vorstellung in ihrem Kopf. »Wir müssen immer Leckerchen mit ihnen spielen«, murmelte sie mit gepreßter Stimme. »Mit J. R. und Bobby und denen. Sie holen ihre Pimmels raus und dann sagen alle: ›Leckerchen! Leckerchen! Wer hat das Leckerchen?‹ Und dann müssen Amber und ich...« Sie sprach nicht weiter.

Mir war fast übel.

»Ich hasse sie«, sagte sie und warf mir einen starren Blick zu, vermutlich um meine Reaktion zu erforschen. Ich konnte nur stumm nicken.

Es wurde sehr still, aber die Stille trennte nicht, sondern verband uns in einem Gefühl der Gemeinschaft. Die Stille war tröstlich, sie überbrückte den Abstand zwischen uns und vereinte uns.

»Ich will nicht, daß sie Sapphire nehmen«, sagte Jadie schließlich leise. »Aber das tun sie bestimmt. Ich glaub, sie haben's schon getan.«

»Wie meinst du das?«

»Na ja, letzte Woche in der Nacht, da haben sie sie mit dem Kopf nach unten auf den Stock gelegt.« Jadie demonstrierte das mit Gesten. »Wenn ich und Amber mit dem Kopf nach unten müssen, dann müssen wir unsere Beine um den Stock legen, und sie binden sie fest, aber Sapphire war noch zu klein. Sie ist mit den Beinen nicht bis zu den Stricken gekommen. Drum haben sie's einfach so gemacht.« Jadie sah zu mir herüber, um sich zu vergewissern, daß ich ihre Beschreibung verstand.

»Wenn man am Stock ist«, fuhr Jadie fort, »dann kommen die Männer und stecken einem ihren Pimmel in die Muschi oder manchmal auch in den Po. Aber neulich nachts, als Sapphire am Stock war, haben sie nur ihre Finger reingesteckt. Ich glaub, weil sie zu klein war. Aber alle mußten es tun, sogar ich und Amber.« Jadie hob ihren Zeigefinger und betrachtete ihn. »Wie ich dran war, hab ich Sapphire hinterher zum Trost ein Bussi gegeben. Weil ich wollte, daß sie weiß, daß es mir leid tut; daß ich's nicht getan hab, weil ich's selber wollte.«

Ich war so entsetzt, daß ich keinen Ton hervorbrachte.

»Ich hasse das, wenn sie es mit mir und Amber machen, aber mit Sapphire, das ist wirklich zu schlimm. Es tut furchtbar weh. Ich weiß es, weil's mir auch weh tut, und sie ist doch noch so klein. Sie ist noch ein Baby, und zu Babys muß man doch lieb sein.«

»So etwas dürfte niemals geschehen, Jadie. Niemals. Nicht Sapphire und auch nicht dir und Amber.«

»Aber Miss Ellie sagt, es muß so sein. Sie tun's nicht jedes Mal, aber wenn sie ihre Gesichter aufhaben, dann weiß ich schon, daß es passiert.«

»Nein, Jadie, es muß *nicht* so sein. Es *darf* nicht sein. Was sie tun, ist unrecht. Sie stecken den Finger in deine Scheide? Und in deinen Po? Und die Männer stecken ihren Penis hinein? Willst du das damit sagen?«

Sie nickte.

»So etwas *dürfen* sie nicht tun, und ich bin sehr froh, daß du es mir erzählt hast.«

»Glaubst du's mir?«

»Ja, ich glaube dir.«

Jadies Gesicht zeigte eine so ungeheure Erleichterung, daß ich es mir übelnahm, nicht schon viel früher stärker gedrängt zu haben, um der Wahrheit auf den Grund zu kommen.

»Wir müssen dafür sorgen, daß das aufhört«, sagte ich.

Sie nickte lächelnd, immer noch froh und erleichtert. »Ja. Du kannst machen, daß sie aufhören, nicht wahr? Das hab ich Amber schon gesagt. Ich hab ihr gesagt, wenn wir dir alles erzählen, kannst du machen, daß sie endlich aufhören.«

»Genau. Und als erstes werden wir jetzt hinuntergehen und mit Mr. Tinbergen sprechen. Das ist der beste Anfang.«

Jadie starrte mich verwirrt an. »Zu Mr. Tinbergen? Wieso? Wie meinst du das?«

»Nun, zuerst sprechen wir mit Mr. Tinbergen, und dann –«

»Nein!« rief sie voller Angst. »Nein! Wir dürfen mit keinem Menschen drüber reden. Wir dürfen nichts sagen. Nur dir. Du bist die einzige, die's wissen darf.«

»Jadie, ich muß es sagen.«

»Nein!«

»Wirklich, Jadie, ich muß. Ihr braucht Hilfe. Was diese Leute mit dir und Amber und Sapphire anstellen, ist schrecklich und unrecht. Wir müssen dafür sorgen, daß es aufhört.«

In panischer Angst sprang Jadie von der Bank auf. »Nein! Nein! Du darfst es keinem Menschen sagen. Verstehst du das denn nicht? Sonst muß ich sterben. Ehrlich, sonst muß ich sterben. Und du mußt auch sterben. Bitte, bitte, du darfst es niemandem sagen. Du darfst nicht. Bitte, tu's nicht. Bitte, bitte, bitte!«

Wie eine Rasende stürzte sie zur Tür, erinnerte sich, daß sie abgeschlossen war, kehrte um, riß den Schlüssel vom Pult und ließ ihn in ihrer Hast fallen. Völlig am Ende, fiel sie schluchzend auf die Knie.

Ich stand auf und ging zu ihr. »Komm, Liebes«, sagte ich und hob sie vom Boden auf. Zitternd schmiegte sie sich in meine Arme.

»Bitte, bitte, sag es keinem. Sag nicht, daß ich dir's erzählt hab. Sonst muß ich sterben. Bitte, tu's nicht. Versprich mir, daß du nichts sagst. Bitte, bitte, versprich's mir.«

»Gut«, sagte ich, um sie zu beruhigen.

»Du mußt allein machen, daß sie aufhören«, stieß sie unter Tränen hervor, »aber du darfst keinem Menschen was sagen. Eigentlich hätt ich's nicht mal dir erzählen dürfen. Wenn Miss Ellie das wüßte, würde sie machen, daß ich sterbe.«

»Aber Liebes, ich allein kann nicht bewirken, daß es aufhört, das ist ja das Problem.«

»Doch, du kannst, du kannst! Ich weiß, daß du's kannst. Du bist Gott.«

»Ach, Jadie, Liebes, ich bin nicht Gott. Ich bin ein Mensch wie du. Ich brauche auch manchmal Hilfe.«

»Aber ich will, daß du Gott bist«, schluchzte sie.

Am liebsten hätte ich mit ihr geweint.

19

Wieder einmal saß ich allein und tief erschüttert in dem kleinen Garderobenraum. Wieder war ich wie betäubt, und unablässig ging mir dieselbe Frage durch den Kopf: Was soll ich tun? Es schien unmöglich, sie zu beantworten.

Ich hatte jetzt kaum noch Zweifel daran, daß Jadie sexuell mißbraucht wurde, auch wenn mir die Umstände, die den Rahmen ihrer Berichte bildeten, weiterhin rätselhaft blieben. Wenn das, was sie sagte, der Wahrheit entsprach, mußte ich Anzeige erstatten. Ich drehte den Kopf und starrte auf die Tür, durch die Jadie hinausgegangen war. Was sollte ich tun? Wenn sie mir ihr Herz im Vertrauen darauf ausgeschüttet hatte, daß ich alles für mich behalten würde, hatte ich dann das Recht, die Sache ohne ihre Erlaubnis weiterzuverfolgen? Die andere Frage war, wie ich mit mir leben sollte, wenn ich trotz meines Wissens zuließ, daß der brutale Mißbrauch dieses wehrlosen Kindes auch nur einen Moment länger andauerte.

Und wieder stellten sich die Zweifel ein. Trotz Jadies plastischer Schilderungen hatte ich keinerlei Fakten, geschweige denn Beweise. Ich wußte nicht, wer an diesen Greueln beteiligt war. Ich wußte nicht, wo sie verübt wurden. Ich wußte nicht einmal mit Sicherheit, was sich, abgesehen von dem Mißbrauch an sich, eigentlich abspielte. Warum blieb Jadie bei der Schilderung von Einzelheiten stets so ungenau? Wo, um alles in der Welt, waren ihre Eltern? Wer waren überhaupt diese Leute, von denen sie sprach? Woher kamen sie? Wohin verschwanden sie, wenn ihre Zusammenkünfte mit Jadie und Amber vorüber waren? Ich hatte schon früher im Rahmen meiner Arbeit Fälle von vermutetem Kindesmißbrauch gemeldet. Ich wußte, daß die Polizei genaue Angaben brauchte. In diesem Fall hatte ich sie nicht. Ich konnte natürlich zur Polizei gehen, aber was konnte die Polizei unternehmen, wenn ich nicht wußte, wer das Verbrechen verübte?

Mehr als diese Frage beunruhigte mich die Überlegung, was ich Jadie mit einer Anzeige antun würde. Für mich gab es kaum Zweifel, daß ein solcher Schritt unsere Beziehung zerstören konnte. Jadie würde sich verraten fühlen. Würde sie mir dann überhaupt noch etwas erzählen? War zu erwarten, daß sie mit der Polizei oder Sozialarbeitern über ihre Erlebnisse sprach?

Wieder stiegen die alten Zweifel hoch. Konnte ein gestörtes Kind das alles erfinden? Handelte es sich vielleicht um eine unbewußte Verknüpfung von Dingen, die sie im Fernsehen und in pornographischen Videofilmen gesehen hatte? Fand der Mißbrauch vielleicht auf ganz andere Weise statt, zu einer ganz anderen Zeit, waren die Täter vielleicht eine Bande von Jungen aus der Nachbarschaft, und hatte Jadie ihre Erlebnisse nur in diese phantastische Form umgestaltet?

Verzweifelt und ratlos fuhr ich schließlich nach Hause. Was konnte ich tun? Wie sollte ich mich verhalten? Sollte ich alles für mich behalten, bis ich mehr herausbekam? Sollte ich mir fachlichen Rat holen? Sollte ich mit einer Autoritätsperson sprechen? Dieser Zustand der Ungewißheit, des Nicht-Wissens, ließ mich nicht zur Ruhe kommen.

Den ganzen Abend über quälte ich mich herum, unfähig, mich mit irgend etwas abzulenken. Als es Zeit wurde, zu Bett zu gehen, war mir klar, daß ich erst dann Schlaf finden würde, wenn ich vor Müdigkeit nicht mehr denken konnte; ich setzte mich deshalb ins Wohnzimmer und schaltete den Fernsehapparat ein. Gelangweilt sah ich mir die »Johnny Carson Show« mit der üblichen Parade von dümmlichen Komikern, verblassenden Filmstars und Autoren an, die ihre Bücher an den Mann bringen wollten. Unter diesen letzteren war eine Frau, die behauptete, mit Tieren in telepathische Verbindung treten zu können. Nachdem sie aus ihrem Buch einige erstaunliche Beispiele dafür zitiert hatte, bat sie, ihr ein Tier auf die Bühne zu bringen. Man präsentierte ihr einen kleinen Pekinesen, und prompt zählte sie alle seine Beschwerden auf, die der verblüffte

Hundebesitzer nur bestätigen konnte. An dieser Stelle hatte ich genug und schaltete den Apparat aus.

Aber schlafen konnte ich immer noch nicht. Während ich in der Dunkelheit lag und in die Stille lauschte, stürmten die Gedanken an Jadie von neuem auf mich ein. Ich hatte immer schon die Fähigkeit besessen, mir sehr plastische Phantasiebilder zu schaffen, und jetzt konnte ich Jadie und ihren Schwestern ohne Mühe in die finstere Welt folgen, die sie mir gemalt hatte. Die Figuren aus »Dallas« erwachten zu blutrünstigem Leben. Ich sah sie vor mir, wie sie Sapphire quälten und Tashees Puppe zerschlugen.

Nein! Mit aller Kraft versuchte ich, mich von diesen Bildern loszureißen. Nein! Nein. Denk an etwas anderes. Denk an die Frau mit dem Pekinesen in der »Johnny Carson Show«. Ich stellte mir den widerstrebenden Hund vor. Ich überlegte, ob die Frau wirklich telepathische Verbindung mit dem Hund aufgenommen hatte; ob so etwas überhaupt möglich war. Meine Gedanken wanderten von der telepathischen Verbindung mit Tieren zur Telepathie im allgemeinen. Gab es dieses Phänomen wirklich? Von der Telepathie zu übersinnlichen Kräften. Ich erinnerte mich an ein Buch, das ich irgendwann einmal gelesen hatte. Von übersinnlichen Kräften zum Okkultismus. Vom Okkultismus zur Teufelsverehrung. Von der Teufelsverehrung zu Jadie. Der Kreis hatte sich geschlossen.

Teufelsanbetung! Der Gedanke erschreckte mich so sehr wie am Nachmittag der Halloween-Feier. Schlagartig erinnerte ich mich, daß Jadie von »letzter Woche« gesprochen hatte, als sie mir Sapphires »Initiation« geschildert hatte. Hatte sie vielleicht am Halloween-Tag stattgefunden? Sechs. Miss Ellie hatte gesagt, die Zahl sechs sei wichtig. Ich hatte die Offenbarung des Johannes gelesen und wußte, daß 666 die Zahl des Tieres war, mit dem, populärer Auslegung zufolge, der Satan gemeint war. Gab es da einen Zusammenhang?

Ich mußte mich genauer informieren. Ohne das geringste zu wissen über den Teufelsglauben, konnte ich überhaupt nichts unternehmen. Aber wo konnte ich Informationen bekommen? Und wie? In Pecking gab es keine Möglichkeiten; außerdem hätte ich nur unwillkommene Aufmerksamkeit erregt, wenn ich mich hier am Ort nach einschlägigem Material erkundigt hätte. Mir fiel einzig die Buchhandlung in der Stadt ein, von der Hugh mir erzählt hatte. Ich nahm mir vor, gleich am nächsten Morgen in die Stadt zu fahren. Endlich beruhigt, weil ich nun einen Weg vor mir sah, konnte ich schließlich einschlafen.

Hugh begleitete mich in die Buchhandlung, und ich war froh darüber. Ein Großteil meiner wilden Entschlossenheit war mittlerweile verpufft. Die Theorie, die mir in der Nacht absolut vernünftig erschienen war, nahm sich bei Tageslicht reichlich absurd aus. Ich kam mir töricht vor, in die Buchhandlung zu marschieren und mich nach Literatur über Schwarze Magie zu erkundigen.

Aber bei Hugh war ich gut aufgehoben. Er hatte nicht die geringsten Hemmungen, mit jedem frank und frei über dieses Thema zu sprechen.

»Hallo, Brenda!« rief er, als wir den Laden betraten. »Erinnern Sie sich noch an mich? Hugh! Wissen Sie noch?«

Die junge Frau an der Kasse sah auf. Es war nicht zu erkennen, ob sie sich wirklich erinnerte, aber sie lächelte immerhin recht freundlich.

»Das ist die Frau, von der ich dir erzählt habe«, sagte Hugh zu mir. »Brenda, die Hexe.«

Sie entsprach genau dem Bild, mit ihrem langen schwarzen Haar und dem sehr blassen, ungeschminkten Gesicht. Sie war noch jung, sicherlich erst Anfang Zwanzig, dennoch war sie gekleidet wie die Hippies in den Sechzigern. Ich musterte sie; sie musterte mich. Wir lächelten beide vorsichtig.

»Das ist meine Freundin Torey. Sie sucht etwas über Schwarze Magie und Teufelskulte. Ich hab ihr gesagt, daß wir das hier am ehesten finden.«

Brenda faßte dies offensichtlich als Kompliment auf und nickte mit freundlicher Zustimmung.

»Gut, okay. Das steht da drüben. Ich zeig euch die Abteilung, wo die richtigen Bücher sind. Beschäftigen Sie sich schon länger mit diesen Dingen, oder fangen Sie erst an? Ich könnte Ihnen ein paar gute Sachen empfehlen. Haben Sie mal was von Crowley gelesen?«

Ich schüttelte den Kopf. »Nein. Ich weiß eigentlich fast nichts darüber.«

»Gut, dann sind Sie hier an der richtigen Adresse, da hat Hugh schon recht. Die Sachen stehen hier und hier und ein Teil noch da drüben.«

Sie war hübsch, wenn auch etwas fade. Während ich sie betrachtete, überlegte ich, welche Bedeutung es für sie hatte, eine Hexe zu sein.

»Wenn ich –« Ich zögerte einen Moment. »Also, angenommen, ich wollte mit Leuten Kontakt aufnehmen, die in dieser Szene sind – würde ich hier in der Stadt jemanden finden?«

Sie sah mir forschend ins Gesicht und zuckte dann leicht die Achseln. »Ja, ich denke schon.«

Ihre Worte hatten einen herausfordernden Unterton, und mir war klar, ich würde mein ernsthaftes Interesse irgendwie nachweisen müssen, wenn ich mehr erfahren wollte. Aber eigentlich wollte ich das ja gar nicht. Mich interessierte lediglich, ob es solche Gruppen in der Stadt gab und wie einfach oder schwierig es war, an sie heranzukommen.

»Im Grunde möchte ich nur ein gutes, informatives Buch mit Fakten. Ich weiß nichts über dieses Thema, abgesehen von dem, was ich aus der Presse habe, und ich würde mich gern genauer einarbeiten.«

»Das finde ich gut«, lobte Brenda. »Das, was die Leute reden, stimmt nämlich überhaupt nicht. Das meiste, was man in den Zeitungen vorgesetzt bekommt, ist von den Journalisten aufgebauscht. Sie müssen ihre Blätter ja schließlich verkaufen. Aber der Teufelsglaube ist nichts Schlechtes. Es ist eine Art Religion, weiter nichts, und ich finde, jeder sollte die Freiheit haben, das zu glauben, was ihm richtig erscheint.«

Wir sahen uns eine gute Stunde in dem Laden um. Ich fand diese Inspektion sehr interessant und war überrascht, welch breite Auswahl an Büchern das Geschäft zu bieten hatte. Schließlich nahm ich zwei Bücher mit: Das eine war eine Art Handbuch zur Teufelsanbetung, das andere eine ziemlich ausführliche, mit etlichen Bildern versehene Dokumentation, in der von einer Serie von Morden berichtet wurde, die angeblich von einem weitverzweigten Netz von Satansjüngern an der Westküste verübt worden war.

Als wir später in einem Bistro beim Mittagessen saßen, fragte mich Hugh, obwohl er den Grund für mein Interesse an dieser obskuren Literatur kannte: »Glaubst du tatsächlich an den Teufel?«

»Das spielt doch keine Rolle. Das Entscheidende ist, ob die Leute, denen Jadie in die Hände geraten ist, an seine Existenz glauben.«

»Ja, aber wie steht es mit dir?«

Ich zuckte die Achseln. »Ich glaube an das Böse. Aber ich denke, das Böse ist in uns. Es ist nicht irgendeine losgelöste Macht außerhalb von uns. Warum fragst du?«

Hugh schob nachdenklich ein Pomme frite in den Mund.

»Es gibt viele Leute, für die der Teufel ein sehr reales Wesen ist. Wenn du in so eine Sache reinstocherst, wirst du dich gerade an einem Ort wie Pecking über mangelnde Unterstützung nicht zu beklagen haben. Manche dieser erzkonservativen Sekten, Fundamentalisten und so, die sehen ja schon hinter jeder Ecke finstere Okkultisten lauern. Und wenn du mit deinen Anschuldigungen in so einem gottverlassenen kleinen Nest auf dem Polizeirevier aufkreuzt, werden die dort Luftsprünge machen, das kann ich dir sagen. Nach hundert Jahren der Langeweile mit Parksündern und Besoffenen kommt plötzlich so was daher – die werden dich mit offenen Armen aufnehmen. Mann, das ist echt interessant.«

»Um Gottes willen, Hugh, das ist nun wirklich das letzte, was ich möchte – einen Riesenwirbel in der Presse. Ich führe doch keine religiöse Kampagne. Ich kann das alles, was man so hört, ja nicht einmal recht glauben. Mir geht es um das Kind, um Jadie…«

Hugh nickte nachdenklich. »Ja, ich weiß. Aber du solltest mal genau hinhören, was du sagst, Torey. Von der guten Brenda da in der Buchhandlung kann man so was erwarten. Sie ist ein nettes Mädchen, aber als der Grips ausgeteilt wurde, hat sie vergessen, ›Hier!‹ zu rufen. Aber du bist doch eine gescheite Person! Wenn ich höre, was du dir da zusammengereimt hast! Das klingt wie ein mieser Roman.«

Ich ließ mich überreden, bei Hugh zu übernachten und erst am Sonntag nach Pecking zurückzufahren. Am späten Nachmittag gingen wir Schlittschuhlaufen, danach aßen wir in einem netten mexikanischen Restaurant und sahen uns hinterher noch einen Film an. Die Abwechslung tat mir ungeheuer gut, und Jadie rückte in den Hintergrund.

Als wir aber wieder in Hughs Wohnung waren, lockten mich die Bücher, die ich mir besorgt hatte. Nur ein paar Kapitel, versprach ich, dann würde ich das Licht ausmachen. Hugh, der von unserem unternehmungsreichen Tag todmüde war, wollte nur noch schlafen. Ich setzte mich deshalb mit einem der Bücher ins Wohnzimmer. Nachdem ich die Glut im Kamin wieder angefacht hatte, legte ich noch ein paar Scheite auf und machte es mir auf dem Sofa bequem.

Der Autor des Buches befaßte sich eingehend mit einer Serie von Morden, die innerhalb einer bestimmten Zeit an verschiedenen Orten der Westküste verübt worden waren, und behauptete, es handle sich hier nicht um isolierte Einzelfälle, sondern um das Werk eines weitverzweigten Netzes von Teufelsanbetern. Im ersten Kapitel wurde in abschreckend plastischen Details die Ermordung einer jungen Frau geschildert, deren Leiche in einer Kirche gefunden worden war. Das Wort Ekel reicht nicht aus, um die Gefühle zu beschreiben, die mich bei der Lektüre überkamen. Allein die Brutalität hätte mich unter normalen Umständen abgestoßen, doch was hier so anschaulich beschrieben wurde, ging weit darüber hinaus. Ich fühlte mich angewidert und besudelt von der Lektüre des Buches. Mit einem Knall klappte ich es zu und legte es auf den Beistelltisch neben mir. Aber der Ekel ließ mich nicht los. Ich hatte das Gefühl, dieses Buch vernichten zu müssen, um mich wieder zu reinigen.

Ich stand vom Sofa auf, zog den Schirm vor dem Kamin weg und packte das Buch, um es ins Feuer zu werfen. Aber dann hielt ich inne, verblüfft über meine heftige Reaktion. War das wirklich ich? Der nüchterne Verstand meldete sich, um mich daran zu erinnern, daß ich erst heute nachmittag fast fünf Dollar für diesen Schmöker bezahlt und bisher keine hundert Seiten davon gelesen hatte. Aber die Ratio hatte keine Chance. Ich verbrannte das Buch tatsächlich. Nur so glaubte ich mich von dem Schmutz befreien zu können.

Am Montag hatte ich die Distanz wiedergefunden. Während ich beim Frühstück in meiner kleinen Küche saß, zog ich die Vorhänge zurück und sah über die Dächer von Pecking. Es war ein trüber Novembermorgen, grau und windstill. Von meinem Mansardenfenster aus konnte ich über die kahlen Bäume und die Häuser hinweg zur weiten Ebene hinaussehen. Gelbbraun dehnte sie sich bis zum Horizont und verschmolz dort mit dem dunklen Himmel. Teufel und Teufelsverehrung, Mord und Verstümmelung schienen hier in Pecking, das schläfrig im blaßgrauen Morgenlicht lag, nichts zu suchen zu haben.

Bei Tageslicht besehen, erschien mir die Vorstellung, Jadies Probleme könnten darauf zurückzuführen sein, daß sie irgendeiner okkulten Sekte in die Hände gefallen war, wie ein Hirngespinst. Hughs Bemerkungen, daß gewisse Gruppen sich mit Wonne auf so eine Geschichte stürzen würden, fielen mir wieder ein. Und während ich meinen Morgenkaffee trank und aus dem Fenster sah, wanderten meine Gedanken zurück in eine andere Zeit, an einen anderen Ort, an dem ich einem »Kind des Teufels« begegnet war. Er war zwölf Jahre alt gewesen und hieß David.

David litt an einer chronischen Form kindlicher Schizophrenie. Auch damals hatte ich in einem kleinen Ort gelebt, wo die Leute strenge religiöse Überzeugungen hatten, die von vielen meiner Kollegen im Lehrkörper geteilt wurden. Ich erinnerte mich an eine Begegnung mit Davids Turnlehrer. »Therapie hat in diesem Fall keinen Sinn«, hatte er gesagt. »Keiner von uns kann etwas für David tun, solange er nicht Jesus annimmt. Aber unsere ganze Gemeinde betet darum, daß der Herr sich seiner erbarmen und die bösen Geister austreiben möge.« Und ich erinnerte mich, wie ich am folgenden Tag wieder ins Klassenzimmer gegangen war, zu David, der sich, von seinen Halluzinationen überwältigt, oft zuckend auf dem Boden wälzte, so daß es ein leichtes war, sich vorzumachen, er wäre von bösen Geistern besessen, und die schwere, den ganzen Menschen fordernde Aufgabe, diesem Kind zu helfen, auf »den Herrn« abzuschieben. War ich dabei, das gleiche bei Jadie zu tun? Suchte ich nach einer Möglichkeit, die Verantwortung abzuwälzen, um nicht bei der Arbeit mit einem psychotischen Kind meiner eigenen Ohnmacht ins Auge sehen zu müssen?

Die Pausenaufsicht wurde immer von drei Lehrkräften übernommen; eine überwachte den Schulhof, wo der Sportplatz war, eine den Seitenteil mit dem langen Asphaltstreifen neben dem Haus, und eine den vorderen Spielplatz mit den Schaukeln, dem Klettergerüst und dem Sandkasten. Wenn ich die Aufsicht hatte, war ich meistens für den Spielplatz zuständig. Es gab keine festen Regeln, wo die Kinder spielen durften; im allgemeinen jedoch teilten sie sich von selbst nach Altersgruppen auf, so daß ich in meinem Revier fast immer die Jüngsten hatte. Schon von den Sieben- und Achtjährigen tummelten sich die meisten auf dem Asphalt, um Ball oder »Himmel und Hölle« zu spielen.

Als ich am Donnerstag vormittag die Aufsicht auf dem Spielplatz hatte, suchte ich mir ein geschütztes Plätzchen an der Hauswand, das von der wäßrigen winterlichen Sonne erwärmt wurde. Es war zwar so kalt, daß man Handschuhe brauchte, aber in der Sonne war es erträglich.

Die Kinder waren angenehm friedlich. Jadie und Jeremiah spielten seitlich vom Haus mit den älteren Kindern. Ich konnte sie von meinem Standort aus nicht sehen. Reuben und Philip amüsierten sich auf den Schaukeln, und Brucie hockte faul im Sandkasten und ließ sich von einem kleinen Mädchen aus der Vorschule bemuttern.

Ich stand allein, den Blick auf die spielenden Kinder gerichtet, ohne irgend jemandem besondere Beachtung zu schenken. Plötzlich erhob sich drüben bei den Kletterstangen jämmerliches Geschrei. Ich lief hinüber, um nachzusehen, was geschehen war. Ein aufgelöstes Kind kam mir entgegen.

»Amber Ekdahl hat sich weh getan!« rief es. »Sie ist überall voll Blut.«

Ich drängte mich hastig durch das Gewühl. Amber saß weinend auf dem Boden, die Hände auf den Mund gedrückt. Blut quoll zwischen ihren Fingern hervor.

»Sie ist von ganz oben vom Gerüst runtergefallen«, rief ein kleiner Junge, wild gestikulierend. »Sie hätte besser aufpassen sollen.«

»Komm, Schatz«, sagte ich zu Amber und bot ihr beide Hände, um sie zum Aufstehen zu ermutigen. Aber sie rührte sich nicht. Schließlich hob ich sie einfach hoch und trug sie in das kleine Krankenzimmer neben dem Sekretariat.

Die Gesichtsverletzungen, die sie sich zugezogen hatte, waren bei weitem nicht so schlimm, wie es zunächst den Anschein gehabt hatte. Sie hatte eine häßliche Schramme auf der Nase, darunter eine Platzwunde, und sie hatte sich die Oberlippe aufgeschlagen; aber es war nichts gebrochen. Fern von dem hysterischen Geschrei der anderen Kinder beruhigte sich Amber sehr schnell und nahm mir ganz selbstverständlich den feuchten Waschlappen aus der Hand, mit dem ich ihre Verletzungen abgetupft hatte, um ihn sich selbst auf die Wunden zu drücken. Diese vernünftige Reaktion beeindruckte mich.

»Du bist wirklich tapfer«, sagte ich. »Das hat doch sicher sehr weh getan.«

Sie nickte.

»Aber du hast fast überhaupt nicht geweint und weißt genau, was jetzt für dich gut ist. Das ist sehr beachtlich für ein kleines Mädchen von sechs Jahren.«

»Ich bin tapfer«, lallte sie durch den Waschlappen.

»Ja, das ist wirklich wahr.«

»Ich bin genau wie She-Ra, die Prinzessin der Macht. Sie ist die tapferste Frau im ganzen Universum.«

Ich nickte lächelnd.

»Sie besiegt Hordak immer. Er ist der Böse. Und darum mag ich sie. Er will sie unterkriegen, aber sie gewinnt immer.«

»Ist das deine Lieblingssendung im Fernsehen?«

Amber nickte mit Nachdruck.

Ich nahm ihr den Waschlappen ab und spülte ihn aus, ehe ich ihn ihr wieder reichte. »Und siehst du oft fern?«

»Ja. Es macht Spaß.«

»Siehst du auch manchmal ›Dallas‹ an?«

Sie runzelte die Stirn und schüttelte den Kopf. »Ich glaub, das ist eine Sendung für die Großen. Ich schau mir meistens nur die Kinderfilme an.«

»Ach so. Aber Jadie scheint die Sendung zu kennen.«

»Jadie schaut sich dauernd nur Quatsch an. Meine Mama schimpft immer mit ihr.«

Ich hatte Amber auf den Tisch gesetzt, um ihr das Gesicht besser säubern zu können. Sie war jetzt ganz entspannt und baumelte beinahe vergnügt mit den Beinen. Nach einer Weile nahm sie den blutigen Lappen vom Gesicht und sah ihn sich interessiert an.

»Darf ich mal neugierig sein?« fragte ich. »Kommt Jadies Freundin Tashee oft zu euch nach Hause?«

Amber riß die Augen auf und sah mich erstaunt an. Dann lachte sie. »Tashee gibt's doch gar nicht. Hast du das nicht gewußt? Tashee ist erfunden. Jadie redet immer mit ihr.«

»Ach, sie ist eine Phantasiefreundin? Sie ist kein echtes kleines Mädchen? Hat Jadie denn noch andere solche Freunde?«

Amber zuckte die Achseln. »Jadie ist komisch, weißt du. Meine Mama sagte immer, das kommt davon, daß sie verkehrt auf die Welt gekommen ist.«

»Ach, so ist das.« Ich sah mir ein letztes Mal ihr Gesicht an, stellte fest, daß nichts mehr blutete, und nahm ihr den Lappen ab. »So, das wär's. Jetzt ist alles wieder gut, und bald wird es verheilt sein.«

»Und mein Knie? Ich hab mir am Knie auch weh getan. Schau! Siehst du? Es hat sogar durch meine Hose durchgeblutet.«

Vor lauter Schreck über das blutende Gesicht hatte ich das Knie ganz vergessen. Ich hob Amber vom Tisch herunter, bückte mich und versuchte, das Hosenbein ihres engen Jogging-Anzugs hochzuziehen. Aber ich sah, daß ich es nicht über das Knie bekommen würde, ohne ihr weh zu tun.

»Ich glaube, es ist besser, wenn du die Hose ausziehst, Amber.«

»Aber ich darf in der Schule meine Kleider nicht ausziehen. Da muß ich immer erst meine Mama fragen.«

»Amber, in diesem Fall erlaubt sie es sicher. Sonst kann ich mir ja dein Knie nicht ansehen.« Ich zog ihr die Hose selbst herunter.

Auf ihrem Bauch war ein schwaches Mal, teilweise verdeckt duch das Gummiband ihrer Unterhose. »Was ist denn das?« fragte ich überrascht und schob behutsam den Hosengummi ein wenig hinunter. Es war ein rotes, leicht aufgeschwollenes Mal, eine verheilende Wunde, und ich kannte es – ein Kreuz, das von einem Kreis umgeben war. »Was *ist* das?«

»X ist das Zeichen.«

20

In kritischen Augenblicken werde ich immer ganz ruhig. Ganz gleich, wie stark meine Angst oder der innere Aufruhr vorher sind, in dem Moment, in dem die extreme Situation eintritt, überkommt mich eine große Ruhe. Mir ist dann, als ob die Zeit stillsteht; jeder Moment gewinnt eine unglaubliche Schärfe, und ich habe das Gefühl, neben mir zu stehen.

Im ersten Augenblick, als ich das Mal auf Ambers kleinem Bauch sah, begann mein Herz zu rasen, und das Blut dröhnte mir in den Ohren. Hier war er, der konkrete Beweis, die Bestätigung für Jadies Behauptungen. Tiefes Erschrecken packte mich, als mir blitzartig klar wurde, was für schreckliche Kreise dieser Fall wahrscheinlich ziehen würde; daß ich mittendrin stecken würde, wenn die Polizei, die Gerichte und das Jugendamt in Aktion traten; daß ich in den Presserummel hineingeraten würde, der bei solchen Geschichten immer entsteht; vor allem aber, daß ich nun die Uhr nicht mehr zurückdrehen und mich aus allem heraushalten konnte. Und dann wurde ich ruhig. Das Dröhnen in meinen Ohren verklang. Mein Herz schlug wieder langsam und gleichmäßig. Das Bild der vor mir stehenden Amber gewann eine ungewöhnliche Klarheit.

»Ich glaube, wir müssen Mr. Tinbergen holen.«

Sofort begann Amber zu weinen.

»Nicht weinen, Amber, du brauchst keine Angst zu haben. Du hast nichts Schlimmes getan. Ich denke nur, wir sollten das hier Mr. Tinbergen zeigen.«

»Aber warum?« fragte sie klagend.

In diesem Moment läutete es. Die Pause war vorüber. Ich mußte hinauslaufen und Lucy bitten, meine Gruppe vorübergehend zu übernehmen. Ich mußte Alice Bescheid sagen, daß Amber im Krankenzimmer war. Und ich mußte Tinbergen suchen, der nirgends zu finden war.

Endlich entdeckte ich ihn mit dem Hausmeister unten im Heizkeller. Ich nahm ihn mit ins Krankenzimmer, schloß die Tür und ging zu Amber, die brav gewartet hatte.

»Diese Verletzung war Absicht«, sagte ich. »Sie ist am Verheilen, aber man hat ihr dieses Mal absichtlich in die Haut geritzt.«

»Wie ist das denn geschehen, Amber?« fragte Tinbergen.

»Ich weiß nicht«, wimmerte Amber.

»Aber Kind, ich kann mir nicht vorstellen, daß du das wirklich vergessen hast.«

Sie begann wieder zu weinen.

»Sie sagte: ›X ist das Zeichen‹.« Ich sah Tinbergen an.

Er lächelte Amber zu und beugte sich zu ihr hinunter, um ihr die Haare aus dem Gesicht zu streichen.

»Niemand ist böse mit dir, Amber«, tröstete er väterlich. »Wir sind hier, um dir zu helfen. Darum ist es sehr wichtig, daß wir wissen, was geschehen ist.«

»Ich darf es nicht sagen«, stammelte Amber weinend.

»Ach, Miss Hayden und mir darfst du es sicher sagen. Komm, Amber.«

Ich hätte sie am liebsten in die Arme genommen, so sehr dauerte sie mich. Sie war, wie Jadie, ein hübsches kleines Mädchen mit ihrem langen Haar und den dunkelbewimperten großen Augen. Doch durch die hellere Tönung von Haaren und Haut wirkte sie ein wenig blaß und in dem zu kleinen Jogging-Anzug nicht wie das ungezähmte kleine Wesen, das ich in Jadie oft sah, sondern eher vernachlässigt und ungepflegt. So, wie sie jetzt aussah, mit zerschrammter und blutverkrusteter Nase und geschwollener Oberlippe, erinnerte sie mich an eine kleine Kriegswaise.

»Warum darfst du es nicht sagen?« forschte ich. »Hat es dir jemand verboten?«

Amber antwortete nicht. Sie versuchte, sich die Nase zu putzen, aber das tat offenbar zu weh; sie legte das Papiertuch weg und ließ die Nase einfach laufen. Tinbergen und ich warteten schweigend und angespannt.

Endlich nickte Amber. »Ja, meine Mama.«

»Deine Mama? Aber warum denn?«

»Weil's meine Schwester getan hat. Weil meine Schwester ein Messer aus der Küche genommen hat und mich damit geschnitten hat.«

»*Jadie* hat das getan?« fragte ich bestürzt.

Amber nickte. »Und meine Mama hat gesagt, wenn wir nicht ganz gut auf Jadie aufpassen, wenn sie schlimme Sachen macht, dann kommen sie und holen sie weg. Sie hat gesagt, ich darf niemand sagen, was sie für Sachen macht.« Amber begann wieder bitterlich zu weinen. »Weil, wenn sie geholt wird, dann bin ich dran schuld.«

Tinbergen sah mich fragend an. Ich zog die Augenbrauen hoch, um ihm meine Überraschung über die Wendung der Dinge mitzuteilen.

»Zieh doch bitte mal deinen Pulli aus«, bat Tinbergen.

Als Amber das getan hatte, untersuchte er gründlich Rücken und Arme, aber es waren keine weiteren Male zu entdecken. Danach ließ er sie die Jogging-Hose ausziehen, aber auch dann war außer dem einen frischen Mal nichts zu sehen.

»Ich denke, wir sollten mit Jadie sprechen«, meinte er und stand auf, um sie zu holen.

Als ich mit Amber wieder allein war, fragte ich: »Hat das Zeichen wirklich Jadie gemacht?«

»Ja«, flüsterte sie so leise, daß ich sie kaum hören konnte.

»Wir müssen die Wahrheit wissen, Amber.«

Ihre Augen füllten sich wieder mit Tränen.

»Du mußt uns sagen, was da wirklich geschehen ist. Ich möchte die Wahrheit wissen, und irgendwie werde ich sie auch herausfinden, aber am besten wäre es, du selbst würdest sie uns sagen.« Meine Worte klangen wie eine Drohung, und so waren sie wohl trotz all meines Mitleids mit der Kleinen auch gemeint.

»Jadie hat's getan.«

Ich sagte nichts.

»Jadie tut ganz schlimme Sachen. Einmal hat sie unsere Katze totgemacht.« Amber sah zu mir auf. »Aber sie kann nichts dafür. Sie ist einfach so.«

Als Jadie eintrat und Amber in ihrer Unterwäsche da stehen sah, wurde sie blaß. Sie schwankte einen Moment, und ich fürchtete, sie würde ohnmächtig werden.

Auf Tinbergens Bitte um eine Erklärung reagierte sie überhaupt nicht. Sie sagte kein Wort, machte keine Bewegung, gab durch nichts zu verstehen, ob sie seine Frage überhaupt gehört hatte.

»Jadie, wir müssen jetzt mit Mr. Tinbergen sprechen«, sagte ich.

»Nein.« Sie begann zu weinen und machte keinen Versuch, den Tränen Einhalt zu gebieten. Sie senkte lediglich den Kopf.

»Bitte, Jadie. Wir müssen über alles sprechen.« Ich stand auf und ging zu ihr.

»Nein!« schrie sie flehentlich.

»Du brauchst keine Angst zu haben, Jadie«, versicherte Tinbergen tröstend. »Ich habe es Amber schon gesagt; wir werden nicht böse werden. Wir möchten doch nur wissen, was geschehen ist.«

Jadie hielt den Kopf gesenkt und antwortete nicht.

»Amber sagt, du hast das hier getan«, fuhr Tinbergen fort. »Ist das wahr?«

Einen Herzschlag lang blieb es still, dann hob Jadie den Kopf. »Ja. Ich hab's getan.« Sie begann zu schluchzen.

»Na, na«, murmelte Tinbergen väterlich und legte ihr leicht die Hand auf den Arm. »Das war wirklich nicht lieb von dir, hm? Und ich seh dir an, daß du weißt, daß es nicht recht war. Du wirst deiner kleinen Schwester bestimmt nie wieder so etwas antun, nicht wahr?«

Jadie weinte herzerweichend.

»Ist ja gut«, sagte er und drückte Jadie mit einem Arm an sich. Mit der anderen Hand berührte er das Mal auf Ambers Bauch. »Deine Mama und dein Dad haben dich dafür sicher schon genug ausgeschimpft. Hier wollen wir jetzt kein Wort mehr darüber verlieren. Es scheint ja auch gar nicht so schlimm zu sein. Nur ein Kratzer. Und es ist fast verheilt.« Er sah Amber an. »Das war wirklich nicht nett von deiner Schwester, hm?«

Amber nickte.

»So, und jetzt ziehst du dich wieder an, Amber, und dann könnt ihr beide gehen.«

Nachdem die Mädchen verschwunden waren, wandte sich Tinbergen an mich. »Sie hatten ganz recht, der Sache nachzugehen. Heutzutage weiß man nie. Vorsicht ist die Mutter der Porzellankiste, hm?« Er schwieg einen Moment. »Aber ich glaube nicht, daß wir uns Sorgen zu machen brauchen. Wenn ich mich recht erinnere, habe ich meinen Bruder weit schlimmer drangsaliert, als wir noch Kinder waren. Einmal habe ich ihn sogar mit meinem Taschenmesser in die Schulter gestochen.« Tinbergen lachte. »Natürlich nur aus Versehen. Aber ob man das bei Geschwistern immer glauben darf?« Und er lachte wieder.

Sehr unsicher und niedergeschlagen kehrte ich ins Klassenzimmer zurück. Ich wußte nicht mehr, was ich denken sollte. Zwar hatte ich mich immer wieder gefragt, inwieweit Jadies Geschichten vielleicht nur Ausdruck ihrer seelischen Störung waren, aber nie war ich auf den Gedanken gekommen, daß sie selbst Täterin sein könnte. Das rückte alles in ein ganz anderes Licht, und die Schlußfolgerungen, die daraus zu ziehen waren, entsetzten mich. Am tiefsten betroffen hatte mich Ambers Bemerkung, daß Jadie eine Katze getötet hatte. War das Jenny gewesen?

Mein Gefühl trieb mich, sofort über dies alles mit Jadie zu sprechen, und hätte ich die Gelegenheit gehabt, mich mit ihr allein zurückzuziehen, so hätte ich das wahrscheinlich getan. Doch wir mußten ins Klassenzimmer zurück, wo ich zunächst einmal ausgiebig damit zu tun hatte, die Kinder, die durch meine Abwesenheit außer Rand und Band geraten waren, wieder einigermaßen zur

Ruhe zu bringen. Das Verlangen, mit Jadie zu sprechen, verflog sehr rasch; das einzige, was blieb, waren Müdigkeit und Verwirrung und die Erkenntnis, daß eine Konfrontation vor allem den Zweck gehabt hätte, meine verletzten Gefühle, den Eindruck, an der Nase herumgeführt worden zu sein, zu beschwichtigen, kaum aber dazu gedient hätte, Jadie zu helfen.

Jadie schien zu spüren, was in mir vorging, und mied mich den ganzen Tag über, was mein Gefühl, für dumm verkauft worden zu sein, noch verstärkte. Doch ich ließ sie in Ruhe, da ich sie zu gut kannte, um mir einzubilden, ich könne sie zum Sprechen bringen, wenn sie es nicht wollte.

Der Freitag verlief ähnlich. Jadie näherte sich mir nur, wenn ich die Jungen um mich herum hatte und ein Gespräch unter vier Augen nicht möglich war.

Am folgenden Morgen hatte ich eine Besprechung wegen Brucie. Seine Eltern, sein Kinderarzt, Tinbergen und Arkie nahmen ebenso daran teil wie die neue Logopädin, die in Zukunft mit ihm arbeiten sollte. Hinterher zog ich Arkie zur Seite.

»Arkie, ich muß unbedingt noch einmal mit Ihnen über Jadie Ekdahl sprechen.«

»Puh«, seufzte Arkie und schnitt eine Grimasse. »Das ist gerade ganz schlecht. Wirklich. Ich stecke im Moment bis zum Hals in Terminen. Hat es nicht bis zum Ende des Monats Zeit?«

»Nein. Ich weiß wirklich nicht mehr ein noch aus.«

»Aha, ich sehe schon, Sie sind auf das Essen scharf.« Sie lachte. »Also schön, Freitag abend? Wie gehabt? Ist Ihnen das recht?«

Mir wäre ein Gespräch in der Stille meines Klassenzimmers weit lieber gewesen, aber da sie es sich offensichtlich nicht einrichten konnte, stimmte ich ihrem Vorschlag zu.

Nachdem alle gegangen waren, blieb ich noch, um ein Protokoll der Besprechung für Brucies Akte zu schreiben und danach die Sachen aufzuräumen, mit denen wir gearbeitet hatten. Als ich fertig war, machte ich das Licht aus und ging ebenfalls.

Als ich auf dem Parkplatz zu meinem Wagen ging, wäre ich beinahe über Jadie gestolpert. Sie hockte in der schmalen Lücke zwischen meinem Wagen und dem nebenan geparkten auf dem Boden.

»Du meine Güte, hast du mich aber erschreckt!« rief ich. »Was tust du denn hier? Ich hätte dich leicht anfahren können, wenn ich dich nicht gesehen hätte.«

»Ich wär schon weggegangen«, brummelte sie, rührte sich aber nicht von der Stelle, sondern blieb mit hochgezogenen Knien auf der Erde sitzen.

Schweigend sahen wir einander an.

»Kann ich mit dir reden?« fragte sie schließlich.

Ich warf einen Blick zurück zum Schulhaus. Alle Lichter waren aus, zweifellos hatte der Hausmeister bereits abgeschlossen. »Willst du dich zu mir ins Auto setzen?«

»Ich will nicht, daß mich jemand sieht.«

»Gut, steig ein, dann fahren wir irgendwohin.«

Hastig sprang sie auf, lief um den Wagen herum und öffnete die Tür.

Ich wußte nicht, wohin ich mit ihr fahren sollte. Wenn früher ein Kind in Bedrängnis zu mir gekommen war, hatte es immer die Möglichkeit gegeben, sich in einen MacDonald's oder ein ähnliches Lokal zu setzen. In Pecking gab es keine Fast-Food-Restaurants. Ich wollte aber auch nicht mit Jadie in eines der Cafés gehen, wo wir Aufmerksamkeit erregt hätten und wahrscheinlich erkannt worden wären. Ratlos fuhr ich etwa zwanzig Minuten lang nur ziellos herum. Jadie saß schweigend neben mir, den Kopf an den Sicherheitsgurt gedrückt, und sah zum Fenster hinaus.

Nachdem ich zum x-ten Mal dieselbe Runde gedreht hatte, hielt ich schließlich an einer Tankstelle auf der Südseite des Ortes und holte uns aus dem Automaten zwei Dosen Limonade.

»Hier!« Ich setzte mich wieder in den Wagen, fuhr hinüber zu dem riesigen Parkplatz des Supermarkts und schaltete den Motor aus.

Jadie musterte die Dose. »Orange mag ich nicht.«

»Trinkst du lieber Zitrone? Da! Wir können tauschen.«

»Meine Mama erlaubt uns nie, daß wir vor dem Abendbrot Limo trinken.«

»Gut, dann trinke ich eben beide.«

Sie gab mir die Zitronenlimonade nicht zurück.

Schweigen.

»Möchtest du reden?«

Jadie spähte angestrengt durch die kleine Öffnung in ihrer Dose. Es war fast dunkel, und das Licht der gigantischen Lampen auf dem Parkplatz tauchte uns in blassen orangeglühenden Schein.

»Wir müssen bald wieder fahren«, sagte ich. »Mir ist nicht wohl dabei, mit dir hier draußen zu sein, wenn deine Eltern nicht wissen, wo du bist.«

»Ach, die vermissen mich nicht. Ich hab gesagt, ich geh rüber zu Rachel.«

Wieder Schweigen.

Ich trank den letzten Schluck Orangenlimonade und dachte an die Sommer meiner Kindheit, als mein Großvater mir immer diese Limo gekauft hatte, wenn er mit mir an den Yellowstone River zum Angeln gegangen war.

Vorsichtig drückte ich die Limonadendose zusammen. Das Knacken des Blechs brach die Stille.

»Ich habe Mr. Tinbergen nichts von dem gesagt, was du mir erzählt hast, falls du das glauben solltest.«

Fast ohne den Kopf zu heben, warf Jadie mir einen Seitenblick zu.

»War es das, was dich die letzten Tage so bedrückt hat?« fragte ich. »Dachtest du, ich hätte was erzählt? Ich habe es nicht getan. Ich habe dir versprochen, daß ich nichts sage, und ich habe mein Wort gehalten. Wir haben das Mal bei Amber ganz zufällig entdeckt. Mr. Tinbergen weiß nichts von dem, was du mir erzählt hast.«

Jadie wandte ihre Aufmerksamkeit wieder der Limonade zu. Sie schüttelte die Dose ein wenig, so daß etwas von dem Getränk durch die Öffnung auf den Deckel schwappte, und sog die Flüssigkeit schlürfend auf.

»Als ich das Zeichen sah, habe ich es Mr. Tinbergen gezeigt, weil ich fand, es wäre vielleicht eine gute Gelegenheit, die Dinge zur Sprache zu bringen, ohne daß es auf dich zurückfällt. Verstehst du, ich dachte, kein Mensch könnte auf dich böse werden, wenn *ich* das Zeichen bei Amber entdecke und – aber…«

Jadie schien einzig darauf konzentriert, die Limonade aus der Dose auf den Deckel zu schwappen und sie dann mit lautem Schlürfen aufzulecken. Nach einer Weile hätte ich ihr am liebsten die Dose aus der Hand gerissen und zum Fenster hinausgeworfen. Schon das Geräusch an sich machte mich ganz kribbelig; aber ihr eigensinniges Schweigen setzte allem die Krone auf. Verärgert schaltete ich den Motor ein.

Mit einem Ruck hob Jadie den Kopf.

»Ich setz dich auf dem Schulparkplatz ab.«

Ein Ausdruck tiefer Trostlosigkeit flog über Jadies Gesicht. »Du glaubst mir nicht. Du glaubst Amber.«

»Was heißt, ich glaube dir nicht? Du hast keinen Ton gesagt, seit wir hier im Wagen sitzen, Jadie. Das einzige, was ich nicht glaube, ist, daß du mit mir sprechen möchtest. Wenn du das wolltest, würdest du es tun. Aber wir sitzen hier nur herum – die Schule ist lange aus. Du gehörst nach Hause zu deinen Eltern. Und ich muß mich um meine Angelegenheiten kümmern.«

»Ich hab das Zeichen auf Ambers Bauch nicht gemacht. Sue Ellen hat's gemacht. Amber muß sterben. Genau wie Tashee, und Sue Ellen mußte das Zeichen machen. Sie hat es mit dem Messer reingeschnitten, von dem ich dir erzählt habe. Du weißt schon, das so eine Form hat.« Mit dem Finger zeichnete Jadie einen Halbmond auf ihre Jeans. »Es hat so ein verschnörkeltes Muster auf dem Griff und ist ganz stark gebogen und sehr spitz, damit man auch gut schneiden kann. Das haben sie Tashee reingestoßen. Genau hier, am Hals.«

»Warum hat Amber dann gesagt, *du* hättest ihr das Zeichen eingeritzt?«

»Weil sie mußte. Weil sie ihr gesagt haben, daß sie das sagen soll.«

»Warum hast du es dann auch gesagt?«

Jadie senkte den Kopf. Es sah aus, als wollte sie zu weinen anfangen. »Weil ich mußte«, flüsterte sie.

Wieder drängte die Stille ins Auto, eine schreckliche Stille. Ich seufzte. Nachdem ich den Motor wieder ausgeschaltet hatte, blickte ich müde über den fast leeren Parkplatz. Nur ganz wenige Fahrzeuge waren noch da, alle direkt vor dem Supermarkt zusammengedrängt.

»Glaubst du mir?« fragte Jadie und sah mich an.

»Wenn ich ehrlich sein soll, Jadie, ich weiß nicht mehr, was ich glauben soll und was nicht.«

»Du glaubst mir also nicht«, murmelte sie. »Du denkst, ich hab alles nur erfunden. Du denkst, ich bin verrückt.«

»Das hab ich nicht gesagt. Ich sagte, ich weiß nicht mehr, was ich glauben soll. Und das stimmt auch.«

Zornig schlug Jadie mit der Faust auf ihre Limonadendose. Die Flüssigkeit sprang heraus und spritzte ihr ins Gesicht.

»Amber sagt, du hättest die Katze getötet.«

»Das ist nicht wahr!« schrie Jadie auf.

Ich betrachtete sie schweigend.

»Ich hab's nicht getan. Sie lügt! Merkst du denn nicht, daß sie lügt?« Jadie brach in Tränen aus. »Ich wollte Jenny doch retten. Nur wegen Jenny hab ich dir alles erzählt.«

»Aber Amber ist ein kleines Mädchen. Warum sollte sie solche Lügen erzählen? Wie sollte sie überhaupt auf so etwas kommen?«

Jadie schien von meinen Entgegnungen völlig überwältigt. Sie sank schluchzend in sich zusammen.

Ich wandte mich von ihr ab und sah wieder auf den Parkplatz hinaus. Wir standen am äußersten östlichen Rand, wo der Asphalt in dürres Büffelgras überging.

»Sie sagt es, weil sie glaubt, daß ich's getan hab«, antwortete Jadie schließlich mit brüchiger Stimme. »Weil Miss Ellie gesagt hat, daß ich's war.«

Ich sah sie wieder an.

»Ich hab auf dem Boden gelegen, auf dem Rücken, und sie haben Jenny auf mich draufgelegt. Bobby und Clayton haben sie festgehalten. Ich habe keine Kleider angehabt, und Jenny hat auf meinem Bauch gelegen. Aber ich hab geschrien, und Miss Ellie hat's mir verboten, aber ich konnte nicht aufhören. Sie haben mich mit Jennys Schwanz an meiner Muschi gekitzelt, und ich hab gedacht, sie stekken ihn rein, und das wollte ich nicht. Ich hab Angst gehabt, daß Jenny mich kratzt. Da hat Miss Ellie J. R. und Ray geholt, damit sie Jennys Beine festhalten. Jeder hat zwei Beine gehalten, und dann haben sie angefangen zu ziehen.« Jadie begann wieder zu schluchzen und kam einen Moment lang überhaupt nicht zu Atem. »Sie haben immer weiter gezogen, bis sie auseinandergerissen ist. Bis das Blut über meinen Bauch gelaufen ist und ihre Därme rausgekommen sind. Und Miss Ellie hat gesagt, ich bin schuld dran.«

Ich biß mir mit den Zähnen in die Unterlippe, als könnte ich durch den Schmerz die aufsteigende Panik vertreiben. In der Abgeschlossenheit des Wagens fühlte ich mich wie gefangen. Es war ein entsetzliches Gefühl, nicht einfach aufspringen und davonlaufen zu können.

Jadie hockte mit zugekniffenen Augen neben mir, die Hände fest auf die Schläfen gedrückt, und versuchte, ihr Schluchzen zu unterdrücken.

»Jadie, du *mußt* das alles sagen«, drängte ich, als ich mich wieder unter Kontrolle hatte. »Das kann so nicht weitergehen. Es muß heraus.«

»Ich kann es nicht sagen.«

»Doch, du kannst. Wenn die Dinge, die du mir erzählst, wahr sind, dann müssen wir ihnen ein Ende machen. Allein kann ich das nicht. Ich kann es nicht ohne deine Hilfe, aber es muß einfach aufhören. Das sind schreckliche, böse Dinge, die keinem Menschen geschehen sollten.«

»Aber ich darf nichts verraten«, rief sie klagend mit tränenerstickter Stimme.

»Dann laß es mich tun.«

Jadie antwortete nicht gleich. Sie senkte den Kopf und starrte auf die Limonadendose, die sie immer noch auf dem Schoß hatte. Ich saß ganz still und hörte dem blechernen Ticken der Uhr im Armaturenbrett zu.

»Ich kann's nicht sagen«, flüsterte Jadie schließlich.

Ich sah sie beinahe beschwörend an. »Du wirst nicht sterben, Jadie! Wer dir das erzählt hat, lügt. Dir wird nichts geschehen, was schlimmer ist als das, was schon geschehen ist. Nichts wird so schlimm sein wie das, was Miss Ellie dir antut.«

»Aber dann kommt die Polizei. Und sie stecken uns ins Gefängnis.«

»Kinder kommen nicht ins Gefängnis, Jadie.«

»Aber meine Mama und meinen Dad können sie ins Gefängnis tun. Und dann müssen ich und meine Schwestern in ein Heim und sehen unsere Eltern nie wieder.«

Ich strich ihr sachte das Haar aus dem Gesicht. »Hast du *davor* solche Angst?«

»Glaubst du, daß es so passiert?«

»Haben denn deine Mama und dein Dad mit all dem zu tun? Wissen sie, was Miss Ellie tut?«

»Ich glaub, meine Mama und mein Dad schlafen immer.«

»Paß mal auf, die Polizei muß dafür sorgen, daß die Leute die Gesetze befolgen. Eines dieser Gesetze besagt, daß es unrecht ist, Kindern weh zu tun; wenn also wirklich jemand einem Kind etwas antut, dann sorgt die Polizei dafür, daß er oder sie es nicht mehr tut.

Aber das heißt nicht unbedingt, daß er dann ins Gefängnis kommt. Darüber kann die Polizei nicht entscheiden. Dafür sind die Richter da und andere Leute, die sich in einem Gericht zusammensetzen und zu entscheiden versuchen, was für alle das beste ist.«

»Und was passiert mit den Kindern?«

»Nun, die brauchen natürlich ein Zuhause, wo sie gut aufgehoben sind. Meistens kommen sie zu Pflegeeltern. Wie Philip, weißt du. Die Pflegeeltern sorgen dann für die Kinder und helfen ihnen, über das hinwegzukommen, was ihnen geschehen ist.«

»Aber das will ich nicht! Ich will bei meinen Eltern bleiben.«

»Wenn deine Eltern nichts mit diesen Dingen zu tun haben, dann ginge das wahrscheinlich.«

»Aber bringen sie uns erst in ein Heim?«

»Es kann sein, daß ihr erst einmal von zu Hause fort müßt, aber wahrscheinlich nicht in ein Heim. Wahrscheinlich nur zu Pflegeeltern. Wie Philip, und du weißt doch, wie gern er bei seinen Pflegeeltern ist.« Ich hielt inne und sah sie an. »Meinst du nicht, Jadie, daß das besser wäre als das, was jetzt geschieht?«

»Aber ich will nicht fort. Ich will nicht, daß sie mich und Amber und Sapphire zu lauter verschiedenen Eltern bringen und daß ich dann meine Mama und meinen Daddy nicht mehr sehen kann. Ich will nicht, daß jemand ins Gefängnis kommt. Ich will das alles nicht. Ich will nur, daß es aufhört. Nur das will ich.« Sie hob den Kopf und sah mich an. »Es ist so gemein. Warum muß ich sagen, wie es gehen soll?«

Ich sah in ihre Augen, deren reines Blau vom orangeroten Dämmerschein der Lampen verdunkelt war, und war tief bekümmert, weil ich auf ihre Fragen keine Antworten wußte. Bei einem so eklatanten Verbrechen wie Kindesmißbrauch müßte es, sollte man meinen, bei der Aufdeckung und Ahndung nur Schwarz und Weiß geben: Mißbrauch festgestellt, Kind gerettet, Täter bestraft. Aber ich wußte, daß es so niemals war. In der Realität gehören immer zerstörte Leben, zerbrochene Beziehungen und tiefer Schmerz dazu.

21

Der Kellner führte mich zu einem Tisch, der fast völlig hinter Grünpflanzen verborgen war, und wies mir einen Platz neben einer monströsen Schlingpflanze zu. Unauffällig versuchte ich, das herabhängende Gewuchere auf die Seite zu schieben, und verfrachtete schließlich das ganze üppige Grünzeug hinter die Rückenlehne meines Stuhls.

»Du lieber Gott«, rief Arkie, als sie kam. »Ein lauschiger Abend im Urwald, wie ich sehe. Ich hätte meine Machete mitbringen sollen.«

»Leise«, flüsterte ich und deutete auf die Pflanzen. »Sie sind in der Überzahl.«

Wie schon bei unserem letzten gemeinsamen Abendessen hatten Arkie und ich auch diesmal keine Schwierigkeiten, in ein anregendes Gespräch zu finden, während wir Speisekarte und Weinliste studierten. Wir gaben unsere Bestellungen auf, und das leichte Geplänkel über dies und jenes dauerte an, bis unser Essen gebracht wurde. Ich wünschte, es hätte den ganzen Abend so weitergehen können.

»Ich muß ehrlich sagen, die Probleme mit Jadie setzen mir ganz schön zu«, begann ich.

»Ja«, meinte Arkie, »das ist mir schon aufgefallen. Und den anderen auch. Glen Tinbergen machte erst letzte Woche darüber eine Bemerkung mir gegenüber. Er sagte, er hätte den Eindruck, daß zwischen Ihnen und der Kleinen ›etwas läuft‹.«

»*Das* hat er gesagt?«

Arkie nickte. »Ich glaube, er macht sich Sorgen. Nach der Geschichte mit June Harriman im vergangenen Jahr ist das ganz verständlich. Aber ich habe ihm gesagt, daß er sich Ihretwegen nicht zu beunruhigen braucht. Sie hätten schließlich eine Menge Erfahrung und wären sicher vernünftig genug, sich Hilfe zu holen, wenn es brenzlig werden sollte. Ich beteuerte ihm, Sie seien gewiß nicht der Typ, der die Probleme der ganzen Welt allein lösen möchte.« Sie sah mich forschend an. »Das ist doch richtig, oder?«

Ihre Worte waren mir unangenehm. Tinbergen machte sich meinetwegen Sorgen? Wirkte ich denn so hilflos? Machte ich etwa den Eindruck, als hätte ich die Dinge nicht mehr im Griff?

»Haben Sie das Gefühl, die Distanz verloren zu haben?« fragte Arkie.

»Nein, nein, um mich geht es gar nicht. Es geht um Jadie... Immer wieder denke ich, ich hätte endlich begriffen, was mit ihr los ist, aber jedesmal, wenn ich an den Punkt komme, wo ich glaube, ihr helfen zu können, fallen meine ganzen schönen Theorien mit einem Schlag wie ein Kartenhaus in sich zusammen, und ich muß wieder von vorne anfangen. Ich glaube, es ist mir noch nie passiert, daß ich meine Meinung so oft geändert habe. Oder so ratlos war.«

»Ich vermute, Glen ist vor allem besorgt, weil Sie nie mit uns anderen über diese Probleme sprechen. Er hat wohl den Eindruck, Sie möchten es unbedingt auf eigene Faust schaffen.«

Ich schwieg. Sie hatte natürlich recht, wenn sie damit sagen wollte, daß ich mich nicht ins Lehrerzimmer setzte und über Jadie klagte wie Alice über Ben Soames' schlechte Tischmanieren oder Lucy über Matthew Ginsteads Unfähigkeit, das Prinzip der Subtraktion zu verstehen. Sie hatte hingegen *nicht* recht, wenn sie damit andeuten wollte, ich gäbe keinem anderen eine Möglichkeit, mir zu helfen. Wozu wohl hatte ich mich sonst an diesem Abend mit ihr zusammengesetzt?

Arkie bemerkte mein Unbehagen und lächelte beschwichtigend. »Also, ich bin ganz Ohr.« Sie neigte sich über den Tisch und berührte meinen Arm. »Wie kann ich helfen?«

»Sie wird mißbraucht.«

»Ja, ich weiß, das sagten Sie vor einiger Zeit schon einmal. Haben Sie Beweise, die wir einem Gericht vorlegen können?«

»Nein. Wenn Jadie es nicht bestätigt, habe ich gar nichts.«

Arkie runzelte die Stirn.

»Es ist ungeheuer mühsam, von Jadie Fakten zu erfahren. In manchen Einzelheiten ist sie unglaublich genau; da beschreibt sie Dinge, von denen man sich einfach nicht vorstellen kann, daß ein Kind ihres Alters sie erfinden könnte. Also nimmt man an, daß sie wahr sein müssen. Dann stellt man ihr ein paar ganz simple Fragen – wer, wo, wann –, und sie kann nicht eine einzige beantworten. Mit anderen Worten, sie kann mir in schrecklichstem Detail schildern, wie sie und ihre Schwestern mißbraucht werden, aber sie kann mir nicht sagen, wer die Täter sind.«

»*Sie weiß das nicht*? Ist es denn ein Fremder?«

Ich schüttelte den Kopf. »Nein, sie hat nur andere Namen für die Leute. Codenamen, denke ich. Sie erzählt ständig von diesen Figuren aus ›Dallas‹, das habe ich Ihnen ja schon beim letztenmal berichtet. Das, was ihr ihren Schilderungen nach angetan wird, ist entsetzlich, aber sie kennt die Täter nur unter diesen fiktiven Namen.«

»Aber es sind reale Personen?« In Arkies Stimme schwang ein skeptischer Unterton.

»Das glaube ich zumindest.« Ich machte eine Pause, um zu überlegen. Arkie beugte sich wieder über ihren Teller, während ich sie anstarrte und nach den richtigen Worten suchte. »Was ich gleich sagen werde – ich weiß, es wird ziemlich weit hergeholt klingen.« Ich griff zur Weinflasche und schenkte mir noch ein Glas ein. »Aber wenn man mir zugute halten soll, daß ich vernünftig genug bin, mir Hilfe zu holen, wenn ich sie brauche, dann muß ich es sagen.«

Arkie hob den Kopf.

»Manches von dem, was Jadie erzählt... Also, ich war im Sommer in der Stadt und habe meinem Freund davon erzählt... und ich habe mir dort ein Buch besorgt... und wenn ich mir das alles so ansehe... Wissen Sie, ich frage mich, ob der Mißbrauch nicht im Rahmen irgendwelcher kultischen Rituale verübt wird. Von einer ganzen Gruppe.«

»Was?!«

»Ich weiß, das klingt total verrückt. Das ist ja der Grund, weshalb ich mit anderen über diese Dinge kaum gesprochen habe. Ich komme mir verrückt vor, sie überhaupt zu denken.«

»Sie meinen, von einer Gruppe wie der Moon-Sekte oder so was?«

»Von Satansjungen. Wissen Sie, Jadie zeichnet immer wieder ein ganz bestimmtes Symbol, und mein Freund erwähnte, daß es sich dabei seines Wissens nach um ein Symbol aus den Schwarzen Messen handle. Als ich dann vor zwei Wochen in der Stadt war, bin ich in eine Buchhandlung gegangen und habe mir zwei Bücher über den Satanskult besorgt. In dem einen...«

Arkie legte ihre Gabel so hart nieder, daß es klirrte.

»Einiges von dem, was Jadie erzählt, stimmt mit den Dingen überein, die in dem Buch stehen. Einiges zugegebenermaßen auch nicht; vor allem hat sie niemals vom Teufel oder von einem ›Herrn‹ gesprochen oder so etwas. Die Gruppe, mit der Jadie zu tun hat, scheint von einer Frau geleitet zu werden, die sie Miss Ellie nennt. Aber vieles von dem, was das Buch berichtet – nun, es könnte die Lücken in Jadies Geschichte erklären. Da wird zum Beispiel beschrieben, daß diese Gruppen Kindern häufig Betäubungsmittel geben, legale Drogen ebenso wie illegale, und Jadie erzählt immer davon, daß Miss Ellie sie nachts weckt und ihnen Cola zu trinken gibt. Vielleicht werden sie betäubt, ehe sie an den Ort gebracht werden, wo die Gruppe zusammentrifft. Das wäre eine Erklärung dafür, daß sie mir nicht sagen kann, wie sie dorthin gelangt ist.«

»Und wer ist Ihrer Meinung nach diese Tashee?« fragte Arkie. »Glauben Sie, sie existiert? Glauben Sie, diese – Gruppe hat ein sechsjähriges Mädchen ermordet, ohne daß davon je etwas bekannt wurde? Ohne daß sie je vermißt gemeldet wurde? Es müßte doch Hinweise geben. Die Eintragung der Geburt auf dem Standesamt zum Beispiel. Und sie wäre doch sicher irgendwo zur Schule gegangen.«

»In diesem Buch wird von sogenannten ›Zuchtmüttern‹ berichtet. Das sind Frauen, die ihre Kinder nur bekommen, um sie später opfern zu können –«

»Torey, wir sprechen hier nicht von einem Säugling! Wir sprechen von einem sechsjährigen Kind. Dieses Kind war alt genug, um Ärzten, Lehrern und anderen Erwachsenen bekannt gewesen zu sein, die nicht zu dieser Gruppe gehören. Sein Verschwinden wäre aufgefallen. Man hätte es auch nicht damit begründen können, daß die Kleine von zu Hause durchgebrannt sei; dazu war sie wiederum viel zu jung. Ich denke, wenn bei diesen Leuten wirklich Menschenopfer auf dem Programm stehen, dann hätten sie sich kein ungeeigneteres Opfer suchen können als ein Kind dieses Alters.«

Arkies Gesicht verriet deutlich ihre Skepsis; ihr Ton hatte etwas Nachsichtiges. Ich fühlte mich gedemütigt. Ich war mir die ganze Zeit über dessen bewußt gewesen, wie nahe am Rand des Irrsinns ich mich bewegte. Bei der Lektüre des Buches über den Satanismus hatte ich das Berichtete häufig angezweifelt und mit Mißtrauen zur Kenntnis genommen. Die Autoren hatten für alles eine Erklärung gehabt und zur Untermauerung ihrer Behauptung, bei diesen Sekten gehöre das Menschenopfer zum Ritual, vorgebracht, daß es sich bei den Opfern entweder um die Kinder der ›Zuchtmütter‹ handelte oder um Föten aus Abtreibungskliniken. Die Leichen wurden angeblich von sektenzugehörigen Bestattungsunternehmern beseitigt, die sie kurzerhand in frisch ausgehobene Gräber verschwinden ließen und so weiter und so weiter. Ich denke, ich würde den Berichten eher Glauben geschenkt haben, wenn die Autoren wenigstens gelegentlich darauf hingewiesen hätten, daß sie nicht wußten, wie diese Gruppen, deren Greueltaten sie schilderten, es zuwege brachten, ungeschoren zu bleiben. Dennoch war ich bereit, den Berichten eine gewisse Glaubwürdigkeit zuzumessen, insbesondere in Anbetracht der Dinge, die Jadie mir erzählt hatte. Andererseits war ich mir nur allzu bewußt, wie hanebüchen all das klang, als ich es jetzt laut aussprach. Die Angst, für töricht oder, schlimmer noch, unprofessionell gehalten zu werden, überschwemmte mich.

»Damit will ich nicht sagen, daß ich diese Geschichten wirklich *glaube*«, fügte ich hastig hinzu. »Ich weiß es nicht. Ich bin an einem Punkt angelangt, wo ich mich an Strohhalme klammere.«

Arkie wirkte mit einem Schlag erleichtert und lehnte sich aufatmend zurück. »Mann, einen Moment lang haben Sie mir richtig angst gemacht, Torey. Ich dachte, ach Mist, jetzt ist sie unter die Hexenjäger gegangen. Verstehen Sie, was ich meine? Leb wohl, *New York Times*; leuchte, *National Enquirer*.«

Ich lachte mit ihr.

Eine Pause entstand und verdichtete sich zu längerem Schweigen. Ich sah auf das Essen hinunter, das noch auf meinem Teller lag. Es war nichts anderes als ein luxuriös aufgemotztes Sandwich. Mir wäre ein saftiges Steak samt allen Kalorien und Cholesterinen lieber gewesen als dieser Firlefanz.

»Ich denke wie Sie«, sagte Arkie schließlich, »daß in all diesen Dingen ein Fünkchen Wahrheit stecken muß. Aber wie sieht diese Wahrheit aus? Ich muß sagen, ich habe keine Ahnung. Mir fällt nur eine Erklärung ein – daß Jadie den Täter in mehrere Personen aufgespalten hat. Vielleicht ist es ihr Vater. Vielleicht sind es auch Mutter und Vater. Und sie kann das nicht ertragen. Sie hat sich diese vielen verschiedenen Figuren geschaffen, um damit fertig zu werden, daß der Vater oder die Mutter, die sie als liebende Eltern sehen will, sie mißbrauchen. Ich bin wie Sie der Meinung, daß wir hier vor einer grundlegenden Schwierigkeit stehen: Wir können nicht vorpreschen, um einzugreifen, solange uns Jadie nicht irgendwie zu verstehen gibt, wer der Täter ist.«

»Sie glauben nicht an die Möglichkeit – sagen wir, die entfernte Möglichkeit –, daß Jadie die Wahrheit sagt, wenn sie von diesen Leuten spricht?«

»Sie meinen, daß der Schauspieler Larry Hagman in ihrem Wohnzimmer herumspringt? Halten Sie das wirklich für möglich? Vergessen Sie mal alle Zeitungsberichte, dubiosen Bücher und Horrorfilme, Torey. Sie sind eine beruflich qualifizierte, erfahrene und weitgereiste Frau – sind Ihnen jemals konkrete Beweise für solche Vorgänge untergekommen? Und wie oft sind Ihnen im Gegensatz dazu kranke Kinder begegnet, die besessen waren von blutrünstigen Welten voller Teufel und Dämonen?«

Ich mußte zugeben, daß ihre Argumentation Hand und Fuß hatte.

»Und noch etwas – eine solche Gruppe könnte in einem kleinen Ort wie Pecking niemals auf Dauer geheim bleiben. In diesen Kleinstädten weiß doch jeder über jeden Bescheid.«

»Aber es kommt vor«, beharrte ich.

»Sicher, das will ich gar nicht leugnen. Aber wir sind hier doch die Expertinnen, Torey. Es gibt genügend Leute, die sich in Phantasien über Hexen und Geister und fremde Wesen von anderen Sternen suhlen. Aber in Ihrer und meiner Verantwortung liegt es, rational und vernünftig zu bleiben, diese Zwischenfälle mit aufgeklärter Nüchternheit zu beurteilen und dann dafür zu sorgen, daß dieses Kind die Behandlung erhält, die es so dringend braucht.«

Ich nickte.

»Das wahre Problem Jadies ist, daß sie ein sehr krankes Kind ist«, fuhr Arkie fort. »Als Glen mir von diesem Zeichen auf Ambers Bauch erzählte, wurde mir übel. Ich meine, können Sie sich vorstellen, daß sie so etwas tut? Daß sie Amber festhält und ihr mit dem Messer ins Fleisch schneidet? Damit bin ich bei der anderen Frage, die wir uns meiner Ansicht nach stellen müssen: Ist es noch sicher, ein solches Mädchen auf einer öffentlichen Schule zu behalten? Sie hat Bewußtseinsstörungen, phantasiert von Menschen, die aus dem Fernsehen kommen und ihre kleine Schwester mißbrauchen; erzählt davon, gesehen zu haben, wie ein kleines Mädchen ermordet und dann durch Zauber wieder zum Leben erweckt wurde; berichtet von Spielen mit dem Geist dieses kleinen Mädchens und davon, daß sie selbst nachts ein Geist wird. Und jetzt noch die Geschichte mit Amber. Mal ehrlich: wenn Sie eine Mutter wären – würden Sie Ihre Tochter oder Ihren Sohn mit einem Kind zur Schule gehen lassen wollen, das an Wahnvorstellungen leidet und unter Umständen zum Messer greift?«

Ich mußte mir eingestehen, daß vieles von dem, was Arkie vorbrachte, sehr vernünftig war. Es tat mir gut, mich wieder auf vertrautem Boden zu sehen und zu wissen, daß ich es mit einem seelisch kranken Kind zu tun hatte. Zweifellos war Jadie psychotisch, und ich war einem so schweren Fall nie begegnet, aber diese Arbeit war mir vertraut, und ich wußte, daß ich mein Handwerk verstand. Gerade das Geheimnis der Geisteskrankheit hatte mich immer stark interessiert. Die Ähnlichkeiten bei verschiedenen Arten von Störungen waren ausreichend, um einen Ansatzpunkt zu bieten, und doch war die Problematik jedes einzelnen Falles einzigartig; und wenn es mir gelang, mit Erfolg zu intervenieren, verschaffte mir das stets eine tiefe berufliche Befriedigung. Während Arkie noch sprach, begann ich insgeheim schon mit einer Untersuchung der vielfältigen Ursachen, die einer so komplexen Störung bei einem achtjährigen Kind zugrunde liegen konnten.

»Ich würde folgenden Vorschlag machen«, sagte Arkie gerade, als ich von meinem Gedankenausflug zurückkehrte. »Wir bitten ihre Eltern zu einer Besprechung und verlangen, daß sie wieder regelmäßig mit ihr zur Behandlung in die Psychiatrie gehen. Das taten sie eine Zeitlang, als Jadie ungefähr fünf Jahre alt war, hörten dann aber damit auf, weil die wöchentliche Fahrt von Pecking hierher zu umständlich war. Der andere Grund war, daß Jadie sich weigerte, mit ihrer Therapeutin zu sprechen. Die Behandlung schien damals nur Geldverschwendung zu sein. Aber keiner von uns schätzte richtig ein, welche tiefe Störung sich hinter Jadies Mutismus verbarg. Ich finde, wir müssen Mr. und Mrs. Ekdahl jetzt ganz deutlich machen, daß Jadies Krankheit nicht etwas ist, aus dem sie herauswächst. Ich denke, wir sollten vielleicht sogar die Möglichkeit einer kurzen stationären Behandlung in Betracht ziehen. Das ist vielleicht die klügste Art, mit der Situation umzugehen, wenn wirklich ein Mißbrauch dahintersteckt.«

»Ja, das ist ein guter Gedanke.«

»Und Ihnen wäre damit ein Teil der Last genommen. Wenn Jadie mit einem Therapeuten oder einer Therapeutin eine gute Beziehung aufbauen kann, können Sie die Rolle abgeben.«

Ich nickte.

Arkie bückte sich und hob ihre Handtasche auf. Einen Moment lang blätterte sie in ihrem Adreßbuch.

»Am liebsten wäre mir, Jadie würde einmal Phyllis Ruiz aufsuchen. Sie ist Psychiaterin an der hiesigen Klinik und hat viel Erfahrung mit emotional gestörten Kindern. Sie ist eine ausgesprochen aufgeklärte Frau, die nicht nur an Tabletten und Therapie glaubt. Sie würde Ihnen gefallen. Ich werde sehen, ob ich sie am Montag erreichen kann.« Arkie klappte ihr Büchlein zu und lachte mich an. »So! Wunderbar. Mir geht's immer gleich viel besser, wenn ich eine Möglichkeit zu handeln gefunden habe.«

Das Erntedankfest rückte näher, und die ganze Schule war mit den Vorbereitungen zu dem geplanten »Festspiel«, wie Tinbergen es gern nannte, beschäftigt. Die Kinder der dritten und vierten Klasse wollten ein selbstverfaßtes Stück über die Pilgerväter vorführen; wir anderen sollten Lieder, Tänze und Gedichte beisteuern. Meine Gruppe sollte die Indianer, die Ureinwohner Amerikas, vertreten. Alle, außer Brucie, der passenderweise einen Kürbis darstellen sollte und nichts weiter zu tun hatte, als in seinem orangeroten Kostüm auf der Bühne zu hocken, wollten Lieder singen und mit Körben voll Früchten und anderen Nahrungsmitteln durch die Reihen gehen.

Montag und Dienstag nachmittags arbeiteten wir eifrig an den Indianerkostümen und probten dann zusammen mit den anderen Klassen unseren Auftritt in der Schulaula.

»Ich bin bei dem ganzen Theater der einzige echte Indianer«, bemerkte Jeremiah, während wir alle um den Tisch saßen und aus Tonpapier Federn für den Kopfschmuck ausschnitten.

»Das stimmt nicht, Jeremiah. Hier an der Schule sind eine ganze Reihe Kinder indianischer Herkunft.«

»Ja, okay, aber hier in der Klasse bin ich der einzige. Schauen Sie sich doch mal den an, der wird saukomisch aussehen als Indianer, der mit seinem schwarzen Gesicht.« Und er tippte mit dem Finger auf Philips Nase.

Ich war überzeugt, daß sie eine sehr schöne Gruppe von Indianern abgeben würden, Philip eingeschlossen. Höchstens Brucie mit seinem weißblonden Haar hätte das Bild gestört.

»Mein Dad hat einen echten Kopfschmuck«, erzählte Jeremiah. »Mein richtiger Vater, mein ich. Nich der Mann, der jetzt mit meiner Mama zusammenlebt. Das is nur irgend so 'n Kerl. An dem is nix Interessantes. Aber mein richtiger Vater, der hat einen Kopfschmuck, der bis hier runterhängt.« Jeremiah sprang von seinem Stuhl auf, um uns die Länge mit den Händen zu zeigen.

»Der ist sicher sehr schön.«

»Vielleicht leiht er ihn mir. Vielleicht kann ich ihn bei unserem Fest aufsetzen.«

»Das ist eine gute Idee, aber ich denke, wir bleiben lieber bei unseren selbstgebastelten Federn.«

»Warum denn? Die sehen doch nach nix aus. Lauter Babykram.« Er schnippte eine der Papierfedern in Reubens Gesicht.

»Meine Freundin Tashee, die hat richtige indianische Mokassins«, sagte Jadie plötzlich. Sie schob ihren Stuhl zurück und hob Jeremiah ihren Fuß entgegen. »Hier vorne hatten sie Perlen, und oben konnte man sie umschlagen. Sie haben überhaupt nicht ausgesehen wie die Mokassins, die man in den Schuhgeschäften kaufen kann.«

Ich hob ein wenig den Kopf und sah interessiert zu ihr hinüber. Es kam immer noch sehr selten vor, daß Jadie in der Klasse aus eigenem Impuls sprach. Mit Jeremiah allerdings unterhielt sie sich ab und zu gern, und manche dieser Gespräche waren auch recht ausführlich. Dies jedoch war das erste Mal, daß sie außerhalb unserer

Zweiersitzungen in der abgeschlossenen Garderobe von Tashee sprach, und es überraschte mich.

»Ja, und das findest du wohl toll?« erwiderte Jeremiah etwas verblüfft. »Mein richtiger Vater, der hat eine Speerspitze. Eine richtige Speerspitze von ganz früher. Die haben sie auf so lange Stangen draufgebunden.« Jeremiah hielt eine der Papierfedern wie einen Speer in die Höhe. »Sie trugen sie auf ganz langen Stangen, und dann haben sie ihr Kriegsgeschrei gemacht – uah-uah-uah-uah-uah!«

Jeremiah sprang mit einem Satz über den Tisch und stieß Philip die Papierfeder in die Brust. Philip machte das Spiel sofort mit, griff sich mit beiden Händen an die imaginäre Verwundung und ließ sich vom Stuhl fallen, um sich in Todeszuckungen auf dem Boden zu wälzen.

»Jetzt reicht's, ihr beiden. Zurück auf eure Plätze.«

»Ach, Mann«, brummte Jeremiah, »bei Ihnen darf man aber auch kein bißchen Spaß haben.«

Am Ende des Tages falteten die Kinder sorgsam ihre Kostüme und verwahrten sie auf dem Regal hinten im Zimmer, um sie für das Fest am nächsten Nachmittag bereitzuhaben. Obenauf legten wir die Federstirnbänder und einige andere Requisiten.

Jadie war noch dabei, ihre Sachen zu falten, als ich nach hinten zum Spülbecken ging, um mir den Kleber von den Händen zu rubbeln. Sorgfältig glättete sie ihren Squaw-Kittel.

»Das wird bestimmt lustig morgen, nicht wahr?« sagte ich. »Freust du dich schon?«

Sie zuckte die Achseln.

»Kommen deine Eltern?«

»Meine Mama, ja. Und Sapphire natürlich.«

»Wie schön.«

In dem Moment läutete es. Mit einem Juchzer schoß Jeremiah zur Tür. Fast ein Jahr lang waren wir jetzt zusammen, und er hatte nie mehr als ein kurzes »Tschüs« an mich verschwendet, ehe er hinausflitzte, um als erster in seinem Bus unten zu sein. Eilig trieb ich die Jungen zusammen und lief ihm nach.

Als ich wieder nach oben kam, stand Jadie immer noch hinten am Regal. Ich rückte die Stühle am Tisch zurecht und ging zu ihr. »Ich bin froh, daß du noch da bist«, sagte ich. »Ich möchte nämlich mit dir sprechen.«

Jadie warf mir einen skeptischen Blick zu.

»Möchtest du in die Garderobe gehen?«

»Ich kann nicht hier bleiben«, sagte sie verdrossen. »Meine Mama will mir und Amber heut abend Schuhe kaufen.«

»Ja, gut, es dauert nur ein paar Minuten.«

Jadie blickte zu Boden. »Meine Mama kauft uns solche Schuhe mit Dinosauriern drauf.«

»Ja. Weißt du, ich wollte dir nur sagen, daß du wahrscheinlich bald bei einer Psychiaterin in der Klinik in Behandlung kommst. Es ist die Klinik in Falls River, wo du schon mal hingegangen bist, als du noch kleiner warst. Weißt du das noch?«

Jadie lehnte sich an das Regal und hob einen Fuß. Sie hielt ihn mit einer Hand und fummelte an der Naht ihres Schuhs herum.

»Manchmal werden unsere Gefühle krank, genau wie unser Körper, und wenn das geschieht, gehen wir zu einem besonderen Arzt, der Psychiater genannt wird. Er versucht dann, unsere Gefühle wieder gesund zu machen.«

»Ich kriege Stiefel. Amber will auch welche, aber meine Mama hat gesagt, das geht nicht, weil sie noch keine Schleife binden kann. Sie kriegt solche mit einem Klettverschluß.«

»Mr. Tinbergen und Mrs. Peterson finden, daß ich dir nicht so viel Hilfe geben kann, wie du brauchst. Sie meinen, es wäre besser, wenn du jemanden siehst, der deine Probleme richtig verstehen kann. Das ist keine Strafe, verstehst du? Diese Frau ist wirklich nett. Sie kennt sich mit Kindern aus, und ich glaube auch, daß das eine gute Lösung ist. Du kommst natürlich weiter zu uns in die Schule, aber sie hilft dir mit der anderen Geschichte.«

»Ich mag solche Schuhe, weil sie Fußabdrücke machen wie von einem Dinosaurier. Es schaut aus, als wär da ein Dinosaurier gegangen.«

»Jadie! Hörst du mir eigentlich zu?«

Sie fummelte immer noch an ihrem Schuh, aber jetzt hörte sie auf, und ihre Finger spannten sich. »Wozu denn?« fragte sie wegwerfend. »Ich merk doch ganz genau, daß du mir auch nie zuhörst.«

22

Am Mittwoch vor dem Erntedankfest fing es an zu schneien, und bald war das Büffelgras der Ebene unter einer dicken weißen Schneedecke verschwunden. Als ich beim Frühstück aus meinem Fenster sah, hatte ich den Eindruck, die Welt außerhalb von Pecking existiere plötzlich nicht mehr. Die Landschaft unregelmäßiger Dächer war noch da, aber jenseits davon verschmolz die weiße Prärie mit dem grauweißen Himmel.

Zum Glück kamen dennoch alle meine Kinder zur Schule, sogar Jeremiah, der am weitesten draußen wohnte, und er steckte, wie so oft, wieder einmal voller sensationeller Neuigkeiten.

»Ich hab Sie gestern abend im Fernsehen gesehen«, verkündete er, als wir uns zur Morgendiskussion in die Runde setzten.

»Tatsächlich?«

»Ja, wir haben uns so 'n Film angeschaut, wo zwei Frauen miteinander gerungen haben. Und die eine Frau hat genau ausgesehen wie Sie. ›He‹, sag ich zu Micah, ›das ist meine Lehrerin.‹ Aber Micah hat gesagt, Sie wären's bestimmt gar nicht.«

Ich senkte den Kopf, um mein Lächeln zu verbergen, und nickte. »Micah hatte recht. Ich war das nicht.«

»Aber die Frau hat genauso ausgeschaut wie Sie«, erklärte Jeremiah argwöhnisch. »Waren Sie's wirklich nicht?«

»Wirklich nicht, Jeremiah.«

»Ja, also, sie hat mit dieser andren Frau gekämpft. Und dann, grade wie sie sie so richtig am Boden hatte, reißt sie ein Riesenmesser raus und sticht sie mitten ins Herz. Die, die wie Sie ausgeschaut hat, mein ich. Die hat die andere erstochen. Und überall spritzte das Blut rum. Mann, das war echt gut. Das hätten Sie mal sehen sollen.«

»Hm.«

»Waren Sie's auch ganz bestimmt nicht?«

»Ganz bestimmt nicht, Jeremiah. Ich hab noch nie in einem Film mitgespielt.«

»Ich hab Micah erzählt, daß Sie davon wahrscheinlich so stark geworden sind. Ich hab gesagt, daß Sie eine echt starke Frau sind. Ich weiß das.« Er grinste frech.

»Wo hast du das eigentlich alles gesehen?« fragte ich.

»In unserem Video. Wissen Sie, der Freund von meiner Mama hat einen Bekannten, und der kriegt manchmal Sachen umsonst. Er bringt uns immer die Filme mit, die er umsonst kriegt.«

»Und du siehst sie dir dann mit Micah zusammen an?«

»Genau. Die sind vielleicht gut, Mann«, versicherte er enthusiastisch.

»Glaubst du, daß das, was in den Filmen geschieht, Wirklichkeit ist?«

»Sie meinen wie da, wo Sie die andere Frau erstochen haben?«

Ich nickte.

Jeremiah überlegte einen Moment. »Nee, Wirklichkeit is das nich. Aber irgendwie ist es *doch* Wirklichkeit. Ich mein, solche Sachen können schon passieren. Also is es auch irgendwie Wirklichkeit, die Nachrichten und so, mein ich. Und das andere is irgendwie auch Wirklichkeit. Weil ich glaub, daß so was passieren könnte, daß es Wirklichkeit sein könnte, und drum is es vielleicht auch Wirklichkeit.«

Ich warf einen Blick zu Jadie hinüber, die wie immer gekrümmt und mit gesenktem Kopf dasaß. Jeremiah war ein stabiler Junge, der mit beiden Füßen fest auf dem Boden seiner Welt stand, und dennoch fiel es ihm nicht leicht, zu erkennen, ob das, was er im Fernsehen zu sehen bekam, Wirklichkeit war oder nicht. Wie leicht war es da für ein verwirrtes Kind, das Filme über Gewalt und Pornographie zu sehen bekam, den Schein mit der Wirklichkeit zu verwechseln?

Der Tag verlief im großen und ganzen gut. Die Kinder waren ein wenig überdreht vor lauter Freude über den vielen Schnee, das Fest und die Aussicht auf vier Tage Ferien und entsprechend ausgelassen, aber der Übermut war heiterer Natur und hielt sich in gerade noch erträglichen Grenzen. Philip und Jeremiah waren die wildesten, stachelten sich gegenseitig zu allerlei Albernheiten auf, stolzierten in ihrem Federschmuck im Klassenzimmer umher und verstiegen sich zum Schluß gar noch zu einem Pinkelwettbewerb in der Jungentoilette. Reuben ließ sich von der allgemeinen Aufregung anstecken, aber für ihn und Brucie waren solche Unterbrechungen des Alltagsgeschehens immer noch eher verwirrend als vergnüglich. Jadie war die einzige, die sich ausschloß. Obwohl sie inzwischen im allgemeinen während der Unterrichtsstunden und in den Pausen gut mit den Jungen zurechtkam und besonders mit Jeremiah und Philip gern spielte, hielt sie sich an diesem Tag abseits. Tief gekrümmt, den Kopf gesenkt, die Arme hochgezogen, wehrte sie uns alle mit unfreundlichem Schweigen ab.

Am Nachmittag, als wir uns mit den anderen Klassen hinter der Bühne zusammenfanden, erreichte die Ausgelassenheit ihren Höhepunkt, bis schließlich Philip sich vor Lachen in die Hosen machte. Das ernüchterte die anderen beträchtlich, und sie brachten schließlich ihre kleine Vorstellung fehlerlos über die Bühne. Danach zogen wir alle wieder in unsere Klassenzimmer, wo Eltern und Geschwister zu Plätzchen und Punsch eingeladen waren. Unter meinen Kindern war Jeremiah der einzige, dessen Eltern nicht gekommen waren. Ich ließ ihn zum Trost die Plätzchen und den Punsch herumreichen.

Jadies Mutter kam mit Sapphire und Amber, die, da sie noch zur Vorschule ging, nachmittags keinen Unterricht hatte. Ich ertappte mich dabei, daß ich die kleine Gruppe verstohlen beobachtete, während ich, meiner Rolle als Gastgeberin entsprechend, die Runde machte. Viel gesprochen wurde nicht zwischen ihnen, aber ein Gespräch mit Jadie in dieser tief vornübergeneigten Haltung wäre sowieso ziemlich schwierig gewesen. Als Jeremiah mit dem Tablett kam, nahm Mrs. Ekdahl dankend Kekse und Punsch entgegen, gab Sapphire, die neben ihr auf dem Boden saß, zu trinken und drückte ihr ein Plätzchen in die Hand. Ich musterte sie aufmerksam. War dies das Gesicht von Miss Ellie? Pam? Sue Ellen? Verwandelte sie sich hinter geschlossenen Türen in eine grausame Megäre, die ihr Kind so schrecklich mißhandelte, daß Jadies kleines Selbst sich aufgelöst hatte?

Ich konnte nichts davon wahrnehmen. Sie hatte versucht, sich hübsch zu machen, aber der grelle türkisfarbene Lidschatten und die stark bemalten Wangen wirkten eher rührend. Dennoch konnte ich meinen Argwohn nicht abschütteln. Wiederholt versuchte ich zu erspüren, ob da nicht doch etwas war, das Jadies Geschichten Substanz verliehen hätte.

Auch nachdem die Kinder und Familien gegangen waren, hielt sich die festliche Stimmung im Schulhaus. Ich ging ins Lehrerzimmer hinunter und setzte mich mit den Kollegen zu Kaffee und Krapfen zusammen. Niemand sprach über die Schule. Alle Gespräche drehten sich um die Pläne für die kommenden vier freien Tage und das teuflische Wetter.

Es hatte den ganzen Tag nicht aufgehört zu schneien. Als ich aus dem Haus trat, lag der Schnee ungefähr einen halben Meter hoch. Ich setzte mich in meinen Wagen und ließ den Motor an. Ein paar dunstig kalte Sekunden verstrichen, ehe das Gebläse die Windschutzscheibe innen freigemacht hatte. Ich stellte die Scheibenwischer an, schaltete in den Rückwärtsgang und blieb prompt im Schnee stecken. Ich fuhr ein Stück vorwärts und versuchte es noch einmal, aber die Räder drehten durch.

Ärgerlich darüber, daß ich nicht klug genug gewesen war, am Morgen rückwärts in meinen Parkplatz hineinzufahren, zog ich meine Handschuhe wieder an und stieg aus, um die Schaufel aus dem Kofferraum zu holen und den Schnee unter den Rädern wegzuschippen.

Als ich den Kofferraumdeckel wieder zugeklappt hatte und auf der Beifahrerseite nach vorn ging, entdeckte ich überrascht unter dem rechten Vorderrad etwas, das wie blondes Haar leuchtete. Eilig ging ich hin, um zu sehen, was es war, konnte es aber nicht aufheben, da es unter dem Reifen eingeklemmt war.

»Was ist denn los?«

Erschrocken drehte ich mich um.

Lucy stand auf der anderen Seite des Wagens. »Was hast du da?«

»Ich glaube, es ist eine Puppe. Eine von meinen Puppen aus dem Unterricht. Sie ist unter dem Rad eingeklemmt. Ich wollte rückwärts rausfahren, und da bin ich wohl direkt auf ihr gelandet. Jetzt muß ich erst mal vorwärts, um sie rauszuholen.«

»Wie kommt denn die Puppe da hin?«

Ich war schon um den Wagen herumgegangen und hatte mich hinter das Steuer gesetzt. Ich fuhr ein Stück vorwärts, so daß Lucy die Puppe aufheben konnte. Es war die mit dem langen blonden Haar, nur war das Haar jetzt nicht mehr lang und blond. Vorsichtig betastete ich den Kopf, der noch intakt war, aber ziemlich stark eingedrückt.

»Das ist doch die Puppe, die Jadie hatte, nicht wahr? Wie kann die denn hierhergekommen sein?« fragte Lucy stirnrunzelnd. »Sie kann sie doch nicht hier verloren haben.«

Ich nahm die Puppe an mich.

»Ich weiß ja, daß sie hier manchmal auf dich wartet, aber sie hat sie doch bestimmt nicht einfach fallen lassen, was meinst du? Es sieht fast so aus – na ja, als hätte sie die Puppe absichtlich da hingelegt.«

Ich konnte kein Wort hervorbringen.

»Sieht fast so aus, als wollte sie, daß sie überfahren wird.«

Die Sache mit der Puppe ging mir den ganzen Abend nicht aus dem Sinn. Sie hatte direkt der Länge nach hinter dem rechten Vorderrad gelegen, mit dem Kopf an den Reifen geklemmt. Unter normalen

Umständen hätte ich über sie hinwegfahren müssen. Unmöglich, meiner Überzeugung nach, daß sie durch einen Zufall in dieser Lage unter dem Auto gelandet war. Jemand hatte sie mit Absicht so hingelegt. Aber warum? Was hatte das für einen Sinn? Wäre ich nicht im Schnee steckengeblieben, hätte ich wahrscheinlich überhaupt nicht gemerkt, daß die Puppe dort lag, und hätte nie erfahren, daß ich sie überrollt hatte.

Was der Vorfall zu bedeuten hatte, schien mir ziemlich klar. Alle, auch ich, hatten in der Puppe eine Verkörperung meiner Person gesehen, meine Stellvertreterin bei Jadie, wenn ich nicht bei ihr sein konnte. Daß Jadie sie auf so drastische Weise hatte zerstören wollen, war ein deutlicher Hinweis auf die Gefühle, die sie mir entgegenbrachte. Dieser häßliche Wink tat mir zwar nicht gerade wohl, aber für sich genommen hätte er mich nicht weiter beunruhigt. Ich wußte, daß ich im Leben der Kinder, mit denen ich arbeitete, eine wichtige Rolle spielte. Gerade durch die Intensität unserer Beziehung wurde ich häufig zur Zielscheibe ihrer destruktiven Gefühle, und viele Kinder hatten mir im Lauf der Jahre gezeigt, daß sie mich manchmal tot wünschten. Anlaß für diesen plötzlichen Haßausbruch Jadies konnte leicht meine Mitteilung vom vergangenen Nachmittag gewesen sein, daß geplant war, sie in psychiatrische Behandlung zu geben. Vielleicht meinte sie, ich ließe sie im Stich und wolle nichts mehr mit ihr zu tun haben. Vielleicht fühlte sie sich verraten und glaubte, ich hätte anderen von den Dingen erzählt, die ich für mich zu behalten versprochen hatte. Vielleicht hatte sie auch einfach das Gefühl, daß ich ihr unbehaglich nahe kam. Das alles waren ausreichende Motive für derart starken Haß. Aber eines ergab keinen Sinn: Warum die Puppe so legen, daß ich von ihrer Zerstörung normalerweise gar nichts gemerkt hätte? Wenn dies eine Geste des Zorns oder der Herausforderung gewesen war, was half sie, wenn ich überhaupt nicht wußte, daß sie erfolgt war?

Am Morgen des Erntedankfesttags stand ich sehr früh auf und brach in der morgendlichen Dunkelheit zur Fahrt in die Stadt auf. Wäre alles nach Plan gegangen, so wäre ich schon am Mittwoch abend gestartet und am Donnerstag in aller Frühe mit Hugh zusammen zu seiner Schwester und ihrer Familie weitergefahren, um dort zu feiern. Aber das Wetter hatte mir am Mittwoch abend einen Strich durch die Rechnung gemacht, und so, wie es am Donnerstag morgen aussah, hielt ich es für ziemlich unwahrscheinlich, daß ich rechtzeitig in die Stadt kommen würde, um danach noch mit Hugh die lange Fahrt zu seiner Schwester zu unternehmen. Da ich ihr das Festessen nicht durch eine verspätete Ankunft verderben wollte, rief ich Hugh an und bat ihn, ohne mich loszufahren. Ich hatte einen Schlüssel zu seiner Wohnung; ich sagte, ich würde es mir dort gemütlich machen und ihn erwarten, wenn er zurückkam.

Die Fahrt zur Stadt war unangenehm. Es hatte zu schneien aufgehört, aber dafür blies nun ein starker Wind, der dichte Schneewolken aufwirbelte, in denen die Straße immer wieder verschwand. Kein anderes Fahrzeug außer den obligatorischen Schneepflügen war unterwegs. Zweimal überholten mich Polizeifahrzeuge, und jedesmal fürchtete ich, ich würde herausgewinkt und informiert werden, daß die Straße nicht passierbar sei. Valhalla und Harmony und all die anderen kleinen Dörfer auf der Strecke waren in der weiten weißen Pracht versunken und nur noch in buckligen Umrissen erkennbar. Selten konnte ich schneller als sechzig fahren und hatte das Gefühl, überhaupt nicht vom Fleck zu kommen.

Trotz der schwierigen Fahrt jedoch wurde mir mit der Zeit leichter ums Herz. Ich war immer gern gefahren und fand lange Strekken geistig entspannend. Wegen des widrigen Wetters mußte ich mich weit stärker auf das Fahren konzentrieren als gewöhnlich, aber auch das tat mir gut. So hatte ich keine Zeit über das nachzudenken, was ich hinter mir gelassen hatte.

Als ich endlich in Hughs Wohnung ankam, entdeckte ich, daß auch er auf die Fahrt zu seiner Schwester verzichtet hatte.

»Das lohnt sich nicht bei diesem Wetter«, sagte er und nahm mir meine Reisetasche ab. »Und außerdem – ich dort, du hier, das wäre doch blöd gewesen, hm?« Er grinste.

Ich lachte.

»Und zu essen bekommst du auch etwas. Ich habe eigenhändig das große Festmahl gekocht.«

»Was? Jetzt? Woher wußtest du denn, wann ich kommen würde?«

»Hab ich dir nicht von dem Gourmet-Kochkurs erzählt, den ich mitgemacht habe?« Damit öffnete er kurz die Klappe eines neuen Mikrowellenherds. »Wir haben noch vier Minuten, bis es klingelt. Hast du auch Appetit mitgebracht? Hoffentlich, das wird nämlich ein Riesenessen.«

Hugh und ich verstanden uns viel besser, wenn wir uns nur alle paar Wochen sahen. Die Auseinandersetzungen und Gereiztheiten, die früher unsere Beziehung getrübt hatten, kamen bei diesen Kurzbesuchen niemals auf. Jeder nahm den anderen so, wie er war, und machte das Beste daraus.

Ich lebte in diesen vier freien Tagen völlig gegen meine sonstigen Gewohnheiten. Hugh hatte eine Schwäche für die Kneipen und Spelunken unten bei den Lagerhäusern auf der Südseite der Stadt. Er spielte selbst ganz gut Gitarre und liebte die verqualmten, überfüllten Lokale und die Country-Musik, die dort zum besten gegeben wurde. Jeden Abend unternahmen wir einen Zug durchs Nachtleben und blieben bis in die frühen Morgenstunden aus. Wegen der Feiertage waren die Kneipen nicht so voll wie gewöhnlich, aber es waren immer noch genügend Leute da, die gute Musik machten, und auf der Tanzfläche war mehr Platz.

Ich hatte eine solche Abwechslung dringend gebraucht, und erst am frühen Sonntagnachmittag wanderten meine Gedanken zurück zu Jadie und zur Schule. Hugh und ich waren erst nach elf aufgestanden und hatten es uns mit einem üppigen Frühstück im Wohnzimmer gemütlich gemacht. Er lümmelte auf dem Sofa, ich lag bäuchlings auf dem Boden, beide waren wir in die Sonntagszeitungen vertieft. Die Sonne, die endlich wieder einmal herausgekommen war, strahlte blendend hell durch die großen Fenster, und es war fast heiß im Zimmer.

Ich hatte die Zeitungen bereits durchgeforstet und aalte mich in der Sonne, als mir ohne jeden Grund plötzlich Jadie einfiel. »Ist diese esoterische Buchhandlung heute geöffnet?« fragte ich.

»Ich glaube schon. Warum?«

»Könnten wir nicht noch mal vorbeigehen, ehe ich fahren muß? Ich würde mich gern noch einmal umsehen.«

»Immer noch auf derselben Spur, hm?«

»Ja, wahrscheinlich. Ich würde mich gern noch einmal mit der Frau unterhalten. Du weißt schon. Mit der Hexe.«

»He, Brenda!« rief Hugh laut, als wir in die Buchhandlung traten. Zwei, drei Leute, die zwischen den überladenen Regalen des kleinen Geschäfts standen, drehten sich neugierig um.

»Hallo«, sagte Brenda freundlich, als sie uns sah. »Wie haben Ihnen die Bücher gefallen? War es das, was Sie sich vorgestellt hatten? Wollen Sie sich noch was holen?«

»Ja, sie waren gut. Recht interessant«, antwortete ich lahm. »Aber eigentlich bin ich aus einem anderen Grund hergekommen. Ich wollte mich gern einmal mit Ihnen unterhalten. Mir ist neulich etwas passiert, und seitdem muß ich dauernd darüber nachdenken. Ich dachte mir, Sie können mir vielleicht sagen, ob Sie von etwas Ähnlichem schon einmal gehört haben.«

»Ach ja?« Ihre Augen blitzten interessiert.

»Ich weiß ja nicht, ob es eine Bedeutung hat. Es kann auch sein, daß sich da nur jemand einen Streich erlaubt hat, aber – na ja, diese okkulten Geschichten interessieren mich eben, und ich dachte ...«

Ich sah um mich, um festzustellen, ob die anderen Kunden schon gegangen waren. Hugh stand vor dem Regal mit den esoterischen Büchern, aber um die Ecke war noch ein Fremder.

Brenda spürte mein Widerstreben, im Laden zu sprechen. Sie wies mit dem Kopf auf ein durch einen Vorhang abgetrenntes Hinterzimmer bei der Kasse.

»Kommen Sie mit«, sagte sie. »Ich hör's schon, wenn jemand was will.«

Es war nur eine kleine Kammer, mit einem Tisch und zwei Hokkern. Es roch durchdringend nach Salbeitee.

Brenda setzte sich auf einen der Hocker und schob mir den anderen hin. »Also, worum geht's?« fragte sie.

»Ich habe jemandem eine Puppe geliehen«, begann ich. »Die Puppe sieht ein bißchen aus wie ich, und ich weiß, daß die Person, der ich sie gegeben habe, mich in ihr sieht. Ich muß zugeben, daß ich sie dazu ermutigt habe. Wir sprechen von einem Kind, einem kleinen Mädchen. Sie hat seelische Probleme, und ich dachte, ich könnte besser mit ihnen umgehen, wenn sie ein Symbol für die Zuverlässigkeit unserer Beziehung hätte.«

»Ja?« sagte Brenda neugierig. Sie lehnte sich auf ihrem Hocker nach vorn und stützte die Ellbogen auf die Knie.

»Als ich neulich abends nach der Schule zu meinem Wagen ging, fand ich die Puppe der Länge nach unter dem rechten Vorderreifen. Sie lag so, daß ich unweigerlich über sie hinweggerollt wäre. Ich wäre ihr direkt über den Kopf gefahren. Ich entdeckte sie nur, weil es so stark geschneit hatte, daß ich erst den Schnee unter den Reifen wegschippen mußte.«

Brenda nickte nur.

»Wie gesagt, das kleine Mädchen ist psychisch krank. Die logische Schlußfolgerung ist wahrscheinlich, daß sie selbst die Puppe dort hingelegt hat. Auf jeden Fall bin ich überzeugt, daß sie es absichtlich tat und die Puppe nicht zufällig an dieser Stelle gelandet ist. Aber das, was mich an der Sache interessiert, ist die Frage, ob da ein Zusammenhang mit irgendwelchen okkulten Praktiken bestehen könnte. Ich frage mich, ob vielleicht außer dem Kind noch jemand anderer die Hand im Spiel hat.«

»Von genau so einem Fall habe ich zwar noch nicht gehört, aber ich weiß, worum es bei solchen Dingen geht.«

»Nämlich?«

Brenda schwieg und sah mich eine ganze Weile forschend an, ehe sie zu sprechen fortfuhr. »Ich bin mir nicht sicher, ob Sie das überhaupt hören wollen, was ich Ihnen sagen kann. Ich meine, ich kenne Sie nicht und habe keine Ahnung, was bei Ihnen Sache ist.«

»Das alles ist eigentlich gar nicht meine Sache, aber wenn es eine Verbindung zum Satanismus gibt, wäre es für mich sehr nützlich, das zu wissen.«

»Man wünscht Ihnen auf jeden Fall nichts Gutes«, sagte Brenda vorsichtig.

»Das dachte ich mir schon. Aber steckt da Teufelsglaube dahinter?«

»Ich weiß natürlich nicht, wer Ihnen die bösen Wünsche schickt, aber ich weiß, was es ist: Schwarze Magie.« Eine Pause. Brenda kratzte sich nachdenklich am Kopf. »Verstehen Sie«, meinte sie schließlich, »ich bin nicht in *der* Szene. Ich betreibe Weiße Magie. Ich möchte nur eins werden mit der Großen Göttin und so, verstehen Sie? In Harmonie mit der Erde. Mit den Naturgeistern. Mit diesem Schwarzen Hokuspokus hab ich nichts zu tun.«

»Aber ist es bestimmt Schwarze Magie? Wissen Sie das mit Sicherheit? Was für eine Art von Schwarzer Magie? Was hat diese Geschichte zu bedeuten?«

Brenda holte tief Atem. »Also diese Leute, ich meine, die mit der Schwarzen Magie, denen geht es im allgemeinen nur um die Macht. Die Macht, sich das zu holen, was sie haben möchten. Die Macht, Menschen zu manipulieren. Macht über ihre Feinde. Und da unterscheiden wir uns. Bei der Weißen Magie werden niemals die dunklen Mächte beschworen.«

Einen flüchtigen Moment lang nahm ich mich innerlich aus diesem Gespräch heraus und wurde mir seiner Absurdität bewußt. Da hockte ich in irgendeinem düsteren Hinterzimmer und unterhielt mich allen Ernstes mit einer Hexe über Weiße Magie und Schwarze Magie. Das sollte ich sein? Aber gleich kam die deprimierende Erkenntnis, daß ich nicht träumte. Dies war das wirkliche Leben, und ich konnte nicht einfach aussteigen.

»Die Leute, die Schwarze Magie ausüben, bringen Opfer. Das gehört zur Beschwörung der dunklen Mächte, und wenn – na ja, wenn sie einen Feind loswerden wollen, besonders einen Feind, der stark ist und viel Macht besitzt, braucht es natürlich auch einen starken Zauber. Sie müssen ein Opfer bringen, um Hilfe zu bekommen…« Brenda verstummte und sah einen Moment auf ihre Hände nieder. »Und für die Opfer gilt«, sagte sie dann leise, »daß eines, das freiwillig gebracht wird, einem weit mehr Macht gibt als eins, das nur widerwillig geleistet wird.«

»Das heißt doch, daß es so ähnlich ist wie mit den Voodoo-Puppen, nicht wahr?« fragte ich.

»Ja, so ähnlich.«

Ich lächelte beruhigend, weil ich ihr ansah, wie unbehaglich ihr dabei zumute war, mir sagen zu müssen, daß ich ein Opfer von Zauberbemühungen war. »Soviel hatte ich mir schon zusammengereimt, und es beunruhigt mich nicht weiter. Es ist zwar nicht gerade ein angenehmes Gefühl, aber ich glaube nicht an dieses Zeug. Damit kann man mir keine Angst machen.«

Brenda schwieg.

»Aber etwas anderes beschäftigt mich«, fuhr ich fort. »Und ich verstehe es nicht. Wieso wurde die Puppe der Länge nach unter meinen Wagen gelegt, mit dem Kopf direkt unter dem Reifen? Unter normalen Umständen hätte ich sie überhaupt nicht bemerkt. Nur weil an dem Tag so viel Schnee gefallen war, daß mein Wagen steckenblieb, mußte ich aussteigen, um zu schaufeln, und wurde deshalb auf die Puppe aufmerksam. Sonst wäre ich einfach, ohne es zu merken, über sie hinweggefahren. Fehlte es der Person, die die Puppe in dieser Position unter mein Auto gelegt hat, einfach an Überlegung? War es ein Versehen? Ich meine, wenn man mich warnen oder abschrecken wollte, wäre es doch viel gescheiter gewesen, die Puppe so hinzulegen, daß ich sie sehen mußte. So, wie es war, erscheint es mir völlig sinnlos.«

»Ich glaube nicht, daß man Sie erschrecken wollte«, erwiderte Brenda. »Ich vermute eher, daß die Puppe absichtlich so versteckt wurde. Es geht hier um Schwarze Magie und nicht um ein Gesellschaftsspiel. Man wollte, daß Sie die Puppe zerstören, und das hätten Sie nicht getan, wenn Sie gemerkt hätten, daß sie da liegt.«

»Ja, aber warum denn?«

»Die Puppe verkörpert Sie, stimmt's? Wenn man sein eigenes Totem zerstört, zerstört man sich selbst. Sie haben der Puppe bestimmt einen mächtigen Zauber mitgegeben. Um ein freiwilliges Opfer zu bewirken. Man möchte, daß Sie sich das Leben nehmen.«

23

Die Rückfahrt nach Pecking am Sonntag abend war deprimierend. Ich war Brenda gegenüber nicht absolut aufrichtig gewesen, als ich gesagt hatte, der Zwischenfall mit der Puppe mache mir keine Angst. Er machte mir doch angst. Es war eine hinterhältige, schleichende Panik, die sich heimlich in mir festgesetzt hatte; jedesmal, wenn ich aufhörte, rational nachzudenken, überfiel sie mich. Ich hatte Mühe, sie auf der vierstündigen Fahrt, ganz allein in meinem Wagen, in Schach zu halten.

Glaubte ich denn an dieses Zeug? Konnte das, was Brenda mir erklärt hatte, wahr sein? Ich mußte immer wieder an June Harrimans Selbstmord im vergangenen Jahr denken, obwohl mir mein Verstand sagte, daß da wahrscheinlich nicht der geringste Zusammenhang bestand.

Tatsache war, daß ich an einem Wendepunkt angekommen war. Ich hätte akzeptieren können, daß Jadie die Puppe unter das Auto gelegt hatte. Ich hätte auch ihr Leugnen akzeptieren können, da ich wußte, daß sie es, wenn sie an einer Persönlichkeitsspaltung litt, wirklich vergessen haben konnte. Das, was mich stutzig machte, war die Absicht, mit der man die Puppe so unter den Wagen gelegt hatte, daß ich sie unter normalen Umständen nicht bemerkt hätte. Das ließ vermuten, daß eine andere Person sie hingelegt hatte. Oder daß Jadie, wenn sie selbst die Puppe so plaziert hatte, auf Anweisung gehandelt hatte.

Unablässig kreisten meine Gedanken um die bizarren Umstände dieses Falls. Ich war das alles so müde, daß ich am liebsten weitergefahren wäre, ohne in Pecking anzuhalten; weiter auf dem Freeway zu einem anderen, neuen Ort. Wenn ich lang genug führe, dachte ich, käme ich nach New Mexico, tauchte aus winterlicher Dunkelheit in Sonne und Wärme empor.

Am Montag morgen nahm ich die blonde Puppe mit zur Schule

und legte sie auf eine der Bänke in der Garderobe. Jeremiah, der als erster kam, stürzte kreischend heraus.

»Oh, wow! Fräulein, kommen Sie doch mal. Schau'n Sie!« rief er. »Da war jemand hier und hat eine von Ihren Puppen total hin gemacht. Schnell, kommen Sie!«

»Ich weiß es schon, Jeremiah«, rief ich zurück.

Wenig später trafen die anderen Kinder ein und marschierten mit ihren Schultaschen und Pauseköfferchen in die Garderobe.

»Du warst's!« hörte ich Jeremiah anklagend rufen. »Das Mädchen war's.« Er kam wieder zu mir ins Klassenzimmer gerannt. »Das Mädchen war's«, teilte er mir mit. »Fragen Sie sie doch. Sie hat's getan. Sie haben ihr die schöne Puppe geliehen, und jetzt schau'n Sie, was die Kleine gemacht hat. Mann, das tut Ihnen jetzt garantiert leid. Sie leihen ihr bestimmt nix mehr, oder?«

»Beruhige dich, Jeremiah.«

»Mann, Fräulein«, sagte er und starrte mich mit großen, runden Augen an, »was machen Sie 'n jetzt mit ihr?«

Reuben und Philip kamen sichtlich erschrocken über das Mißgeschick der Puppe aus der Garderobe. Hinter ihnen watschelte Brucie ins Klassenzimmer, ungerührt wie immer. Nur Jadie kam nicht.

»Zeit für die Diskussion«, rief ich. »Kommt, macht einen Kreis, Kinder.«

Jadie ließ sich immer noch nicht blicken.

»Das hätt ich Ihnen gleich sagen können, daß Sie der nix leihen dürfen. Und jetzt sagt sie bestimmt, daß sie's gar nicht war. Erst macht sie Ihre Puppe kaputt, und dann denkt sie noch, daß Sie's ihr glauben, wenn sie sagt, daß sie's gar nicht war.«

»Jeremiah, bitte!« Ich nahm ihn bei den Schultern und schob ihn freundlich, aber bestimmt zur Leseecke, wo wir stets unsere Morgendiskussion abhielten. Dann ging ich zur Garderobentür. »Jadie? Komm jetzt.«

Jadie war gar nicht da. Die Puppe lag noch auf der Bank, aber der kleine Raum war leer.

»Jadie?« Ich ging in die Garderobe, dann zur Korridortür und sah hinaus. Keine Jadie.

»War sie überhaupt da?« fragte ich, als ich wieder ins Klassenzimmer kam. »Hast du sie gesehen, Jeremiah?«

»Klar war sie da. Aber wie sie gesehen hat, was sie angestellt hat, is sie abgehauen.«

Ich wartete mit dem Beginn der Diskussion so lange wie möglich, weil ich hoffte, Jadie würde wiederkommen; aber sie kam nicht. In der großen Pause ging ich zu Alice hinunter, um nachzusehen, ob Amber da war. Ob Jadie am Morgen zur Schule gekommen sei, fragte ich sie. Ja, bestätigte mir Amber, sie seien zusammen losgegangen. Als Jadie zur Mittagspause immer noch nicht erschienen war, blieb mir nichts anderes übrig, als ihre Mutter anzurufen und ihr zu gestehen, daß Jadie mir irgendwie abhanden gekommen war.

»Aber nein, Jadie ist zu Hause«, sagte Mrs. Ekdahl. »Hat sie Ihnen denn nicht Bescheid gesagt? Ihr ist plötzlich übel geworden. Sie sagte, sie mußte sich in der Toilette übergeben. Darum ist sie wieder nach Hause gegangen. Hat sie Ihnen wirklich nichts davon gesagt?«

Ich legte bekümmert auf.

»Ich hab's nicht getan.«

Ich fuhr zusammen beim unerwarteten Klang ihrer Stimme. Sie stand in der offenen Tür, in einem ausgebeulten Jogging-Anzug und Hausschuhen.

»Weiß deine Mama, daß du hier bist?«

»Ich hab der Puppe nichts getan. Ehrenwort.«

Ich klappte mein Arbeitsbuch zu. »Nein, ich weiß, daß du es nicht getan hast. Ich habe es getan. Weil ich sie im tiefen Schnee nicht gesehen habe.«

Jadie machte leise die Tür hinter sich zu und kam durch das Zimmer zum Tisch.

»Aber ich glaube, du weißt, wie die Puppe dorthin gekommen ist. Und warum.«

Jadies Mund verzog sich weinerlich.

Ich sah sie einen Moment lang schweigend an. »Ja, und was wollen wir jetzt mit der Puppe machen?«

Sie begann zu weinen.

Ich stand auf, ging in die Garderobe und holte die Puppe. Ich hielt sie etwas von mir entfernt und musterte sie. »Ich finde, wir sollten versuchen, sie wieder gesund zu machen.«

Ich legte die Puppe auf die Ablage neben dem Spülbecken und zog ihr die verschmutzten Kleider aus. »Es hat ja nur der Kopf etwas abbekommen«, sagte ich dabei. »Der Schnee war so tief, daß er sie geschützt hat. Wir könnten sie in eine Puppenklinik schaffen und wieder heil machen lassen.«

Jadie, die zu mir nach hinten gekommen war, beobachtete genau, was ich tat.

»Komm, waschen wir sie zuerst einmal. Hol die Flasche mit dem Spülmittel da unten raus. Ich glaube, durch den Schmutz sieht es viel schlimmer aus, als es wirklich ist.« Ich stöpselte das Becken zu und füllte es mit warmem Wasser.

Jadie, die immer noch lautlos weinte, reagierte zunächst nicht auf meine Aufforderung, das Spülmittel zu holen. Dann aber kniete sie nieder und öffnete die Tür zum Schrank unter dem Becken.

»Wenn etwas schiefgeht«, meinte ich, »versuchen wir, es wiedergutzumachen. Manchmal können wir das. Manchmal können wir es nicht. Aber der Versuch lohnt sich immer, auch wenn er nicht gelingt.«

Ich wusch die Puppe ab und hob sie dann aus dem Wasser. Merkwürdigerweise sah sie in sauberem Zustand noch übler zugerichtet aus als vorher. Das gequetschte Gesicht stand in scharfem Kontrast zu den ebenmäßigen Konturen ihres Körpers.

Jadie lehnte sich an die Ablage und sah mir zu, während ich ein altes Handtuch herausnahm und die Puppe abtrocknete. Vorsichtig hob sie eine Hand und streichelte mit einem Finger sachte den Arm der Puppe.

»Wenn ich alles sage«, fragte sie leise, »suchen die Polizisten dann Tashee?«

Ich sah sie an.

»Probieren sie dann, ob sie Tashee finden?«

»Möchtest du das denn?« fragte ich.

»Ich hab immer auf sie aufgepaßt. Sie war nicht so groß wie ich. Sie war genauso alt, aber sie war klein. Ich hab mir immer Mühe gegeben, ihr zu helfen...«

Ich trocknete die Puppe fertig ab.

»Meinst du, die glauben mir?« fragte Jadie.

»Wir werden es nicht erfahren, wenn wir es nicht versuchen.«

Jadie blickte auf. »Bleibst du bei mir? Wenn ich's sage? Wenn ich's jetzt gleich tu?«

Ich nickte. »Aber natürlich. Wollen wir zu Mr. Tinbergen gehen und mit ihm sprechen?«

Jadie holte tief Atem, dann nickte sie. »Okay.«

Kaum waren wir in Tinbergens Büro, zog Jadie sich wieder völlig in sich zurück und verstummte. Kein Wort war aus ihr herauszubringen. Also übernahm ich es, von unseren vertraulichen Zusammenkünften zu berichten. Wir saßen auf den harten Kunststoffstühlen im grellen Licht der Neonröhren in Tinbergens Büro, und ich malte ihm ein Bild unserer kleinen abgeschlossenen Welt in der Garderobe.

Tinbergen wurde immer betroffener, während ich sprach. Er erblaßte. Sein Blick zog sich von meinem Gesicht zurück und schweifte rastlos durch das Zimmer. Nicht ein einziges Mal sah er mir an diesem Nachmittag wieder in die Augen.

»Und was soll ich jetzt tun?« fragte er, als ich zum Ende gekommen war. In seiner Stimme war ein vorwurfsvoller Ton, mit dem ich nicht gerechnet hatte. Wieder sah er sich im Zimmer um, als suche er einen vertrauten Gegenstand, der sich nicht finden ließ. »Ich glaube, ich bin mit dieser Geschichte ein bißchen überfordert«, murmelte er. »Wir brauchen Hilfe. Eine derartige Entscheidung möchte ich nicht alleine treffen.«

Ich warf einen Blick auf Jadie, die tief gekrümmt und mit gesenktem Kopf neben mir saß, starr und verkrampft, die Arme und Beine dicht an den Körper gepreßt, die Finger in den Stoff ihrer Kleider gegraben. Ihr Kopf war so tief gesenkt, daß ich ihr Gesicht nicht sehen konnte; aber ich brauchte es auch gar nicht zu sehen, um zu wissen, daß ihr Mund fest verschlossen war.

»Wir brauchen Hilfe«, sagte Tinbergen wieder.

Als erstes rief er Arkie in Falls River an. Ob sie auf der Stelle nach Pecking kommen könne, fragte er. Nach Beendigung des Gesprächs hielt er, den Hörer noch am Ohr, für einen Moment nachdenklich inne. Dann rief er beim Jugendamt an. Nachdem er kurz erklärt hatte, worum es ging, bat er, uns möglichst sofort jemanden an die Schule zu schicken.

Da sowohl Arkie als auch der Vertreter des Jugendamts aus Falls River herfahren mußten, blieb uns eine halbe Stunde Zeit. Ich wollte ins Klassenzimmer hinauf, um Jadies Schulakte und meine Aufzeichnungen zu holen. Ich fragte Jadie, ob sie mitkommen wolle, aber sie antwortete nicht. Sie brachte nicht einmal ein Nikken oder ein Kopfschütteln zustande.

Ich kniete vor ihrem Stuhl nieder. »Glaubst du, daß du sprechen kannst, Jadie?« fragte ich und neigte mich so weit hinunter, daß ich ihr Gesicht sehen konnte. Behutsam schob ich ihr Haar ein wenig zurück.

Sie blieb stumm und reglos.

»Ich weiß, daß du Angst hast. Ich kann es verstehen. Aber glaubst du, du schaffst es? Ich bleibe bei dir. Ich lasse dich nicht allein.«

Sie antwortete nicht.

»Sie muß sprechen«, sagte Tinbergen.

Da erst hob sie die Lider und sah mich an. Sie hob den verkrampften Arm zu ihrem Gesichtchen hinauf und drückte die Hand auf ihren Mund.

Arkie kam als erste. »Sie haben wirklich ein Talent, heiße Eisen anzufassen«, sagte sie zu mir, als wir uns im Vorzimmer trafen.

Ich vernahm eine Schwingung in ihrer Stimme, die Gereiztheit verriet. Vielleicht fand sie, ich bauschte das alles übermäßig auf und sei ein Opfer meiner eigenen blühenden Phantasie. Vielleicht war sie auch einfach müde und hungrig wie ich, und verärgert, daß sie zu uns hatte herkommen müssen, obwohl sie doch viel lieber nach Hause gefahren wäre.

Die Sozialarbeiterin hieß Delores Vernay, eine kleine, rundliche Frau um die Fünfzig mit einer überdimensionalen Brille, die sie oben auf dem Scheitel trug. Ihr Haar, an den Wurzeln dunkel, an den Enden hellblond, war sehr kurz geschnitten und stand jetzt zerzaust in die Höhe wie Jeremiahs Haar, wenn es einen Schnitt dringend brauchte. Aber sie hatte ein herzliches, sehr natürliches Lächeln und gab mir die Hand mit einer Wärme, als wären wir alte Freundinnen.

»Wir müssen der Tatsache ins Auge sehen, daß hier möglicherweise ein Verbrechen vorliegt«, sagte sie gleich nach der Begrüßung. »Nach dem, was ich bisher gehört habe, kann es gut sein, daß wir das Kind – und höchstwahrscheinlich alle anderen Kinder der Familie – vorübergehend in Pflege nehmen müssen. Einen so kurzfristigen Unterbringungsbeschluß kann ich aber nur in Zusammenarbeit mit der Polizei erwirken. Ich habe deshalb bereits dort angerufen. Ich denke, in ein paar Minuten wird ein Beamter da sein.«

Dieses Gespräch wurde, genau wie das mit Arkie, in gedämpfter Tonlage im Vorzimmer geführt, während Jadie bei Tinbergen im Büro wartete. Ihm und mir war mittlerweile klar, daß Jadies Furcht das größte Problem war. Sie hatte bisher noch nicht ein einziges Wort gesprochen.

»Ich arbeite lieber mit jemandem von unserer Polizeidienststelle in Falls River zusammen«, erklärte mir Delores. »Ich weiß, daß wir zunächst die Polizei von Pecking einschalten müssen, wenn wir irgend etwas unternehmen wollen, aber hier gibt es doch höchstens zwei oder drei Beamte, nicht wahr? Denen würde ich einen solchen Fall nicht anvertrauen. Ich möchte eine Beamtin haben – das ist üblich, wenn die Opfer Kinder sind –, und die Frau in Falls River, mit der ich am liebsten zusammenarbeite, hat eine Menge Erfahrung. Also« – sie hielt inne, um Atem zu holen –, »wer macht die Anzeige?«

Mir sank der Mut.

Die Polizeibeamtin hieß Lindy. Sie war viel jünger, als ich erwartet hatte, wahrscheinlich höchstens dreißig, und sehr attraktiv, mit großen dunklen Augen und glänzendem schwarzen Haar. Sie glich eher einem Filmstar als einer Polizeibeamtin aus einem Kaff im Mittleren Westen. Und sie trug auch keine Uniform, sondern modisch sportliche Kleidung.

Lindy hatte in mehreren Fällen von Kindesmißbrauch mit Delores zusammengearbeitet. Sie wirkte kompetent und selbstbewußt. Das machte mir wieder etwas Mut. Der Beamte von der Dienststelle in Pecking hingegen fühlte sich offensichtlich äußerst unwohl. Wenn keine konkreten Beweise vorlägen, sagte er immer wieder, dann stünde das Wort des kleinen Mädchens gegen das seiner Eltern. Sperma müsse gefunden werden, sonst ginge gar nichts.

Ich ertappte mich dabei, daß ich erneut die mögliche Verbindung zu einer okkultistischen Sekte herunterspielte. Im ersten Feuer des Gesprächs mit Tinbergen war es mir leichtgefallen, von der überfahrenen Puppe, dem Symbol der Schwarzen Magie und anderen Details aus Jadies unglaublichen Geschichten zu berichten, die auf Mißbrauch im Rahmen satanischer Rituale hindeuteten; doch je mehr Zeit verging, je mehr Fachleute sich einfanden, desto zurückhaltender wurde ich, wie ich selbst merkte. Ja, sagte ich, es gäbe definitive Hinweise auf Kindesmißbrauch, insbesondere auf sexuellen Mißbrauch. Ja, es sei möglich, daß mehr als eine Person beteiligt seien. Aber ich schaffte es nicht, mich weiter zu exponieren. Als Lindy mich direkt fragte, wer meiner Meinung nach die Täter seien, mußte ich erst überlegen. Ja, wer? Ich geriet ins Stammeln und erklärte, Jadie nenne sie bei fiktiven Namen.

An dieser Stelle schaltete Arkie sich ein. Jadie scheine an einer dissoziativen Störung zu leiden, erklärte sie; entweder sie habe ihr eigenes Selbst in eine größere Anzahl von Personen aufgespalten oder aber den oder die Täter; möglicherweise beides. Natürlich, fügte Arkie hinzu, sei sexueller Mißbrauch häufig der Hintergrund solcher dissoziativer Störungen.

Ich hüllte mich in Schweigen und fügte Arkies Erklärungen nichts hinzu. Wenn nur Jadie von zu Hause wegkam, dachte ich. Das war die Hauptsache.

Jadie selbst war keine Hilfe. Trotz ihrer ursprünglichen Bereitschaft, mit Tinbergen über die Vorfälle zu sprechen, war sie, seit wir sein Büro betreten hatten, völlig stumm geblieben. Sie brachte allenfalls ab und zu ein Nicken zustande, aber das war auch alles. Völlig in sich zurückgezogen, starr und verkrampft, wirkte sie wie versteinert vor Angst.

Bis kurz nach sieben blieben wir im Direktorat und diskutierten alle Aspekte des Falls: Art und Ausmaß des vermuteten Mißbrauchs, mögliche Identität der Täter, Jadies psychische Struktur und die der anderen Familienmitglieder. Es wurde beschlossen, Jadie, Amber und Sapphire mit Hilfe eines acht Tage lang geltenden Unterbringungsbeschlusses unverzüglich in die Obhut des Jugendamtes zu geben. Innerhalb dieser Zeit würde die Polizei sich bemühen, ausreichend Beweise zu sammeln, um die Sache dann der Staatsanwaltschaft übergeben zu können.

Als es Zeit wurde, zur Polizeidienststelle zu fahren, sagte man Tinbergen, Arkie und mir, daß wir für diesen Abend alles Nötige beigesteuert hätten und nicht mitzukommen bräuchten. Sie hatten unsere Aussagen, und mehr konnten wir im Moment nicht tun. Von nun an war uns die Sache aus den Händen genommen. Ich sah das trotz meiner tiefen emotionalen Beteiligung ein, erwähnte aber doch meine Sorge um Jadie. Wäre es für sie nicht besser, wenn einer von uns sie zur Polizei begleitete? Lindy wies mich darauf hin, wie genau wir von nun an darauf achten müßten, Jadie nicht, ohne es zu wollen, in ihren Aussagen zu beeinflussen. Es wäre besser, meinte sie, den Kontakt auf ein Minimum zu reduzieren.

Jadie schien diesen nächsten Schritt zu akzeptieren. Hand in Hand mit Lindy ging sie aus dem Schulhaus, ohne einen Blick zurückzuwerfen.

Gegen Viertel nach neun rief Lindy mich von der Polizeidienststelle Pecking aus an. Man habe die Ekdahls geholt, berichtete sie. Mutter und Vater schienen völlig verwirrt und überrascht. Amber, die von ihren Eltern und Jadie getrennt vernommen worden war, leugnete jegliches Wissen von Mißhandlungen oder Mißbrauch. Jadie weigerte sich, überhaupt zu sprechen. Seit ihrer Ankunft in der Dienststelle hatte sie kein Wort gesprochen. Lindy brauchte mir gar nicht zu sagen, wie sehr Jadies Schweigen sie frustrierte; ich hörte es deutlich an ihrer Stimme. Sie machte mir mit aller Deutlichkeit die negativen Auswirkungen dieser Haltung Jadies klar. Mit Arkie habe sie bereits telefoniert, berichtete sie, aber die habe ihr geraten, sich an mich zu wenden. Ich sei diejenige, die stumme Kinder zum Sprechen bringen könne.

In der Dienststelle öffnete mir ein Beamter eine schwere, automatische Tür und führte mich durch einen langen Korridor zu einem großen Raum ganz hinten im Gebäude. Es waren eine Menge Leute da, vor allem vom Jugendamt in Falls River, aber auch einige Polizeibeamte.

»Wir haben jetzt einen Unterbringungsbeschluß für die Mädchen«, berichtete Lindy, nachdem sie mich begrüßt hatte, »und es ist Delores gelungen, eine Pflegestelle in Red Circle aufzutreiben, wo man bereit ist, alle drei für diese eine Woche aufzunehmen. Das ist ideal, weil sie dann nahe genug sind, um weiter die hiesige Schule besuchen zu können. Ich halte es so für das beste. Die Woche wird sowieso schon unruhig und verwirrend genug für die Kinder. Aber aus Jadie haben wir immer noch kein Wort herausbekommen, Torey, und wenn die Kleine den Mund nicht aufmacht, können wir einpacken. Ich hoffe, Sie schaffen es, sie zur Einsicht zu bringen.«

»Die eine schweigt wie ein Grab, die andere hört nicht auf zu schreien«, murmelte Delores. »Ich habe versucht, der Sechsjährigen zu erklären, daß sie eine Woche lang bei einer anderen Familie leben würde, und sie wurde völlig hysterisch.«

»Ja, es wird sicher schwierig werden«, meinte ich. »Das scheint eine richtige Klettenfamilie zu sein. Die Mutter hat mir erzählt, daß sie die Mädchen noch nie allein gelassen haben. Nicht einmal einen Abend lang mit einem Babysitter.«

»Du lieber Gott, ist das wahr?«

Später führte man mich in ein Vernehmungszimmer. Dort erwartete mich Jadie. Als ich eingetreten war, schloß der Beamte die Tür hinter sich. Wir waren allein.

Es war ein kleiner Raum, nicht einmal so groß wie der Garderobenraum in der Schule. Die Wände waren zur Schallisolierung mit Kork tapeziert. Neben der Tür war ein Knopf, mit dem man draußen ein rotes Licht einschalten konnte, um wissen zu lassen, daß man nicht gestört werden wollte. Der Raum hatte keine Fenster, und das gesamte Mobiliar bestand aus einem Tisch mit Metallbeinen, drei Plastikstühlen und einem Aktenschrank.

Jadie saß auf einem Stuhl am Tisch. Sie war so tief gekrümmt, daß ihr Kopf die Tischplatte berührte.

»Das ist ein schrecklich langer Abend, nicht wahr?« sagte ich und setzte mich zu ihr. »Bist du müde?«

Sie nickte.

Auch ich war müde. Dieser Abend hatte mich so mitgenommen, daß ich kaum noch irgendwelcher Gefühle fähig war. Ich empfand tiefes Mitleid mit Jadie, fast mütterliche Fürsorge, und ich hätte sie am liebsten in meine Arme genommen, um sie zu schützen; aber das war auch alles, was ich fühlte. Ich verspürte in diesem Moment nicht die geringste Neigung, das zu tun, wozu man mich hatte kommen lassen.

»Haben sie dir schon gesagt, was weiter geschieht?« fragte ich.

»Lindy hat mir gesagt, daß sie deine Mama und deinen Daddy bald nach Hause gehen lassen, aber sie halten es für besser, wenn ihr drei im Augenblick nicht mit zurückkehrt. Nur solange, bis diese Sache geklärt ist. Ihr drei werdet vorläufig in einem Haus in Red Circle bleiben. In einer Pflegefamilie. So ähnlich wie das bei Philip ist, mit einer Pflegemutter und einem Pflegevater, die sich um euch kümmern, solange ihr dort seid.«

Jadie stützte die Ellbogen auf den Tisch und legte den Kopf in ihre Hände. Es hatte den Anschein, als höre sie mir gar nicht zu. Ich glaube, wir waren beide so tief erschöpft, daß wir wie betäubt waren.

»Aber du kommst weiter zu uns in die Schule. Wir werden uns jeden Tag sehen.«

Auf dem Tisch neben Jadie lagen zwei Stoffpuppen, die eine in Männerkleidung, die andere in Frauenkleidung. Etwas weiter weg lag eine dritte Puppe, ein kleines Mädchen. Jadie griff über den Tisch und zog sie zu sich heran. Sie hielt sie vor sich hoch und starrte sie an.

»Jadie, wir werden nichts erreichen, wenn du nicht mit den Leuten sprichst.«

»Hast du ihnen von Tashee erzählt?«

»Du erwartest, daß ich die ganze Arbeit tue, Jadie, aber das kann ich nicht. Du mußt ihnen selbst von Tashee erzählen. Du bist doch diejenige, die es erlebt hat, nicht ich. Du bist diejenige, die es weiß.«

»Ich kann nicht.«

»Doch, du kannst. Und du mußt.«

»Nein, ich kann nicht. Hier gibt's Spinnen. Ich hab sie gesehen. Sie hören alles. Und dann sagen sie Miss Ellie, was ich getan hab.«

»Das ist vorbei, Schatz. Wir sind jetzt gerade dabei, dem allen ein Ende zu machen.«

»Nein, es ist nicht vorbei«, widersprach sie angstvoll. »Die Spinnen schauen zu.«

Ich war mit meiner Geduld fast am Ende. Seufzend sagte ich: »Was soll ich denn tun, Jadie? Soll ich eine Dose Paral holen? Wenn ich hier gründlich sprühe, sprichst du *dann* mit ihnen?«

Den Tränen nahe, sah sie mich an. »Nein, bitte, du mußt es für mich erzählen.«

Als mein Gespräch mit Jadie beendet war, kam eine der Sozialarbeiterinnen und führte sie in ein anderes Zimmer, in dem Amber wartete. Man brachte den beiden kleinen Mädchen einen Karton mit alten Spielsachen, obwohl sie beide aussahen, als wären sie viel zu müde, um auch nur noch den Finger zu heben.

Danach ging ich mit Lindy und Delores hinunter, die mit mir besprechen wollten, mit welchen Schwierigkeiten wir zu rechnen hatten, wenn Jadie weiter nicht sprechen wollte. Etwa zehn Minuten später hörten wir das Geräusch einer Tür, die geöffnet und wieder geschlossen wurde. Stimmen drangen aus dem Korridor zu uns herein.

»Das sind sicher Mr. und Mrs. Ekdahl. Sie gehen jetzt«, sagte Delores und stand auf. »Ich hole rasch die Mädchen, damit sie sich von ihnen verabschieden können.«

Nachdem alle draußen vorbeigegangen waren, trat ich vorsichtig in den Korridor. Es war mir arg, daß ich die Urheberin dieses Aufruhrs war und vielleicht diese Familie zerstören würde; und mir war angst, weil ich noch immer nicht sicher war, die richtigen Personen beschuldigt zu haben. Ich wollte nicht gesehen werden. Gleichzeitig aber wollte ich sie sehen. Beide machten den Eindruck, als stünden sie unter Schock. Mr. Ekdahl, klein und hager, das schüttere Haar zerzaust, wich zurück, als Amber durch den Gang gestürzt kam.

»Mami! Mami!« schrie sie laut. »Nimm mich mit!«

Mrs. Ekdahl drückte ihre kleine Tochter an sich.

Nichts in ihrem Verhalten unterschied die Ekdahls von Millionen anderer Familien. Ich glaube, als ich in den Korridor trat, hoffte ich im Innern, etwas zu bemerken, das mir ein für allemal Klarheit verschaffen würde. Ich glaube, ich wollte das Böse an ihnen wenigstens spüren, um mit der sicheren Gewißheit ins Zimmer zurückkehren zu können, daß diese Menschen dessen schuldig waren, wessen ich sie bezichtigt hatte. Ich war sicher, daß Jadie mißbraucht worden war. Selbst wenn die Verbindung zu einer satanischen Sekte niemals bewiesen werden sollte, selbst wenn sich herausstellen sollte, daß Jadie schwer krank war und an Bewußtseinsstörungen litt – selbst dann konnten meiner Überzeugung nach nur schreckliche Geschehnisse die Wurzeln des Übels sein. Aber ich hatte eine tiefe Furcht davor, Unschuldige anzuklagen.

Die kleine Gruppe drängte sich vor der automatischen Tür zum Vorraum zusammen. Amber hing weinend und schreiend am Rock ihrer Mutter. Niemand bemerkte mich. Ich eilte zu dem Raum, in dem Jadie und Amber gewesen waren. Jadie war noch dort, saß immer noch auf dem Boden neben dem Karton mit den ausrangierten Spielsachen. Sie hielt eine alte Barbie-Puppe in den Händen.

»Deine Eltern gehen jetzt. Willst du ihnen nicht auf Wiedersehen sagen?«

»Schau mal, was für lange Haare die Puppe hat«, sagte Jadie. »Ich hab auch Barbie-Puppen zu Hause, aber keine hat so lange Haare.«

»Ich sagte, deine Eltern gehen jetzt.«

»Aber sie hat keine Kleider. Ich hab welche zu Hause. Ich wollt, ich könnt die Puppe hier behalten.«

»Jadie...«

Endlich hob sie den Kopf. »Sag du ihnen für mich auf Wiedersehen, okay?«

Bestürzt sah ich sie an. »Du wirst sie eine ganze Weile nicht mehr sehen. Amber ist vorn, um sich von ihnen zu verabschieden. Möchtest du nicht auch gehen?«

»Nein, ich muß jetzt spielen«, antwortete sie ohne den Hauch eines Gefühls in der Stimme. »Sag du ihnen für mich auf Wiedersehen.«

Am anderen Ende des Korridors klammerte sich Amber verzweifelt an das Bein ihrer Mutter. Irgend jemand versuchte, sie zu überreden loszulassen. Ich hielt mich im Hintergrund, immer noch tief erschrocken über das, was ich an diesem Abend getan hatte. Endlich öffnete sich die automatische Tür, und ein Polizeibeamter hielt sie auf, um die Ekdahls in den Vorraum hinauszulassen. Mit einem lauten, langgezogenen Seufzer fiel die Tür langsam wieder zu, und das Schloß schnappte ein. Die schluchzende Amber wurde von einer Sozialarbeiterin an mir vorübergetragen.

In der nachfolgenden Stille erschien Jadie im Korridor. Sie rannte stolpernd an mir vorbei zur automatischen Tür und versuchte, sie zu öffnen. Delores, die sie gesehen hatte, lief ihr nach.

»Sie sind schon weg, Jadie.«

Jadie rüttelte an der Türklinke.

»Ach Kind, es tut mir so leid. Sie sind schon gegangen.«

Jadie rüttelte noch einmal an der Klinke. »Ich wollt nur sehen, ob die Tür zugesperrt ist.«

24 Am nächsten Morgan kam Jadie nicht zum Unterricht, eine Folge der langen Nacht zuvor, vermutete ich. Als sie am darauffolgenden Tag wieder erschien, sah sie völlig verändert aus. Buchstäblich wie ein fremdes Kind. Das dicke dunkle Haar, das sie immer offen getragen hatte und das oft ungekämmt gewesen war, war jetzt sauber gescheitelt und auf der Seite mit einer breiten weißen Spange zurückgesteckt. Man hatte ihr lange Korkenzieherlocken gedreht, die mit roten Schleifen zu zwei Zöpfen gebunden waren. Sie sah niedlich aus – und sehr eigenartig. Um die Verwandlung zu vervollständigen, trug sie ein ziemlich knalliges, rotweiß kariertes Kleid mit gerüschten Ärmeln, das sicher nicht ihr gehörte.

»Wow!« schrie Jeremiah begeistert, als er sie sah. »Wow, siehst du doll aus, Mann! Richtig zum Anbeißen!« Und er rannte Jadie schmatzend hinterher.

»Verzieh dich!« fuhr Jadie ihn unwirsch an.

»Jeremiah, setz dich bitte.«

»Ja, ja, aber schau'n Sie doch mal die tollen Locken, Fräulein. Hey, du bist 'ne echt scharfe Mieze, Kleine.«

»Ach, hör doch auf«, rief Jadie wütend.

Sie wirkte gelöster. Ihre Haltung war nicht mehr ganz so starr, ihre Bewegungen lockerer. Sie duldete Jeremiahs Aufmerksamkeit; sie erlaubte Philip, mit ihr zusammenzuarbeiten; zum erstenmal seit Wochen nahm sie die Anwesenheit von Reuben und Brucie zur Kenntnis. Aber während der Mathematikstunde, als sie nach hinten ging, um ihre Mappe auf das Fensterbrett zu legen, sah ich, wie sie stehenblieb und zum Haus ihrer Eltern hinübersah.

»Hast du Sehnsucht nach zu Hause?« fragte ich leise.

»Amber, ja.«

»Und du?«

Sie kaute einen Moment auf der Unterlippe, dann nickte sie

nachdenklich. »Ich auch, ja. Am meisten Sehnsucht hab ich nach meiner Mama. Und nach ihrem Gutenachtkuß abends. Und meine Barbie-Puppen fehlen mir. Ich hab fast überhaupt nichts von meinen eigenen Spielsachen. Und ich hab Sehnsucht, weil nichts mehr so ist wie früher.«

In der Mittagspause ging Jadie mit den anderen in den Speisesaal hinunter, das erste Mal überhaupt, daß sie in der Schule zu Mittag aß. Nachdem ich die Kinder hinuntergeführt hatte, lief ich ins Klassenzimmer zurück, um mein Pausebrot zu holen und es ins Lehrerzimmer mitzunehmen. Auf dem Weg dorthin machte ich einen Abstecher in die Mädchentoilette, um mir die Hände zu waschen, die noch ganz klebrig waren von dem Brotteig, den ich mit Brucie geknetet hatte.

Es waren mehrere kleine Mädchen in der Toilette, die jedoch bei Erscheinen einer Lehrerin schnell das Weite suchten. Dennoch hatte ich, als die letzte hinausgegangen war, das Gefühl, nicht allein zu sein, und als ich mich suchend umblickte, sah ich Amber an der Tür stehen.

Sie war, genau wie Jadie, sehr ordentlich zurechtgemacht. Das lange helle Haar war sorgfältig gebürstet, auf beiden Seiten zurückgenommen und am Hinterkopf mit einer Schleife zusammengebunden. Wie Jadie hatte sie ein Kleidchen an, das nicht ganz der letzte Schrei war und vermutlich aus einer Kleidersammlung stammte.

»Hallo«, sagte ich.

»Was hast du meiner Mammi und meinem Daddy getan?«

»Ich habe ihnen nichts getan«, antwortete ich, obwohl ich nicht überzeugt war, daß es stimmte.

»Warum können wir dann nicht mehr heim?«

»Wenn alles gutgeht, könnt ihr ganz bestimmt wieder nach Hause. Aber die Leute von der Polizei und vom Jugendamt brauchen ein bißchen Zeit, damit sie prüfen können, ob alles gut ist.«

Amber neigte den Kopf ein wenig zur Seite. »Du hast auf Jadie gehört«, sagte sie leise, mit rauher Stimme.

»Wir wollen nur dafür sorgen, daß für euch Kinder alles gut und richtig ist.«

»Jadie kann nichts dafür, daß sie so ist. Sie ist verkehrt auf die Welt gekommen, und sie weiß überhaupt nicht, was sie sagt. Sie kann nichts dafür; es ist nicht ihre Schuld, aber du darfst nicht auf sie hören.«

In der Nachmittagspause kam Jadie zu mir. Es war ein kalter, grauer Dezembertag. Ein schneidender Wind wirbelte den Schnee von den Haufen am Rand des geräumten Spielplatzes. Ich hatte im Windschatten des Hauses Schutz gesucht. Jadie stellte sich neben mich.

»Ich kann ab jetzt nicht mehr mit dir reden«, sagte sie nach einer Weile.

»Warum denn nicht?«

»Weil Amber und ich jetzt immer mit dem Taxi kommen. Ich kann nach der Schule nicht mehr länger dableiben wie früher. Du mußt mich jetzt auch immer runterbringen zum Auto, genau wie die Jungs.« Es klang stolz, wie sie das sagte. Ich glaube, es tat ihr wohl, so zu sein wie die anderen.

»Wenn du mit mir sprechen möchtest, wird sich immer Zeit dazu finden.«

Jadie schmiegte sich näher an mich, als eine Bö ums Haus fegte und uns Schnee um die Füße wirbelte. »Hast du ihnen schon von Tashee erzählt?« fragte sie leise.

»Hast du's nicht getan?«

Sie schüttelte den Kopf. »Sie glauben's mir ja doch nicht, wenn ich's sage. Sag's du ihnen, okay? Du bist groß. Dir glauben sie's.«

Ich sah zu ihr hinunter. »Ich habe ihnen gesagt, was ich weiß, Jadie, mehr kann ich nicht tun. Ich habe es nicht erlebt.«

»Sie haben mir so Puppen gebracht. Die haben Löcher. Hast du das gewußt? Du weißt schon, im Popo und so. Und sie haben Haare unter den Armen. Bäh«, schmollte Jadie lächelnd und schnitt eine

Grimasse. »Der Mann hat einen Pimmel. Und der kleine Junge auch.«

Ich nickte. »Das soll es dir erleichtern, ihnen zu erzählen, was geschehen ist.«

»Amber will sie überhaupt nicht anfassen. Sie machen ihr angst. Sie sind wie die Puppen, die J. R. uns gibt. Seine Puppen haben auch Pimmel, und die sind groß und hart. Amber träumt immer von den Puppen. Ganz schlimme Träume.«

»Hast du das der Sozialarbeiterin erzählt?«

Jadie antwortete nicht.

»Du mußt mit ihnen sprechen, Jadie. Ich meine es ernst. Ich kann dich unterstützen, aber ich kann nicht diejenige sein, die es erzählt, weil ich nicht dabei war. Wenn ich es erzähle, erzähle ich es vielleicht falsch, und es ist sehr wichtig, daß wir nichts Falsches sagen. Es muß alles wahr sein.«

Sie drängte sich im kalten Wind an mich.

»Wirklich, Jadie. Du mußt mit ihnen sprechen. Du mußt ihnen in deinen eigenen Worten sagen, was du erlebt hast. Es reicht nicht, wenn es von mir kommt. Du mußt es selber erzählen.«

»Amber mag dich nicht mehr«, murmelte sie statt einer Antwort.

»Ich weiß.«

»Sie haßt dich.«

»Ja, das kann ich mir gut vorstellen.«

»Ich hab gesagt, du hilfst uns. Du rettest uns. Ich hab gesagt, sie muß dich mögen, weil du Gott bist. Aber sie hat nein gesagt. Sie sagt, du bist nicht Gott.«

»Da hat sie recht.«

Jadie zuckte nachsichtig die Achseln.

»Ich bin nicht Gott. Es ist höchste Zeit, daß du aufhörst, mich für Gott zu halten.«

»Das ist mir egal.«

»Und es ist ganz in Ordnung, wenn Amber mir böse ist«, fuhr ich fort. »Es ist sehr plötzlich vieles geschehen, was ihr angst macht.«

Jadie neigte ihren Kopf leicht zur Seite, so daß die langen Locken über ihre Schulter herabfielen. »Aber Tashee mag dich noch.«

»Ja?«

»Tashee sagt, Amber weiß gar nichts. Amber ist zu klein, aber ich muß auf sie aufpassen. Und auf Sapphire muß ich auch aufpassen, weil sie am allerkleinsten ist.« Sie schwieg einen Moment. »Ich glaub nicht, daß Sapphire dich haßt. Sie ist noch zu klein. Sie versteht nichts.«

Besorgt sah ich sie an. »Wie teilt Tashee dir das alles mit?«

Wieder zuckte Jadie die Achseln. »Sie tut's eben. Weißt du, ich glaube, es war so: Als Tashee gestorben ist, da ist ihr Geist in mich hineingekrochen, damit ich für sie reden kann. Ich hör zu, und dann denk ich an sie, und so kann ich sie verstehen. Ich denke nach, was sie will und wie ich ihr eine Freude machen kann, und dann versuch ich, das zu tun.«

Mir war sehr beklommen.

25

Die Woche verging in einem verwirrenden Wirbel von Besprechungen, Telefonaten und Gesprächen. Zweimal erschienen Leute vom Jugendamt mit ihren Puppen in der Schule, um mit Jadie und Amber zu sprechen. Die Polizei kam, sah Jadies Schulakten durch und sprach zuerst mit mir, dann mit Tinbergen und schließlich mit Alice Havers, die Jadie zwei Jahre in ihrer Klasse gehabt hatte. Mehrmals sahen wir drüben vor dem Haus der Ekdahls Polizeiautos stehen.

Wir erfuhren kaum etwas über den Stand der Ermittlungen; anfangs fand ich das nur beunruhigend, dann aber ausgesprochen quälend. Obwohl ich den Fall der Polizei und dem Jugendamt zur Kenntnis gebracht hatte, stand ich jetzt an der Peripherie des Geschehens, und meine Befürchtungen, daß es nicht gelingen könnte, handfestes Beweismaterial zu finden, stiegen von Tag zu Tag.

Sehr bedrückend für mich waren die Ermahnungen, auf keinen Fall mit Jadie zu sprechen. Im Unterricht sollte ich zwar weitermachen wie gewohnt, auf keinen Fall jedoch sollte ich tiefergehende Gespräche mit Jadie allein führen. Man fürchtete, ich könnte, ohne es zu wollen, Suggestivfragen stellen, die bei einem eventuellen Prozeß nur schaden konnten. Im Lauf der Woche erwachte in mir das ungute Gefühl, daß die Anwälte, die die Ekdahls jetzt vertraten, nachzuweisen versuchen würden, ich sei diejenige gewesen, die bei Jadie den Keim zu vielen ihrer Geschichten gelegt hatte.

Angesichts dieser Entwicklungen mochte ich immer weniger hinter meinem Verdacht stehen, daß Jadie und ihre Schwestern möglicherweise von einer schwarzmagischen Sekte mißbraucht worden waren. Jadie hatte noch immer nicht gesprochen; es gab kaum Beweise für einen Mißbrauch, schon gar nicht für einen Mißbrauch durch eine größere Gruppe Erwachsener. Die Polizei machte mich mehrmals darauf aufmerksam, daß mein Besuch in einer esoterischen Buchhandlung und mein Gespräch mit einer Frau, die eine Hexe zu sein behauptete, der Verteidigung, falls sie davon erfahren sollte, genug Material liefern würde, um nachzuweisen, daß die Verbindung zu einer satanischen Sekte eine Blüte meiner Phantasie sei. Ich hatte nur noch den Wunsch, mich herauszuhalten, um mir nicht meine berufliche Karriere zu ruinieren.

Mit Lindy allerdings sprach ich ziemlich ausführlich über meinen Verdacht. Es konnte doch sein, meinte ich, daß Jadie mit dem alten Videogerät, das ich im vergangenen Jahr mitgebracht hatte, deshalb so vertraut gewesen war, weil sie früher schon mit so einem Gerät zu tun gehabt hatte. War es nicht denkbar, daß diese schwarzmagischen Rituale, in denen man die Kinder mißbraucht hatte, gefilmt worden waren? Konnte nicht das die Erklärung dafür sein, daß Jadie mich mehrmals gefragt hatte, ob ich diese Geschehnisse auch in meinem Fernsehgerät gesehen hätte? Vielleicht war sie dabeigewesen, als man die Filme privat vorgeführt hatte, und hatte geglaubt, sie würden öffentlich ausgestrahlt. Vielleicht war das der Grund, warum alle Personen fiktive Namen aus der Fernsehserie »Dallas« hatten. Das, argumentierte ich, wäre doch ein guter Trick gewesen, um einer Identifizierung vorzubeugen. Die wiederholten Hinweise auf das Fernsehen würden Außenstehende selbstverständlich zu der Schlußfolgerung verleiten, daß all diese Schreckensgeschichten nur Kinderphantasien aufgrund von Filmen waren.

Die Sache mit dem Coca-Cola war auch eines der Beispiele, die ich anführte. In einem der Bücher, die ich mir in der esoterischen Buchhandlung besorgt hatte, war erwähnt worden, daß man den Opfern ritueller Mißhandlungen Valium oder andere Drogen in Getränke zu geben pflegte, um sie fügsamer zu machen, und Jadie hatte immer wieder erwähnt, daß Miß Ellie ihr Cola zu trinken gegeben hatte, wenn sie sie geholt hatte. Wenn das mit den Drogen zutraf, wäre hier die Erklärung dafür, daß Jadie nur verschwommene Erinnerungen an Einzelheiten dieser nächtlichen Geschehnisse hatte.

Lindy nahm alle diese Punkte durchaus ernst und interessierte sich besonders für den Zwischenfall mit der Puppe. Sie war wie ich der Überzeugung, daß von allen Geschehnissen dies am ehesten darauf hindeutete, daß nicht Jadie die Täterin war, sondern andere Personen die Hand im Spiel hatten.

Andererseits war sie genauso skeptisch wie ich.

»Ich glaube«, sagte sie, »es wird nur Verwirrung stiften, wenn Sie all diesen Hokuspokus zur Sprache bringen, meinen Sie nicht? Für uns kommt es vor allem darauf an, die Kinder in Sicherheit zu bringen. Nach allem, was Sie mir erzählt haben, und dem Verhalten der Ältesten zufolge, halte ich es für ziemlich sicher, daß die Kinder mißbraucht wurden, und ich möchte auf keinen Fall, daß sie wieder zu ihren Eltern zurückkehren. Aber wenn Sie vor Gericht mit Geistern und Hexen und dem ganzen Zeug anfangen, Torey, dann wird uns die Verteidigung in Stücke reißen. Verstehen Sie, was ich meine?«

Ich verstand nur zu gut. Ich war ja selbst nicht absolut überzeugt, daß Jadies Geschichten stimmten. Was für eine Zeugin würde ich da abgeben? Die möglichen Auswirkungen einer solchen Aussage auf meine berufliche Glaubwürdigkeit und die Befürchtung, daß man mich womöglich für eine Spinnerin oder etwas Schlimmeres halten würde, machten mir solche Angst, daß es mir leichtfiel, Lindys Vorschlag zuzustimmen, den ganzen Teufelszauber aus dem Spiel zu lassen, sollten sich nicht im Lauf der Ermittlungen konkrete Beweise für meinen Verdacht zeigen.

Ich war so kaputt, als ich nach dem Gespräch mit Lindy nach Hause kam, daß ich mich nur noch in den Sessel vor dem Fernsehapparat fallen lassen konnte. Ich machte mir nichts zu essen, ich zog nicht einmal meine Jacke aus. Ich schaltete wie ein Automat den Fernseher ein und starrte auf den Bildschirm.

Dann läutete es. Am liebsten hätte ich nicht aufgemacht, aber die Sorge, es könnte etwas Wichtiges sein, trieb mich aus dem Sessel.

Es war Lucy. »Hallo«, sagte sie ein wenig nervös und sah sich um. »Störe ich dich?« Obwohl wir im Sommer soviel zusammen gewesen waren, hatte sie mich nur wenige Male in meiner Wohnung besucht, und ich glaube, sie stellte sich immer noch vor, ich führte ein aufregendes gesellschaftliches Leben. Sie schien leicht enttäuscht darüber, daß niemand außer mir da war.

»Komm rein.« Ich merkte plötzlich, daß ich immer noch meine Jacke anhatte, und zog sie aus. »Ich bin selbst gerade erst gekommen.«

»Ich wollte dich wirklich nicht stören. Ich war nur gerade in der Nähe, und wir haben uns in letzter Zeit in der Schule so wenig gesehen...« Lucy zögerte und sah mich forschend an. »Ist alles in Ordnung, Torey?« sagte sie leise. »Das war es eigentlich, was ich fragen wollte. Wir wissen ja alle, was los ist. Im Lehrerzimmer wird von nichts anderem geredet...«

»Komm, setz dich«, erwiderte ich lächelnd. »Möchtest du etwas zu trinken?«

»Nein, nein, ich wollte nur auf einen Sprung vorbeikommen. Wie geht es dir, hm?« Sie setzte sich in den anderen Sessel. »Alles in Ordnung?«

Ich begann zu erzählen. Vieles über Jadies befremdliche »andere Welt« wußte sie schon, aber jetzt erzählte ich ihr auch von meinem Verdacht, Jadie könnte das wehrlose Opfer einer Sekte von Teufelsanbetern sein, die sie auf das Grausamste mißbrauchten. Gleichzeitig aber gestand ich ihr auch meine Zweifel. Ich berichtete von den Schwierigkeiten, mit denen Lindy und ihre Kollegen zu kämpfen hatten, von den Problemen, mit denen man rechnen mußte, wenn man sich mit einer derartigen Geschichte vor ein Gericht wagte. Lucy hörte mir schweigend zu.

Ich hatte nicht die Absicht gehabt, sie in das alles hineinzuziehen. Ich hatte sie sehr gern; sie war in Pecking meine einzige Vertraute. In ruhigen Augenblicken in der Schule hatten wir beide uns über viele sehr persönliche Dinge ausgetauscht. Wir hatten uns in guten Stunden miteinander gefreut und in schlechten gegenseitig aufgeheitert. Aber Lucy hatte etwas Unschuldiges und Naives an sich, das mich davon abhielt, alles mit ihr zu teilen. Sie liebte ihre heile Welt, die sich mit meiner realistischen Einstellung schlecht vereinbaren ließ. Aber nun schüttete ich ihr doch mein Herz aus. Ich war erschöpft, verängstigt und brauchte dringend ein wenig Teilnahme. Lucy bekam alles zu hören.

Sie lauschte mir aufmerksam, ohne mich zu unterbrechen. Erst als ich schwieg, sagte sie: »Glaubst du wirklich, daß so etwas vorgeht? Diese Rituale und so? Glaubst du wirklich, daß ein kleines Mädchen ermordet worden ist?«

»Ehrlich gesagt, ich weiß selber nicht mehr, was ich glaube. Ich bin vollkommen durcheinander.«

»Aber Jadie glaubt daran?«

Ich nickte.

»Was hat denn die Polizei gefunden?« fragte Lucy.

»Von denen erfahre ich kaum etwas. Das schlimmste an dieser Geschichte ist der Mangel an Kommunikation. Ich darf nicht mit Jadie sprechen, damit ich nicht aus Versehen Suggestivfragen stelle. Die Polizei spricht mit keinem Menschen. Die Leute vom Jugendamt wursteln fröhlich vor sich hin, und keiner fühlt sich verpflichtet, mir was zu sagen – sie sind es natürlich auch nicht. Ich bin ja nur die Lehrerin. Und Jadie – Jadie macht den Mund überhaupt nicht auf.« Ich seufzte. »Es wird eine Katastrophe, das weiß ich schon jetzt. Sie finden bestimmt keine stichhaltigen Beweise. Ich hatte schon mit anderen, gewöhnlichen Fällen von Kindesmißbrauch zu tun, und glaub mir, ich weiß, welche Art von Beweisen die Polizei braucht, um Anklage erheben zu können – wir werden nichts dergleichen vorzuweisen haben, und die ganze Sache wird im Sande verlaufen.«

Mir kamen fast die Tränen, als ich es endlich aussprach.

Lucy sah mich tröstend an. »Ich finde, du tust genau das Richtige.«

»Aber was ist, wenn sie nichts finden? Wenn Jadie am Ende doch wieder nach Hause muß? Wenn Jadie nie mit der Sprache herausrückt, und ich auf dieser skandalösen Geschichte von ermordeten Kindern und Voodoo-Puppen sitzenbleibe?«

»Nur weil Jadie mit diesen Leuten nicht spricht, wird doch das, was sie dir erzählt hat, nicht ungültig, Torey. Wenn die Polizei keine Beweise findet, bedeutet das doch nicht, daß es nicht geschehen ist. Du mußt auf dich selbst hören. Wenn es verrückt klingt, dann klingt es eben verrückt, aber das heißt nicht, daß es nicht Realität sein könnte.«

»Aber wir sind hier in Pecking«, konterte ich.

Lucy lachte. »Das müßte *ich* sagen, nicht du.«

Ich lächelte.

»Ich denke, in Wirklichkeit fragst du dich, warum *nicht* Pecking«, meinte sie.

Am Ende der Woche kam Arkie. »Wir haben heute einen Termin. Haben Sie schon davon gehört?«

»Gerüchteweise, ja.«

»Lindy hat uns gebeten, um halb fünf in der Dienststelle in Falls River zu sein. Können Sie das schaffen? Sie müssen sich jetzt entscheiden, welchen Weg sie gehen wollen. Delores sagte mir, daß sie eine achtundzwanzigtägige Verlängerung des Unterbringungsbeschlusses erwirken kann, aber ich habe noch nicht gehört, was die Polizei eigentlich vorhat. Wenn keine Anklage erhoben wird, werden die Kinder wohl zu ihren Eltern zurückkehren.«

»Und was will die Polizei von uns?«

Arkie zuckte die Achseln. »Ein abschließendes Gespräch, vermute ich.«

Ich betrachtete sie. In der letzten Woche war eine gewisse Distanz zwischen uns entstanden. Ich spürte ihre Mißbilligung über mein beharrliches Festhalten an der Möglichkeit, daß Jadies Behauptungen wahr sein könnten, und ich wußte, sie hatte große

Angst vor dem Presserummel, den ein solcher Fall auslösen würde. Die Bemerkung, die sie bei unserem letzten Abendessen gemacht hatte, »Auf Wiedersehen, *New York Times*, hallo, *National Enquirer*«, hatte ich nicht vergessen. In Arkies Augen hatte ich an beruflicher Kompetenz eingebüßt, und das bedrückte mich, zumal ich mir meiner Sache nicht sicher war.

»Welchen Ausgang würden Sie sich eigentlich vorstellen?« fragte ich.

Arkie überlegte einen Moment. »Daß die Gerechtigkeit siegt, denke ich.«

Weihnachten rückte näher und ließ sich nicht ignorieren, obwohl ich überhaupt nicht in Stimmung war. Die Straßen von Falls River waren bereits mit bunten Lichtern geschmückt, und an der Ecke neben dem Polizeirevier stand ein hagerer Nikolaus und läutete mit einem Armesünderglöckchen, dessen Bimmeln sich mit Weihnachtsgesängen aus dem Lautsprecher mischte.

»Hallo«, sagte Lindy, die uns im Vorraum erwartet hatte. »Kommen Sie mit.«

Ich hatte mit einer ganzen Gruppe von Leuten gerechnet, da ich angenommen hatte, wir würden die Ergebnisse der Woche zusammenfassen; es waren jedoch nur Lindy, Arkie und ich da. Lindy bemerkte wohl meine Überraschung, denn sie sagte: »Das ist nur eine zwanglose Zusammenkunft. Ich dachte, wir könnten ein letztes Mal versuchen, die Fakten zu sichten.«

Arkie und ich nickten.

Wir waren in einem kleinen, grau gestrichenen Raum mit einem großen Tisch. Arkie und ich setzten uns auf die eine Seite des Tisches, Lindy, die einen Stapel Hefter mitgebracht hatte, setzte sich uns gegenüber.

»Ich muß gestehen, die Sache ist ziemlich schwierig«, begann sie. »Ich wollte, ich könnte Ihnen etwas Positives mitteilen, aber ...« Sie blätterte in den Papieren. »Wir haben die Kinder gründlich untersucht. Es gibt keine Anzeichen für körperliche Mißhandlungen, außer vielleicht diesem Mal auf dem Bauch der Sechsjährigen. Die Kinder sind vielleicht nicht so gepflegt wie sie sein könnten, aber sie sind alle drei gesund und in guter körperlicher Verfassung.

Was einen sexuellen Mißbrauch angeht, nun – das Jungfernhäutchen ist bei allen drei Mädchen versehrt. Das geschieht in vielen Fällen auf natürliche Weise, zum Beispiel beim Spielen, und selbstverständlich behaupten die Eltern, das sei auch bei ihren Kindern der Fall. Bei den älteren Mädchen ist das denkbar, bei einer Anderthalbjährigen ist es mindestens ungewöhnlich. Aber darauf allein können wir uns bei einer Anklage wegen sexuellen Mißbrauchs nicht stützen. Bei der Ältesten und der Jüngsten wurde auch eine Anuserweiterung festgestellt. Das kann von analer Penetration herrühren, kann aber auch einfach ein Indiz für Verstopfung sein – etwas, das bei Kindern dieser Altersgruppen häufig vorkommt. Andere Hinweise wurden nicht gefunden. Kurz, wir haben praktisch nichts in der Hand, um die Sache mit dem sexuellen Mißbrauch weiterzuverfolgen.«

Lindy schob die Papiere zur Seite und nahm sich einen anderen Ordner vor. »Unser Psychologe hat drei Spielsitzungen mit den Kindern abgehalten, je zwei Einzelsitzungen und eine mit allen dreien gemeinsam. Bei den beiden jüngeren zeigte sich nichts Auffälliges. Bei der Ältesten – Jadie – wurde eine gewisse Sexualisierung offenkundig. Sie demonstrierte ganz ungeniert vaginalen Geschlechtsverkehr, analen Geschlechtsverkehr und Fellatio. Aber wir müssen daran denken, daß sie fast neun ist.

Dr. Denning von der Psychiatrie hat ein Gutachten über die psychische Stabilität und den Entwicklungsstand der beiden älteren Mädchen erstellt. Beide sind, soweit er feststellen konnte, normal intelligent. Jadie allerdings weigerte sich, an den verbalen Tests teilzunehmen. Sie sind beide nicht übermäßig stabil, meint er, aber sie waren auch nicht gerade sehr kooperativ bei der Testung. Es ist fraglich, was uns diese Daten nützen werden.

Eingedenk Ihres Verdachts, Torey, daß eine schwarzmagische Sekte oder ein Pornoring im Spiel sein könnten, haben wir einen Durchsuchungsbefehl erwirkt und uns das Haus der Ekdahls vorgenommen. Viel haben wir nicht gefunden. Ein paar *Playboys*, die hinter dem Sofa versteckt waren, zwei Bücher über Astrologie, eines über magische Zahlen, einen kleinen Karton mit Knochen, die dem Laborbefund zufolge von kleinen Tieren stammen, und sechs Kartons weiße Kerzen.«

»Und welche Erklärung hatten sie für die beiden letzten Dinge?« fragte ich.

»Mr. Ekdahl sagt, er hätte die Knochen draußen auf den Feldern gesammelt. Skelette zusammensetzen ist anscheinend sein Hobby. Er sagte, er hätte eigentlich immer Tierpräparator werden wollen, habe sich aber die Ausbildung nicht leisten können; darum geht er an den Wochenenden los und sammelt Knochen. Er konnte seine Aussage auch untermauern. Er hatte zwei fertig zusammengesetzte Skelette zu Hause, eines von einem Eichhörnchen, das andere von einer Katze.« Lindy rümpfte die Nase. »Ekelhaft, diese neckischen Posen, die er ihnen gegeben hat. Wir haben sie mitgenommen, aber ich kann mir, ehrlich gesagt, nicht vorstellen, daß es Leute gibt, die ihre Schwarzen Messen um ein Eichhörnchen herum aufführen, das mit übergeschlagenen Beinen und einer Zeitung in den Pfoten auf einer kleinen roten Bank sitzt.

Die Kerzen haben sie angeblich auf Vorrat gekauft, um im Winter bei Stromausfällen nicht im Dunkeln zu sitzen. Sechs Schachteln sind ein bißchen viel, aber Mrs. Ekdahl behauptete, sie wären im Preis heruntergesetzt gewesen, als sie sie kaufte. Tja...« Lindy schwieg.

»Das wird nicht reichen, nicht wahr?« fragte ich leise.

»Nein, für eine Anklage nicht.«

»Aber was ist mit diesen Typen aus ›Dallas‹?« beharrte ich. »Sie spricht so realistisch –«

»Nein, *sie* nicht«, entgegnete Lindy. »Das ist ja das Problem. Realistisch erzählen *Sie*, Torey. Jadie hingegen hat bisher noch kein Wort gesprochen, jedenfalls nicht mit mir. Natürlich haben wir versucht, den Dingen nachzugehen, die sie Ihnen erzählt hat, aber wenn Sie uns keine genaueren Angaben machen können, wissen wir überhaupt nicht, wo wir ansetzen sollen. Ein einfaches Beispiel: Wenn Sie von diesen Leuten berichten, dann geht es um fünf oder sechs oder mehr Personen, die *alle* an einem sexuellen Mißbrauch beteiligt sind. Wir haben aber höchstens zwei Verdächtige. Wo sind die anderen? Wer sind sie?«

»Ich denke, wir müssen der Möglichkeit ins Auge sehen, daß diese Leute überhaupt nicht existieren«, warf Arkie leise ein. »Ich weiß, daß ist hart für Torey. Sie ist dem Kind am nächsten; sie hat Jadies Vertrauen, und die Kleine kann ungeahnt lebendig sein, wenn sie spricht. Aber ganz abgesehen davon, ob ein Mißbrauch vorliegt oder nicht, ist Jadie ein seelisch schwer gestörtes Kind. Es ist gut möglich, daß wir Phantasiebildern nachjagen.«

Ich sah sie bestürzt an.

»Torey, Sie müssen das akzeptieren.«

»Aber wieso können *Sie* nicht akzeptieren, daß es wahr sein könnte?«

»Ich kann's eben nicht. Sie ist psychisch krank. Ich möchte hier keine Wiederholung der Hexenjagd von Salem erleben. Sie wissen doch, wie das damals war? Hysterische Kinder, die unschuldige Erwachsene anklagten. Die Menschen haben sich seitdem nicht verändert, und ich möchte keinen Anteil daran haben, das Leben dieser Menschen zu zerstören. Es sind *Menschen*, Torey. Es ist eine Familie, und nach dieser Geschichte wird für diese Familie nichts mehr so sein, wie es einmal war. Wir alle, Sie und ich, die Leute von der Polizei und die Leute vom Jugendamt, wir können einfach gehen und es hinter uns lassen. Aber die Ekdahls nicht. Mir macht dieses Gerede von Hexen und Satan und Schwarzen Riten eine Riesenangst, das kann ich Ihnen sagen – weil ich weiß, was damit angerichtet werden kann. Es ist interessant, es ist aufregend, endlich mal ein bißchen Pfeffer in langweiligen Polizeiberichten und im täglichen Einerlei... Ich habe Angst, wir könnten vergessen, daß wir es hier mit Menschen zu tun haben, und vernichten sie einfach.«

Wir alle schwiegen. Lindy raschelte einen Moment noch mit ihren Papieren, brach aber das drückende Schweigen nicht. Erst nach einer ganzen Weile sah sie mich fragend an.

»Was meinen Sie? Glauben Sie, daß das Kind die Wahrheit sagt?«

»Ich weiß es nicht«, antwortete ich müde und niedergeschlagen. »Ich weiß es wirklich nicht. Aber – was mich immer wieder überzeugt hat, wenn sie erzählte, waren weniger die Berichte über die Greueltaten als die kleinen Einzelheiten. Sie erzählte mir zum Beispiel, daß Tashee immer fror; daß Tashee für ihr Alter klein war; daß sie sie immer beschützen wollte. Oder neulich erst, kurz vor dem Erntedankfest: Da erzählte einer meiner Jungen, ein kleiner Indianer, von einem Kopfschmuck seines Vaters. Jadie sagte plötzlich, Tashee hätte echte Mokassins gehabt. Sie beschrieb dem Jungen genau, wie sie ausgesehen hatten, daß sie bis über die Knöchel reichten und so weiter. Mir fiel die Sache auf, weil sie nicht über Tashee sprach und weil sie nicht mit mir sprach. Sie sprach von den Mokassins, und ihre Worte waren an den Jungen gerichtet. Was sie beschrieb, waren tatsächlich echte indianische Mokassins, nicht diese billigen Nachahmungen, die den Touristen angedreht werden. Bis ins Detail. Man muß schon recht geschickt sein, um so lügen zu können, und ich finde die Beschreibung bemerkenswert ausführlich, wenn es sich wirklich nur um Phantasien einer Kranken handeln soll.«

»Aber es könnte sein«, beharrte Arkie. »Vielleicht wünschte sie sich die Mokassins. Dann wäre es nur natürlich, daß sie sie Tashee angezogen hat.«

Lindy schüttelte den Kopf. »Wir sind also im Grunde genommen nicht viel weiter, als wir letzte Woche waren.«

26

»Mann, was machen wir ’n hier drin? Kriegen wir eigentlich ’n Christbaum oder so was?« fragte Jeremiah am Dienstag morgen verdrossen.

Wir hatten vor einer halben Stunde etwa mit dem Unterricht begonnen. Die Kinder saßen gemeinsam um den Tisch, jedes mit seiner Aufgabe, aber keines arbeitete. Brucie führte ein angeregtes Gespräch mit seiner Malkreide, fuchtelte mit ihr vor seinem Gesicht herum und stieß dazu die seltsamsten Laute aus. Reuben hatte seine erste Rechenaufgabe gelöst, deren Ergebnis »12« lautete. Er war so hingerissen vom Anblick der auf die Eins folgenden Zwei, daß er die Reihe gleich mit 3, 4, 5 und so weiter fortsetzte und gar nicht mehr aufhörte, Zahlen zu schreiben. Zweimal schon hatte ich versucht, ihn auf seine nächste Aufgabe hin zu orientieren, aber ich brauchte mich nur abzuwenden, und schon kritzelte er weiter seine Zahlen aufs Papier. Mittlerweile war er bei 736 angelangt. Philip hatte einen großen Weihnachtsstrumpf auf sein Blatt gezeichnet und war dabei, ihn mit Sternen zu verzieren. Jadie saß da und tat gar nichts.

»Wir können uns in den kommenden Wochen noch genügend Gedanken über Weihnachtsbäume machen, Jeremiah. Jetzt wird erst einmal gerechnet.«

»Ach, immer rechnen! Machen wir eigentlich eine Weihnachtsfeier?«

»Darüber unterhalten wir uns ein andermal. Arbeite weiter.«

Er warf seinen Stift auf den Tisch, packte mit beiden Händen seinen Stuhl und knallte ihn mit voller Wucht auf den Boden. Plötzlich fiel sein Blick auf Philips Blatt.

»Schau’n Sie mal, was der macht, Fräulein. Schau’n Sie doch mal! He, Kleiner, was kriegst ’n du vom Weihnachtsmann, wenn du immer schön brav warst? Was steckt er dir ’n in deinen klitzekleinen Strumpf, hm?«

»Jeremiah, bitte setz dich.« Ich griff mit einer Hand nach hinten zum Bücherregal. »Hier, Phil! Da hast du ein neues Rechenblatt.« Ich nahm das bemalte weg.

»Ich häng keinen Strumpf mehr auf«, verkündete Jeremiah großspurig. »Dazu bin ich schon viel zu groß. Das hat meine Mama gesagt. Sie hat gesagt, ich krieg gar nix.« Er zuckte die Achseln. »Aber das is mir gleich. Weil nämlich das, was ich mir wünsch, sowieso nicht in 'nen Strumpf paßt. Wissen Sie, was ich mir wünsch?« Er warf sich rücklings über den Tisch und sah mir von unten direkt ins Gesicht. »Ein BMX-Rad.«

Ich hielt es für das beste, ihn zu ignorieren, was nicht einfach war, da er praktisch auf meinem Schoß lag, und versuchte, Brucies Aufmerksamkeit wieder auf seine Arbeit zu lenken.

»Was kriegst 'n du, Kleine?« fragte er Jadie und wälzte sich über den Tisch zu ihr.

»Ach, verzupf dich«, antwortete Jadie.

Ich packte Jeremiah kurzerhand an Hemdkragen und Gürtel, hievte ihn vom Tisch und setzte ihn aufrecht auf seinen Stuhl.

»Wow! Habt ihr das gesehen, Leute? Unser Fräulein is vielleicht stark! Wie die mich hochgehoben hat. Hey, da muß man schon parieren, sonst gibt's was. Mann, Fräulein, das war echt stark –«

»Jeremiah, *arbeite*!«

Zwanzig Sekunden lang wohltuende Stille, ehe Jeremiah wieder aufsah. »Wißt ihr was, wir sagen jetzt alle, was wir uns zu Weihnachten wünschen.«

»Du hast uns schon von deinem Fahrrad erzählt. Jetzt bleib lieber bei deinen Rechnungen.«

»Nein, nein, solche Wünsche mein ich doch nich. Sondern richtige, so wie Friede auf Erden und so. Ich mein, was man sich nich für sich selber wünscht, sondern für alle.«

Der Vorschlag reizte mich. »Okay, Jeremiah, und was würdest du dir wünschen?«

»Daß keiner mehr auf Menschen mit dunkler Haut rumhackt.

Daß es ganz gleich is, ob man schwarze Haut oder braune Haut hat, daß keiner zusammengeschlagen wird, nur weil er anders is.«

»Das ist ein guter Wunsch, Jeremiah. Wäre es nicht wunderbar, wenn er in Erfüllung ginge?«

»Was wünschst du dir, Kleine?« fragte er Jadie.

Jadie überlegte einen Moment, dann zuckte sie die Achseln. Ich dachte schon, sie würde nicht antworten. Aber dann tat sie es doch. »Keinen Streit mehr. Daß alle auf der Welt froh und glücklich sind.«

Philip sprang aufgeregt auf und nieder. »Mhii-mhii!« Er gestikulierte wild mit beiden Händen. »Hhhauf-hheeeehn!«

»Tut mir leid, Philip, aber wir können dich nicht verstehen. Kannst du es uns mit Zeichen sagen?« fragte ich, da Philip mittlerweile über ein recht ansehnliches Repertoire an Handzeichen verfügte.

Wieder sprang er von seinem Stuhl auf und gestikulierte. »Hhhauf-hhheeen.«

»Aufstehen?«

Lachend deutete er auf Jadie und begann von neuem, seine Zeichen zu machen.

»Jadie soll aufstehen?«

Weitere Gesten und Zeichen.

»Du wünschst dir zu Weihnachten, daß Jadie gerade stehen soll?«

Philip nickte glücklich.

»Hey, das is gemein, Mann!« rief Jeremiah. »Mußt du's ihr auch noch unter die Nase reiben, daß sie so is, wie sie is? Sie kann doch nix dafür, daß sie ein Krüppel is. Genauso wie du nix dafür kannst, daß du so blöd bist.«

Ich wollte Jeremiah schon in die Parade fahren, da kam Jadie mir zuvor. »Ich bin kein Krüppel, Jeremiah. Ich *kann* gerade stehen«, sagte sie leise.

Er starrte sie verblüfft an.

»Ich kann mich gerade hinstellen.« So mühsam wie das erste Mal bei mir in der Garderobe, stützte Jadie sich mit beiden Händen auf dem Tisch ab und stemmte ihren Oberkörper in die Höhe. Als sie aufrecht saß, schob sie ihren Stuhl zurück und stand auf. Es schien sie große Anstrengung zu kosten, aber sie schaffte es. Kerzengerade stand sie vor uns.

Philip war so selig, daß ich fürchtete, er würde von Glück überwältigt in Ohnmacht fallen. »Hhhhaah! Hahh! Hhhaaahh!« schrie er immer wieder.

Jadie drückte beide Hände auf den Bauch.

»Was ist?« fragte ich beunruhigt. »Ist dir übel?«

»Nein.« Sie war sichtlich überrascht. Sie bog sich ein wenig nach rückwärts und betastete ihren Bauch in der Nabelgegend. »Es tut gar nicht mehr weh.«

Wir alle beobachteten sie gespannt.

»Es tut hier nicht mehr weh«, wiederholte sie ungläubig.

Jeremiah faßte sich schließlich als erster. »Mensch, Kleine!« rief er mit abgrundtiefer Bewunderung. »Du kannst ja wirklich grade stehen.«

Jadie sah ihn nur wortlos an.

»Du stehst ganz grade, Jadie. Wie ein normaler Mensch!«

Als es zur Pause läutete und die anderen in die Garderobe stürzten, um ihre Jacken und Mäntel zu holen, hielt ich Jadie zurück. »Können wir einen Moment miteinander sprechen? Mrs. McLaren bringt die Jungen hinunter, da werden wir nicht gestört. Ich möchte gern einen Moment allein mit dir reden.«

Sie sah mich stumm an.

»Du weißt doch, was für ein Tag heute ist, nicht wahr? Es ist acht Tage her, seit ihr nach Red Circle gekommen seid.«

Sie nickte.

»Hat euch jemand gesagt, wie es jetzt weitergeht?«

Jadie zuckte die Achseln. »Es kommen immer irgendwelche

Leute. Der Doktor war schon ein paarmal da und hat uns untersucht. Und die Frau mit den Puppen.«

»Ja, aber ich meinte, wie es in Zukunft werden soll. Hat jemand mit euch darüber gesprochen?«

»Wir kommen in eine neue Pflegestelle. Das hat Mrs. Verney gesagt. Sie hat gesagt, Amber und ich dürfen noch mal heim und unsere Spielsachen holen, und dann kommen wir woandershin, weil wir in Red Circle nicht bleiben können. Die nehmen da Kinder immer nur für kurze Zeit.«

»Hat jemand davon gesprochen, daß ihr vielleicht zu euren Eltern zurückkehren könnt?«

Jadie blickte auf. Sie hatte die aufrechte Haltung nicht beibehalten können und stand wieder gekrümmt. Jetzt stützte sie sich auf die Rückenlehne des Stuhls, um nicht ganz in die alte Haltung zurückzufallen.

»Was würdest du denn dazu sagen, wenn du wieder nach Hause könntest?«

Ihre Augen füllten sich augenblicklich mit Tränen. »Ich will wieder zurück.« Sie wischte sich die Augen. »Das wünsche ich mir zu Weihnachten. Das ist das einzige, was ich mir wünsche. Ich hab Sehnsucht nach meinem Zimmer. Und nach meiner Mami.«

Seit ich erfahren hatte, daß die Kinder wahrscheinlich nach Hause zurückkehren würden, hatte ich Jadies Reaktion auf diese Nachricht gefürchtet und mit einem heftigen Auftritt gerechnet. Ihre Worte erleichterten mich tief. Die Spannung, die mich den ganzen Morgen gelähmt hatte, löste sich mit einem Schlag.

»Du möchtest also gern wieder nach Hause? Ach, Jadie, ich bin wirklich froh, das zu hören.«

»Ja, aber ich kann nicht.«

»Doch, Schatz, ich glaube, ihr dürft wirklich wieder nach Hause. Ist das nicht schön? Ich habe gestern bei der Polizei gehört, daß ihr wahrscheinlich nicht in eine andere Pflegefamilie kommt, sondern wieder zu euren Eltern dürft, wenn alles in Ordnung ist.«

Ruckartig hob Jadie den Kopf und starrte mich groß an. Ihr Gesicht verlor alle Farbe. »Aber es ist doch gar nicht alles in Ordnung«, flüsterte sie mit erstickter Stimme.

»Die Polizei hat sich alles genau angesehen, Jadie –«

»Es ist *nicht* in Ordnung.«

Sie war voller Angst. Ihr Atem war flach. Sie legte beide Hände um ihr Gesicht und sah hastig von einer Seite zur anderen, als erwarte sie eine feindliche Invasion. Einen Moment lang drückte sie beide Hände auf die Augen. Dann sah sie mich an.

»Es war doch nur ein Wunsch«, erklärte sie klagend. »Hast du das nicht gewußt? Hast du das nicht verstanden? Ich will gar nicht wirklich wieder heim. Ich wünsche mir nur, ich könnte. Aber ich kann nicht.«

Ich sah sie fragend an.

»Da ist doch Miss Ellie. Wenn wir jetzt wieder heimkommen, wo ich das getan hab, macht Miss Ellie uns alle tot, mich und Amber und Sapphire.«

Ich war tief bestürzt und konnte sie nicht einmal trösten. Ich konnte sie nicht beruhigen und sagen, sie brauche ja nicht zurück, ich würde sie davor bewahren, ich würde sie retten; denn Tatsache war ja, daß ich gar nichts tun konnte. Ich hatte Jadie keinerlei Versprechungen gemacht, um sie zum Reden zu bewegen. Ich hatte es einige, wenn auch wenige Male erlebt, daß die Behauptungen eines Kindes, mißbraucht worden zu sein, sich als falsch herausgestellt hatten, und das Kind wieder in die Obhut seiner Eltern gegeben worden war. Diese Erfahrungen hatten mich gelehrt, keine Versprechungen zu machen, die ich dann vielleicht nicht halten konnte. Ich brauchte mir also eigentlich keine Vorwürfe zu machen, und doch hatte ich das Gefühl, menschlich versagt zu haben.

Eine bedrückende Stille hüllte uns ein. Alle möglichen unrealistischen Gedanken schossen mir durch den Kopf. Ich sah mich, wie ich Jadie packte und mit ihr davonlief, in meinen Wagen sprang und einfach abfuhr, aber ein wirklich rettender Gedanke kam mir nicht.

Niedergeschlagen zog ich einen Stuhl heran und setzte mich. Jadie blieb stehen. Ihr Blick wanderte umher, traf meinen, und wir sahen beide weg. Sie seufzte. Das Schweigen vertiefte sich.

Schließlich zog sich auch Jadie einen Stuhl heran und setzte sich mir gegenüber an den Tisch. »Ich geh nicht zurück«, sagte sie leise, aber entschlossen.

Wieder das Schweigen. Was sollte ich sagen? Sollte ich mich rechtfertigen? Das Handeln der Polizei verteidigen? Sollte ich versuchen, es so darzustellen, als sei alles nur halb so schlimm? Ihr vor Augen führen, wie schön es für sie sein würde, wieder in ihrem eigenen Bett zu schlafen und mit ihren eigenen Sachen zu spielen, auch wenn sie dafür ab und zu eine kleine Vergewaltigung würde hinnehmen müssen? Sollte ich ihr anbieten, mit ihr nach Mexiko durchzubrennen? Den Kampf gegen ihre Eltern, die Polizei und den ganzen Staat aufzunehmen, wenn nötig? Sollte ich sagen, ich würde niemals aufgeben? Versuchen, sie zu trösten? Sagen, ich verstünde es, obwohl das überhaupt nicht sein konnte?

Jadie saß stumm, die linke Hand offen auf dem Tisch, und preßte mit der anderen mehrmals die Haut an ihrem Handgelenk zusammen, bis sie weiß wurde. Ich sah zur Uhr hinauf und hoffte, Lucy würde die Jungen bei sich behalten, falls ich die für die Pause eingeräumte Zeit überschreiten sollte.

»Weißt du was?« meinte Jadie beiläufig. »Weißt du, was man mit den Adern da tun kann?« Sie tippte auf ihren Puls. »Man kann sie mit einem Messer aufschneiden, und dann läuft das ganze Blut aus einem raus. Es läuft so schnell raus, daß man stirbt.«

Ich erschrak.

»Tot sein ist nicht so schlimm«, fuhr sie leise fort. »Nur sterben tut weh. Aber tot sein – das ist ganz still und ruhig. Ich denk mir, das ist so, wie wenn man schläft. Nur träumen tut man nicht.«

Mir wurde der Mund trocken. »Jadie, sag nicht so etwas.«

Sie hob den Kopf und sah mir in die Augen. »Warum nicht?«

»Weil das keine Lösung ist.«

»Warum nicht?«

Das wußte ich selbst nicht. Ich wußte nicht mehr, was ich sagen sollte. Ich griff über den Tisch und sah, daß meine Hand zitterte. Jadie ließ sich meine Berührung gefallen, aber sie blieb teilnahmslos.

»Ich geh nicht zurück«, sagte sie noch einmal. »Es ist mir ganz gleich, was du oder die anderen sagen. Ich geh nicht zurück. Ich geh nie mehr zurück.«

»Weißt du, was besser wäre als sterben?« fragte ich.

Sie hob wieder den Kopf.

»Ihnen von Tashee zu erzählen. Ihnen alles zu sagen.«

»Das hab ich schon getan. Sie glauben mir gar nichts.«

»Du hast es nicht getan, Jadie. Du hast nicht ein einziges Wort gesprochen. Du hast alles Reden mir überlassen, und *ich* bin es, der sie nicht glauben. Du selbst mußt es ihnen sagen. Du weißt es. Wenn sie all die Dinge, die du mir erzählt hast, von dir hören, aus deinem eigenen Mund, dann müssen sie dir glauben. Niemand kann das hören, ohne es zu glauben.«

Jadie senkte wieder den Kopf und bearbeitete ihr Handgelenk.

»Warum willst du es nicht wenigstens versuchen?«

Sie antwortete nicht.

»Hast du Angst? Wovor? Vor Miss Ellie? Vor ihren Spinnen?«

Sie zuckte die Achseln.

»Wie wär's denn, wenn jemand von der Polizei hierherkäme? In die Schule. Wenn ich Lindy anriefe, dann käme sie bestimmt hier heraus. Ihr könntet in die Garderobe gehen und absperren, genau wie wir beide es immer getan haben. Würde es das leichter machen? Könntest du dann sprechen?«

Als Jadie wieder aufblickte, hatte ich zum erstenmal den Eindruck, daß sie schwankte.

»Ich kann sie gleich jetzt anrufen«, fuhr ich fort. »Sie könnte noch heute morgen herkommen, ehe darüber entschieden wird, ob ihr wieder nach Hause geht oder nicht. Wenn du ihr alles sagen würdest, Jadie –«

»Ich kann nicht.«

»Wenn du nicht zurück willst, dann müssen sie doch wissen, warum. Nur dann können sie es verhindern.«

»Ich kann nicht.« Sie senkte wieder den Kopf.

»Willst du dir lieber die Pulsadern aufschneiden? Aber was soll dann aus Amber und Sapphire werden?«

Ihr kamen die Tränen.

»Überleg doch mal, wie es für sie sein würde, wenn du nicht mehr da wärst.«

»Ich kann nicht.«

»Doch, Jadie, du kannst. Du kannst aufrecht stehen, wie du eben gezeigt hast, wenn du nur willst; du kannst auch sprechen, wenn du nur willst.«

»Aber Geister haben keinen Mund«, wimmerte sie.

»Das kann schon sein, aber du bist ein kleiner Mensch, Jadie. Du hast einen Mund. Du mußt sprechen. Bitte.«

27 Lindy kam sofort. Gegen Viertel nach elf war sie in der Schule. Die Kinder und ich saßen zusammen am Tisch, als sie ins Klassenzimmer trat. Bei ihrem Erscheinen stand Jadie wortlos auf und führte sie in die Garderobe. Die Tür schloß sich. Wir hörten das Knirschen des Schlüssels, als sie abgesperrt wurde.

»Wer is 'n die Frau?« fragte Jeremiah. »Was will die von unserer Kleinen?«

»Sie möchte mit Jadie sprechen.«

»Warum denn?«

»Jadie hat Sorgen zu Hause«, erklärte ich, »und die Dame ist hergekommen, um ihr zu helfen.«

»Wow!« sagte Jeremiah gedämpft. »Die sieht ja klasse aus. Unsere Kleine hat vielleicht ein Glück.«

»Ja, vielleicht.«

Als es zur Mittagspause läutete, nahm Lucy mir die Jungen ab, und ich blieb im Klassenzimmer. Aus der Garderobe drang kein Laut. Das Schulhaus war ein alter Bau mit dicken Mauern. Ich konnte nicht einmal ausmachen, ob Jadie überhaupt sprach. Gern wäre ich näher zur Tür gegangen, aber ich unterließ es. Meine Sorge war, daß ich Lindy wieder einmal umsonst mobilisiert haben könnte und Jadie sich auch diesmal genauso in beharrliches Schweigen zurückziehen würde wie bei allen früheren Gesprächsversuchen. Andererseits saßen die beiden jetzt schon so lange hinter den verschlossenen Türen der Garderobe, daß ich Hoffnung schöpfte, Jadie könnte sich endlich doch durchgerungen haben zu sprechen.

Am stärksten bedrückte mich die Frage, was aus Jadie werden würde, wenn sie nicht sprechen sollte. Ich hatte noch ihre Stimme im Ohr, als sie von Selbstmord gesprochen hatte, und wußte, daß dies kein leeres Gerede gewesen war. Sie verstand genau, was Sterben bedeutete. Ich saß am Tisch und wartete und überlegte, was ich noch tun könnte.

Gegen Mittag kam Tinbergen. »Sind sie immer noch drinnen?« Er wies mit dem Kopf zur Garderobe.

»Ja.«

Er setzte sich zu mir an den Tisch. Wir sprachen nicht miteinander; wir warteten nur.

Als die Tür zur Garderobe sich öffnete, war es bereits halb eins. Jadie kam zuerst heraus. Sie war sehr blaß, aber sie hielt sich fast aufrecht. Sie wirkte so erschöpft, als bräuchte sie jetzt vor allem Schlaf.

»Möchtest du jetzt dein Mittagessen, Jadie?« fragte Tinbergen. »Ich glaube, sie haben es dir aufgehoben.« Er stand auf und bot ihr die Hand.

Lindy sah so blaß aus wie Jadie. Ohne ein Wort ließ sie sich auf den Stuhl fallen, den Tinbergen frei gemacht hatte, und starrte auf die Tür, die sich leise hinter Jadie und Tinbergen schloß.

»Ich glaube, mir wird übel«, sagte sie leise, den Blick immer noch auf die Tür gerichtet.

»Jadie hat also gesprochen?«

»Das ist kein Witz«, mahnte Lindy. »Ich glaube wirklich, ich muß mich übergeben.«

Ihr Gesicht war grau geworden. Mit einer Hand umklammerte sie die Tischkante so fest, daß ihre Fingerkuppen weiß wurden.

»Ich hole Ihnen ein Glas Wasser«, sagte ich hastig und lief zum Spülbecken.

»Sechs Jahre bin ich jetzt bei der Polizei«, murmelte Lindy, als ich mit dem Wasser zurückkam, »aber so etwas habe ich mein Lebtag noch nicht gehört.« Sie nahm das Glas von mir entgegen und trank einen Schluck. »Hat sie Ihnen von dem kleinen Mädchen erzählt? Davon, was – diese Leute angeblich mit ihr getan haben? Wie sie sie getötet haben?«

Ich nickte.

»Ich habe wirklich einiges an Grausamkeit und Brutalität erlebt. Das gehört in unserem Beruf dazu. Man gewöhnt sich daran. Aber wenn ein Kind, ein achtjähriges Kind, einem solche Dinge erzählt… Das Messer. Das Blut. Daß sie von dem Blut trinken mußte.« Lindy schauderte. Sie sah mich plötzlich an. »Ich komme mir beschmutzt vor. Verstehen Sie, was ich meine? Ich möchte nur nach Hause unter die Dusche. Diesen ganzen Dreck abwaschen. Meine Kleider wegwerfen. Verbrennen.«

Sie schwieg. Im Zimmer, in dem kein Licht brannte, war es grau und düster. Durch die Fenster drang gedämpft das Gelächter und das Geschrei der Kinder auf dem Spielplatz.

»Das mit der Katze war das Schlimmste«, fuhr Lindy fort. »Sie erzählte mir, wie sie ihr die Katze auf die Brust gelegt und sie dann auseinandergerissen haben – sie an den Beinen gepackt und in Stücke gefetzt haben.« Lindy schloß die Augen und schüttelte den Kopf. »Und wie sie ihr Blut auf Jadies Gesicht und Körper verschmiert haben…« Wieder hielt sie inne und drückte die Hand auf den Mund. »Und dann erzählte sie mir, wie sie es – abgeleckt haben, von ihrem Körper – das Blut der Katze.«

Lindy hob plötzlich den Kopf und sah mich an. »Die Katze!« rief sie. »Das Katzenskelett! Das ist es!«

»Ich find, wir könnten ein paar Weihnachtslieder auflegen«, sagte Jeremiah.

»Und ich finde, du solltest deine Aufgaben fertigmachen«, entgegnete ich. »Du hast noch das halbe Rechenblatt und die Leseübungen von heute morgen.«

»Ach, Mist, bei Ihnen darf man überhaupt nix.«

»Mach dich an die Arbeit, Jeremiah.«

»Erst muß ich den Bleistift spitzen.«

»Nimm meinen.« Ich legte ihm einen von meinen Stiften hin.

Ungefähr zwei Minuten war Ruhe, dann hob Jeremiah wieder den Kopf.

»Hör mal, Jeremiah«, mahnte ich, ehe er den Mund aufmachen konnte, »der Morgen war schon unruhig genug. Ich weiß, dafür könnt ihr Kinder nichts, aber wir müssen trotzdem alle unsere Arbeit machen. Keiner von euch hat die Aufgaben von heute geschafft, und bis Schulschluß bleiben uns nur noch vierzig Minuten. Wenn sich jetzt alle konzentrieren, sind wir wahrscheinlich in einer halben Stunde fertig. Dann hätten wir noch Zeit genug, das nächste Kapitel aus unserem Buch zu lesen. Also?«

»Ach, aber warum können wir nich 'n paar Weihnachtslieder dabei hören? Jetzt ist doch bald Weihnachten. Da kommen wir viel besser in Stimmung.«

»Versprichst du mir, daß du arbeitest, wenn ich eine Platte auflege?«

»Klar, Mann«, antwortete er im Brustton der Überzeugung. »Was denken Sie 'n von mir?«

Ich tat ihm den Gefallen. Die altvertrauten Klänge der Weihnachtslieder wirkten beruhigend. Endlich arbeiteten alle.

Die Platte lief noch, als es klopfte. Jeremiah fuhr hoch und sprang von seinem Stuhl auf. Durch die Glasscheibe in der Tür war Tinbergen zu sehen. Er winkte mir, in den Korridor herauszukommen. Als ich hinaustrat, sah ich, daß er Delores mitgebracht hatte.

»Ich bin gekommen, um Jadie zu holen«, sagte sie, »wie Lindy ihr versprochen hat.«

Ich sah sie fragend an.

»Die Polizei hält es für richtig, die Sache weiterzuverfolgen. Soviel ich weiß, soll jetzt der Garten der Ekdahls umgegraben werden. Die richterliche Anordnung ist schon da. Ich war eben drüben und habe die Sachen der Kinder geholt; jetzt scheint es ernst zu werden.« Sie machte eine Geste zur Tür des Klassenzimmers hin. »Wir hielten es für besser, Jadie und Amber gleich jetzt aus der Schule zu holen, ehe sie...« Sie vollendete den Satz nicht.

»Werden sie weiter hierher zum Unterricht kommen können?« fragte ich.

Delores schüttelte den Kopf. »Ich weiß, daß die Beziehung zwischen Ihnen und Jadie sehr gut ist, und wir haben uns bemüht, dem Rechnung zu tragen, als wir über ihre Unterbringung berieten; aber wir glauben nicht, daß es gut für sie wäre, wenn sie weiterhin hierherkommt. Lindy hat mir einiges erzählt – Sie wissen schon –, und wir haben uns überlegt, daß es das beste ist, wenn wir sie ganz aus ihrer alten Umgebung herausholen. Noch dazu, da das Elternhaus direkt der Schule gegenüber liegt.«

Ich nickte. Dann drehte ich mich um und öffnete die Tür. Meine fünf Kleinen saßen noch immer brav am Tisch. Gedämpft schallten die Klänge von »Stille Nacht« durch den Raum. Reuben sang den Text des Liedes lautlos mit.

»Jadie?«

Sie stand auf und kam zu uns.

»Mrs. Verney ist hier, um dich und Amber abzuholen. Sie wird euch zu eurer neuen Pflegefamilie bringen.«

Jadie sah erst Delores an, dann mich. Sie stand fast gerade, den Oberkörper nur leicht gekrümmt. »Ist die auch in Red Circle?« fragte sie.

»Nein«, antwortete ich. »In Zukunft werdet ihr etwas weiter weg wohnen. Das heißt, daß du auch nicht mehr in unsere Klasse zurückkehren wirst, weil die Fahrt zu weit wäre.«

»Niemals?« fragte Jadie überrascht. »Wohin komm ich denn? Komm ich in eine richtige Schule? Darf ich in die dritte Klasse gehen?«

»Wir werden sehen«, meinte Delores lächelnd. »Vielleicht ja.«

»Was?« schrie Jeremiah und sprang von seinem Stuhl auf. »Wo geht 'n unsre Kleine hin? Wieso erlauben Sie denen, daß sie sie einfach mitnehmen?«

»Ich geh fort von hier, und da kannst du nicht mitkommen«, erklärte Jadie mit einem Unterton des Stolzes in der Stimme, den ich nicht erwartet hatte.

»Was? Wieso denn? Wohin?« protestierte Jeremiah. »Was meint

sie denn, Fräulein? Kommt sie in eine richtige Klasse? Wieso denn das? Wieso darf sie hier weg?«

Jadie war zu ihrem Fach gegangen, um ihre wenigen Habseligkeiten zusammenzupacken.

»Gehst du echt fort von hier?« rief Jeremiah und lief ihr nach. »Wir sind doch auch 'ne richtige Klasse. Gehst du wirklich?«

»Ja«, antwortete Jadie nur.

Er war ausnahmsweise sprachlos.

»Ich krieg' ein neues Zuhause, Jeremiah, und da fahr' ich jetzt hin«, erklärte sie und verschwand in der Garderobe, um ihre Sachen zu holen.

Sie blieb lange draußen. Als sie wiederkam, war sie beladen mit Mantel, Stiefeln, Malkreiden, Heften und ihren Zeichnungen. Bei uns an der Tür blieb sie stehen und sah zu mir hoch. Ich schaute in ihre blauen Augen, die so klar und so offen blickten.

»Auf Wiedersehen, Jadie«, sagte ich. »Wir sehen uns bestimmt bald wieder.«

»Hier, das ist für dich.« Sie neigte den Kopf zu ihren beladenen Armen hinunter. Zwischen den Fingern hielt sie einen kleinen, gefalteten Zettel. Ich nahm ihn ihr ab.

»Geht sie wirklich?« fragte Jeremiah wieder und starrte Delores an. »Nehmen Sie sie wirklich mit?«

»Mir macht's nichts aus«, sagte Jadie und schlüpfte an Tinbergen vorbei in den Korridor. Dann drehten die drei sich um und entfernten sich.

Jeremiah blieb mit mir an der Tür stehen, immer noch tief bestürzt darüber, daß Jadie uns wirklich verließ. Als Delores, Jadie und Tinbergen fast an der Treppe waren, rief er plötzlich laut: »Hey, Lady, bleiben Sie doch mal stehen. Ich muß Ihnen was sagen.«

Delores hielt an und drehte sich um.

»Haben Sie's gesehen, Lady? Haben Sie gesehen, daß unsre Kleine gerade stehen kann?«

Im Klassenzimmer war es sehr still. Die Platte war abgelaufen. Niemand rührte sich, niemand sagte etwas. Es war alles so plötzlich gekommen, so schnell gegangen, daß keiner von uns wußte, was er tun sollte.

Dann begann Reuben mit weichem, hellem Knabensopran »Stille Nacht« zu singen. Jeremiah und Philip rannten ans Fenster. Ich folgte ihnen.

Unten öffnete sich die Schultür. Delores trat mit Jadie und Amber heraus. Sie gingen den langen Weg hinunter zu Delores' Wagen, der am Bordstein wartete.

»Sie soll sich umdrehen und zu uns raufschauen«, flüsterte Jeremiah so dicht am Fenster, daß unter seinem Atem die Scheibe beschlug. »Oder meint ihr, daß sie sich nich mal mehr nach uns umschaut? Komm, Kleine, dreh dich um und wink!«

Am Ende des Fußwegs blieb Jadie stehen. Ohne Delores' Hand loszulassen, drehte sie sich um und blickte über ihre Schulter zu unserem Fenster herauf.

»Hey! Sie sieht uns! Jadie! Jadie! Tschüs! Tschüs, Jadie!« brüllte Jeremiah so laut er konnte. Er und Philip winkten aus Leibeskräften. Ein Lächeln flog über Jadies Gesicht, und schließlich winkte sie zurück.

Ich wandte mich von den Kindern ab. Immer noch hatte ich den kleinen Zettel in der Hand, den Jadie mir gegeben hatte. Langsam entfaltete ich ihn. Auf dem Blatt Papier standen nur zwei Worte. »Vielen Dank.«

Nachwort

Jadies Geschichte bewegte uns noch lange. In den Monaten nach ihrem Ausscheiden aus meiner Gruppe führte die Polizei, die die Anschuldigungen sehr ernst nahm, gründliche Ermittlungen durch. Auf der Suche nach den Überresten Tashees wurde der gesamte Garten der Ekdahls umgegraben und ihr Geräteschuppen abgerissen.

Immer wieder diskutierten wir – manchmal sehr heftig – in dieser Zeit die Frage, an der sich die Geister schieden: Beruhten die Geschichten, die Jadie mir erzählt hatte, auf realen Erlebnissen? Oder waren es die schrecklichen Phantasien eines psychisch schwer gestörten Kindes?

Vieles gab Anlaß, am realen Hintergrund von Jadies Geschichten zu zweifeln, vor allem die Tatsache, daß sie schon sehr früh Symptome einer psychischen Störung gezeigt hatte, die, auch wenn Halluzinationen bislang nicht zu ihnen gehört hatten, auf eine schwerwiegende Psychose hindeuteten. Es gab in ihren Geschichten zahlreiche Aspekte, die häufig Elemente von Phobien, Zwangsvorstellungen und Bewußtseinstäuschungen psychisch kranker Kinder sind: die Furcht, von Insekten beobachtet oder bespitzelt zu werden, eine allgemeine Spinnenphobie, Visionen von fließendem Blut, das auf den eigenen Körper tropft – das alles sind Ausdrücke psychischer Störungen, denen ich in meiner Praxis oft genug bei kindlichen Psychotikern begegnet bin. In praktisch jedem dieser Fälle war mir unzweifelhaft klar, daß es sich um Phänomene handelte, die jeder realen Grundlage entbehrten. Es wäre denkbar gewesen, daß Jadie selbst das Zeichen in Ambers Haut geritzt hatte; daß sie selbst die Katze Jenny getötet hatte; ja, derartige Handlungen hätten geradezu im Bereich des Vorhersehbaren gelegen, wäre sie so krank gewesen, wie ihre Geschichten nahelegten.

Aber selbst wenn man Jadies Geschichten nicht für bare Münze nahm, war damit der Möglichkeit, daß sie wirklich mißbraucht worden war, nicht der Boden entzogen. Im Gegenteil: Aufgrund der Indizienbeweise in diesem Fall waren sich die Fachleute darüber einig, daß Jadie wahrscheinlich zu irgendeiner Zeit in ihrem jungen Leben sexuell mißbraucht worden war und dies ein schweres seelisches Trauma hinterlassen hatte, dessen Auswirkungen sich in ihrem späteren Verhalten zeigten. Es war möglich, daß sie verstummt war, weil sie fürchtete, von dem Mißbrauch zu erzählen, wenn sie sprach. Ihre gekrümmte Körperhaltung war möglicherweise Ausdruck ihres Bemühens, die Geschichte für sich zu behalten und/oder den hochsensiblen Genitalbereich zu schützen.

Verfolgte man diesen Gedankengang weiter, so wurde Tashee begreifbar: nicht als reales kleines Mädchen, sondern als ein Teil von Jadies eigenem Selbst; als eine Verkörperung all dessen vielleicht, was Jadie an sich selbst gut und heil fand und abgespalten hatte, um es vor dem korrumpierten Selbst zu schützen. Jadies unermüdliches Bedürfnis, Tashee zu beschützen und zu umsorgen, und ihre häufigen Berichte von »Gesprächen« mit Tashee, als wäre diese jederzeit verfügbar, wurden in diesem Zusammenhang verständlich. In ähnlicher Weise gewannen dann auch die Figuren aus »Dallas« einen gewissen Sinn. War Jadie von ihrem Vater mißbraucht worden, so wäre das schwer genug zu ertragen gewesen, hatte aber die Mutter an dem Mißbrauch aktiv teilgenommen oder vielleicht auch nur davon gewußt und nichts unternommen, um ihm Einhalt zu gebieten, so hatte Jadie vielleicht die böse Mutter in Gestalt von Miss Ellie abspalten müssen, damit die gute, liebevolle Mutter, als die Jadie ihre Mutter ansonsten kannte, unangetastet blieb. Wenn geisterhafte Fremde aus der Fernsehwelt all diese bösen Dinge taten, dann konnte Jadie sich bei ihren Eltern weiterhin sicher und geborgen fühlen.

Im Lauf der langen Wochen polizeilicher Untersuchungen und unzähliger Sitzungen und Gespräche unter Sozialarbeitern und

Fachleuten aus Psychologie und Psychiatrie wurde der Kreis derer, die bereit waren, diese psychologische Erklärung für Jadies Geschichten zu akzeptieren, immer größer. Häufig fand auch ich mich in Übereinstimmung mit der allgemeinen Ansicht, sagte mir, daß dies die einzig vernünftige Schlußfolgerung war, die man ziehen konnte. Sie lieferte die Antworten auf die schwierigsten Fragen; sie ergab einen logischen Sinn; sie gestattete, Jadies Fall in Kategorien einzuordnen, die uns vertraut waren.

Und doch... So vernünftig diese Erklärung im großen war, ließ sie dennoch viele kleine Detailfragen unbeantwortet. Warum zum Beispiel hatte Jadie solche Angst davor gehabt, fotografiert zu werden? Woher hatte sie ihr Wissen über Videorecorder und Videokameras zu einer Zeit, als diese Geräte noch lange nicht zum gängigen Haushaltsinventar gehört hatten? Wieso hatte sie davon gesprochen, daß Miß Ellie und die anderen »ihre Gesichter aufsetzten« und »Geisterkleider« trugen? Und was hatte es mit dem Symbol auf sich, dem Kreuz im Kreis, das Jadie mir so oft auf so vielen verschiedenen Wegen gezeigt hatte? Die Mutmaßungen darüber liefen schließlich auf das gleiche hinaus, was ich im vergangenen Sommer bereits in der Sandry-Klinik gehört hatte: daß der Kreis die Vagina repräsentiere und das Kreuz (»X ist das Zeichen«) für die Botschaft stehe: »Hier bin ich verletzt worden«. Aber warum hatte Jadie dann dieses Zeichen auf Ambers Bauch eingeritzt? Warum hatte Jadie so starkes Interesse an meiner Arbeit mit anderen mutistischen Kindern gezeigt? Und warum war der Kernpunkt ihrer Fragen über meine Arbeit immer gewesen, ob die Kinder schließlich mit mir gesprochen hätten und ob ich ihnen dann geglaubt hätte, was sie mir erzählten? Und ob ich ihnen geholfen hätte?

Die einzige Alternative ist natürlich, anzunehmen, daß die Ereignisse, von denen Jadie mir berichtete, der Wahrheit entsprachen; daß sie also nicht ein psychotisches Kind in einer geistig gesunden Umwelt war, sondern daß es sich genau umgekehrt verhielt. Akzeptiert man diese Erklärung für ihr Verhalten, so wird einem klar, daß sie in einer Welt reinsten Horrors gelebt haben muß und mit verständlichem Schrecken und Entsetzen auf eine Situation reagierte, über die sie keine Kontrolle hatte.

Wenn wir Jadie glaubten, daß die Ereignisse, von denen sie erzählte, sich tatsächlich zugetragen haben, dann sind wir wieder beim Kindsmißbrauch als ritueller Handlung angelangt, und das würde bedeuten, daß sie und ihre Schwestern, und wahrscheinlich auch andere Kinder, im Rahmen organisierter kultischer Handlungen von einer etablierten Sekte mißbraucht wurden. In Anbetracht der vielen Einzelheiten, die sie uns schilderte, liegt der Schluß nahe, daß es sich um eine schwarzmagische Sekte handelte oder, genauer gesagt, eine Sekte von Satansjüngern.

Der Satanismus stellt eine Antithese zum christlichen Glauben dar, und die meisten seiner Rituale zielen auf eine Verhöhnung christlicher Bräuche ab. In Umkehrung des Glaubenssatzes von der Nächstenliebe wird er zu einem Kult der Selbstsucht, der seine Anhänger dazu auffordert, sich zu holen, was sie bekommen können. Die Verherrlichung der persönlichen Macht besitzt gerade für die Schwachen und Erfolglosen eine starke Anziehungskraft. Verlokkend könnte aber auch sein, daß bei der Abhaltung der Schwarzen Messe weder Regeln noch Beschränkungen gelten. Einer der schillerndsten Verfechter der Schwarzen Magie, Aleister Crowley, hatte einen starken Einfluß auf die Entwicklung des modernen Satansglaubens, und sein Satz »›Tu, was du willst‹ soll das Gesetz in seiner Gänze sein« liefert die Rechtfertigung zur Befriedigung vieler abartiger Neigungen und Triebe.

Vieles, was Jadie schilderte oder andeutete, berechtigte zu der Vermutung, daß in ihrem Fall eine Verbindung zum Satanismus vorlag. Das Symbol der Schwarzen Messe ist ein Kreuz im Kreis; die Abbildungen davon allerdings, die ich in Büchern gesehen habe, unterscheiden sich in Kleinigkeiten von Jadies Zeichnungen. Das Zeichen, das Jadie darzustellen pflegte, war lediglich ein viergeteilter Kreis. Das traditionelle Symbol der Schwarzen Messe ist ein von einem Kreis umgebenes Kreuz, dessen Balken an allen vier Enden kurze Querstriche haben – wie zwei gekreuzte große I etwa. Seltener als das Kreuz im Kreis zeichnete Jadie auch verschiedene andere merkwürdige Symbole. Eines von ihnen, ein auf den Kopf gestelltes T mit einem kleinen Kreis unmittelbar oberhalb des Querstrichs, hat auffallende Ähnlichkeit mit einem Verwünschungszeichen der Satansjünger. Für andere der von Jadie dargestellten Symbole haben wir niemals Deutungen gefunden.

Die Schwarze Messe ist eine pervertierte Form der katholischen Messe. Die Einzelheiten des Rituals scheinen stark zu variieren, zu den Requisiten gehören jedoch, wie es scheint, immer eine Art Altar und zahlreiche Altargeräte, darunter in der Regel Kerzen, umgedrehte Kreuze, Weihrauch, Dolche, Knochen, Schmuckstücke, Glocken, Gongs, Kelche und Schalen mit Kräutern oder Salzen. Die meisten dieser Gegenstände sind schwarz, weiß oder aus Silber gemacht. Die Teilnehmer sind im allgemeinen schwarz, weiß oder rot gekleidet und/oder bemalen sich Gesichter und Körper. Den Mittelpunkt der katholischen Messe bildet die Wandlung, bei der die Hostie und der Wein zum Leib und Blut Christi werden; die Schwarze Messe dagegen verhöhnt die katholische, und es werden an Stelle von Brot und Wein Körperausscheidungen, meist Urin, Sperma oder Fäkalien, die das fleischliche Prinzip Satans repräsentieren, verherrlicht. Häufig bilden sexuelle Aktivitäten einen wichtigen Bestandteil der Zeremonie. Das Zufügen und Ertragen von Schmerz gehören dazu, und im Gegensatz zum christlichen Glauben, dem das Leben heilig ist, wird bei den Zeremonien des Satanismus der Tod verherrlicht. Fast immer gehört zu den Requisiten einer Schwarzen Messe ein Sarg, in den die Jünger sich hineinlegen oder in dem sie Geschlechtsverkehr ausüben.

Viele Satansjünger betrachteten sich schlicht und einfach als Praktizierende einer Religion, die sie im Rahmen des ihnen in der amerikanischen Verfassung garantierten Rechts frei gewählt haben. Sie leugnen die finsteren Praktiken der Tierverstümmelung, des Blutvergießens und des Menschenopfers und behaupten, was darüber in den Zeitungen berichtet werde, sei von Sensationslüsternen und Hetzern fundamentalistischer religiöser Gruppen erfundener Humbug. Andere, unter ihnen viele Angehörige der Polizei in amerikanischen Großstädten, wie Chicago, San Francisco und St. Louis, sind ganz und gar nicht dieser Meinung. Es gibt zahlreiche fundierte Berichte über die Opferung von Tieren und das Trinken ihres Blutes im Rahmen dieser schwarzen magischen Rituale. Kindsmißbrauch und Menschenopfer als rituelle Handlungen hingegen bleiben weiterhin Gegenstand von Spekulationen, da es der Polizei bisher so gut wie nie gelungen ist, ausreichende Beweise dafür zu erbringen, daß solche Verbrechen tatsächlich verübt wurden.

Immerhin wurde im Laufe der letzten zehn bis fünfzehn Jahre von einer beträchtlichen Anzahl von Kindern über Erlebnisse und Erfahrungen berichtet, die alle eine auffallende Ähnlichkeit zeigen. Da heißt es unter anderem immer wieder, daß ihnen in Getränken oder durch Injektionen Drogen, zum Beispiel Relaxanzien, verabreicht wurden; daß sie an Gesängen zur Teufels- und Geisterbeschwörung und zur Veränderung des Bewußtseinszustands teilgenommen haben; daß ihre Körper mit Urin und/oder Kot beschmutzt wurden; daß sie gezwungen wurden, Insekten zu essen, oder gesagt bekamen, die Insekten seien Boten Satans und würden alles melden; daß sie sich an vielfältigen perversen sexuellen Handlungen beteiligen mußten; in Särge eingesperrt, von Schlangen bedroht, an umgedrehten Kreuzen angebunden oder aufgehängt wurden. Mehrere Kinder behaupten, mitangesehen zu haben, wie andere Kinder geopfert wurden: in allen Fällen durch Messerstiche in Herz oder Hals oder durch Verbrennung, nachdem sie an ein auf dem Kopf stehendes Kreuz gefesselt worden waren. In den Berichten über Tieropfer heißt es unter anderem, daß die Tiere von Gruppenmitgliedern bei lebendigem Leib in Stücke gerissen wurden.

Diese Berichte – selbst jene sehr kleiner Kinder – zeigen bemerkenswerte Übereinstimmungen, und die Kinder stammen beileibe nicht alle aus derselben Gegend in den USA, sondern auch aus Kanada und Europa. Da ihnen fast immer eine Anzeige eines Verbrechens zugrunde liegt, haben sich die meisten derartigen Berichte bei den Polizeidienststellen angesammelt. Aber auch die Mediziner, insbesondere solche, die an Kinderkrankenhäusern tätig sind, und Gruppen wie das *National Child Assault Prevention Project** haben ihr Wissen und ihre Erfahrungen zum Verständnis dieser Berichte beigesteuert. Sowohl das FBI als auch das Bundesjustizministerium der Vereinigten Staaten haben in den achtziger Jahren detaillierte Dokumentationen über die Erkenntnisse dieser Gruppen erhalten. Obwohl konkrete Beweise nur schwer greifbar sind, haben sich aufgrund all dieser Berichte viele dafür entschieden, den anklagenden Kindern Glauben zu schenken.

Dennoch bedarf es großer Offenheit und Bereitschaft, auch das Unwahrscheinliche für möglich zu halten, will man Berichte über derartige Geschehnisse, wenn sie an einen herangetragen werden, nicht augenblicklich als Schauermärchen abtun. Selbst heute noch erscheint mir vieles von dem, was Jadie erzählte und was die oben erwähnten Kinder berichteten, unglaublich, wie eine üble Mischung aus Stephen King und engstirniger Hetzerei. Genau das war auch der Grund, warum es uns allen besonders schwer fiel, an eine solche reale Grundlage von Jadies Geschichten zu glauben. Ich selbst wußte damals über Okkultismus und Satanismus nur das, was ich in den Zeitungen gelesen hatte: die blutrünstigen Reportagen über die Manson-Familie – und einen besonders grausamen Mord, der in den Siebzigern unweit meines Heimatorts verübt worden war. Es war reiner Zufall, daß ich die Verbindung von Jadies seltsamem Verhalten zu den Ritualen des Satanismus knüpfte. Hätte Hugh mich nicht darauf gebracht, so wäre ich wahrscheinlich nie auf den Gedanken gekommen, das Kreuz im Kreis mit

* Nationale Hilfsorganisation zur Verhütung von Kindsmißbrauch, Anm. d. Red.

Schwarzer Magie in Zusammenhang zu bringen. Ich glaube, von selbst wäre mir das noch nicht einmal da in den Sinn gekommen, als Jadie von der Tötung der Katze erzählte. Zum Teil lag das ganz einfach an meiner Unwissenheit. Ich wußte nichts, und Dinge, von denen man nichts weiß, sind schwer zu erkennen. Zum Teil lag es aber auch an einer gewissen Blindheit. Ich war es gewöhnt, Verhaltensstörungen einzig als Ausdruck hirnorganischer oder seelischer Schädigungen zu sehen, und daher war es nur zu leicht, andere Möglichkeiten zu übersehen. Zum Teil aber steckte auch Widerstand dahinter: Ich wollte es schlicht nicht sehen. Selbst als die Situation mit Jadie sich immer mehr zuspitzte, wollte ich einfach nicht erkennen, daß etwas so Abwegiges wie Schwarze Magie und Teufelsanbetung der reale Hintergrund ihrer Erlebnisse sein könnte. Ich war ziemlich jung, saß beruflich noch nicht sicher im Sattel und stand unter großem Druck, meine »Professionalität« unter Beweis zustellen. Ich hatte Angst davor, mein berufliches Renommee aufs Spiel zu setzen, wenn ich Ansichten vertrat, die im allgemeinen verschrobenen Randgruppen vorbehalten sind.

Hinzu kam, daß es damals praktisch unmöglich war, konkrete Informationen über schwarzmagische Sekten und ihre Praktiken aus zuverlässigen Quellen zu erhalten. In jener Zeit meiner Arbeit mit Jadie konnte ich mich einzig an die Informationen halten, die mir Brenda und ihre esoterische Buchhandlung lieferten – und die waren mir höchst suspekt. Zwar habe ich im Laufe der Jahre viel umfassendere Kenntnisse aus weit vertrauenswürdigeren Quellen gewonnen, aber auch heute noch erfährt man das Grundlegende über derlei Geheimbünde eigentlich nur aus dem Untergrund.

Heute, da ich ungleich besser informiert bin, muß ich zugeben, daß Ähnlichkeiten zwischen Jadies Schilderungen und Berichten anderer über Kindsmißbrauch durch satanische Sekten nicht zu leugnen sind. Jadie sprach häufig davon, daß Miss Ellie und die anderen »ihre Gesichter aufhatten« oder »Geisterkleider« trugen; das kann sich auf Körperbemalung oder Masken und zeremonielle Gewänder bezogen haben. Es erklärt vielleicht auch, wieso sie keines der Gruppenmitglieder beim richtigen Namen nennen konnte.

Es ist möglich, daß das Cola, das Miss Ellie den Kindern angeblich vor Beginn der Zusammenkünfte einzuflößen pflegte, Drogen enthielt, die Jadies Erinnerungsvermögen trübten. Ebenso kann es Taktik gewesen sein, ihr Spinnenangst einzujagen, um zu verhindern, daß sie über die Vorgänge bei diesen Zusammenkünften sprach. Der »Stock«, an dem Jadie und ihre Schwestern ihren Berichten zufolge oft kopfüber angebunden wurden, könnte ein auf dem Kopf stehendes Kreuz gewesen sein. Ihre Berichte darüber, daß sie Blut trinken mußten, wie Jenny, die Katze, getötet wurde, und ebenso der Zwischenfall mit der Puppe unter dem Auto stimmen mit Dokumentationen über die Praktiken der Satansjünger überein.

Am stärksten vielleicht spricht für die Richtigkeit dieser Theorie die Tatsache, daß die schlimmsten Dinge, die Jadie ihren Erzählungen zufolge erlebte, stets zu Zeiten geschahen, die im heidnischen Kalender von besonderer Bedeutung sind. So wurde die Katze Jenny um den 30. April herum getötet, zur Zeit des alten keltischen Maifestes, des zweitwichtigsten Feiertags; Tashees angebliche Ermordung geschah ebenso wie Sapphires »Initiation« um oder an Halloween, dem wichtigsten Feiertag.

Damit sind wir noch einmal bei der Frage nach Tashee angelangt. Glauben wir Jadies Erzählungen und nehmen die geschilderten Erlebnisse als real, so heißt es, daß Tashee ein Kind aus Fleisch und Blut war und Jadie möglicherweise ihrer Opferung beigewohnt hat. Vieles von dem, was Jadie berichtete, entspricht dem, was ich mittlerweile über die Rituale schwarzmagischer Sekten weiß. Die Zahl 6 – Tashees Alter zum Zeitpunkt ihrer Ermordung – gilt innerhalb der Gruppe als bedeutsame Zahl, als eine magische Zahl, die Macht verleiht. Die Zahl 6, die ein Mehrfaches der Zahl 3 ist und daher größere magische Kräfte besitzt, gilt unter Satanisten als besonders wichtige Zahl. Bei den Satansjüngern wird ihr auch deshalb hohe Bedeutung beigemessen, weil sie ein Teil der Zahl 666 ist, die für »das Tier« steht, das allgemeiner Auslegung zufolge den Satan verkörpert. Jadies Bericht, daß Tashee mit einem sichelförmig gebogenen, kunstvoll verzierten Dolch getötet wurde, läßt darauf schließen, daß es sich um eine Waffe handelte, die nur für solche Zeremonien bestimmt war. Zu erwähnen wäre auch noch, daß Jadie häufig von der »Macht« sprach, die die Gruppe durch die Opferung eines sechsjährigen Kindes zu erlangen meinte.

Die Polizeidienststellen von Pecking und Falls River nahmen Jadies Berichte über Tashees Ermordung ernst und durchsuchten nicht nur Haus und Grundstück der Familie Ekdahl, sondern auch ein Waldstück unweit von Pecking nach den Überresten des Kindes. Es wurde jedoch nie etwas gefunden. Gleichzeitig unternahm man gezielte Anstrengungen, Tashees Identität festzustellen, obwohl in der Gegend von Pecking und Falls River kein Kind in Tashees Alter vermißt gemeldet worden war. Im Lauf der Ermittlungen dehnte die Polizei ihre Suche nach Tashee auf den ganzen Bundesstaat und schließlich auf die gesamten USA aus. Tausende von Vermißtenmeldungen wurden geprüft, doch Tashee wurde niemals gefunden. Das beweist jedoch nicht unbedingt, daß es sie nicht gegeben hat. Viele Leichen werden nie gefunden; das ist Antwort genug.

Die Frage, wer genau Tashee nun war, wenn sie tatsächlich gelebt hat, ist schwerer zu beantworten. Vielleicht war sie wirklich das Kind einer »Zuchtmutter«, einer jungen Frau also, die einzig zu dem Zweck geschwängert wurde, ein Kind zur Welt zu bringen, das später geopfert werden konnte; die das Kind zu Hause gebar und die Geburt niemals eintragen ließ. Vielleicht aber ist Tashee doch eines unter den Tausenden vermißter Kinder; vielleicht wurde sie Jahre zuvor entführt, möglicherweise sogar von einem Familienmitglied, und es ist der Polizei einfach nicht gelungen, sie zu identifizieren.

Diese Erklärung für Jadies Berichte ist, genau wie die psychologische, ziemlich stichfest, und wenn man bereit ist, das Unglaubliche zu akzeptieren, ergibt sie auch einen durchaus logischen Sinn. Und doch sehe ich mich hier, genau wie bei der vorherigen Theorie, einer Reihe unbeantworteter Fragen gegenüber. Woher nahm Jadie ihre Vertrautheit mit Kamera und Videorecorder? Immer wieder kamen in Jadies Erzählungen Anspielungen auf Film und Fernsehen vor, aber in der einschlägigen Literatur habe ich keinen Hinweis darauf gefunden, daß das Fotografieren oder Filmen der Zeremonien bei schwarzmagischen Gruppen zum Ritual gehört. Vielmehr ist anzunehmen, daß sie derartige Aufzeichnungen, die leicht in falsche Hände geraten können, absolut scheuen.

Weder mir noch der Polizei gegenüber hat Jadie jemals vom Satan oder Teufel oder einem »Herrn« gesprochen. Da die Gruppe allem Anschein nach von einer Frau geleitet wurde, wäre es möglich, daß es sich gar nicht unbedingt um eine Sekte von Teufelsanbetern handelte, sondern eher um eine Art Hexenkult; aber gängige Symbole des Hexenzaubers, wie zum Beispiel den Drudenfuß, scheint Jadie nicht gekannt zu haben.

Mag man auch dieser Theorie nicht zustimmen, bleibt für Jadies Berichte nur noch eine mögliche Erklärung – daß die Mädchen von Geschäftemachern zur Herstellung pornographischer Filme ausgebeutet wurden und der ganze magische Hokuspokus entweder ausschließlich dazu diente, den Kindern angst zu machen und sie bei der Stange zu halten, oder aber Bestandteil der Filme war. Vielleicht auch beides.

Zieht man diese Möglichkeit in Betracht, so sind Jadies Vertrautheit im Umgang mit Videogeräten, ihre Bemerkungen über Filme und Fernsehen ebenso erklärt wie ihre heftige ängstliche Abneigung dagegen, sich fotografieren zu lassen. Das Cola, das den Kindern eingeflößt wurde, hat dann wahrscheinlich Drogen enthalten, insbesondere Tranquilizer wie etwa Valium, um die Kinder gefügig zu machen und um ein leichteres und natürlicheres Zustandekommen der verschiedenen sexuellen Handlungen zu fördern. Ein unter Drogen stehendes Kind hätte – sofern die magischen Praktiken einzig dazu dienten, Angst zu erzeugen – die Tricks, mit denen die beängstigenden Effekte hervorgerufen wurden, außerdem nicht so leicht durchschaut.

Wenn Kinderpornographie die Erklärung für das ist, was mit Jadie geschah, dann ist anzunehmen, daß mindestens ein Elternteil von der Sache wußte, auch wenn er sich nicht aktiv an dem Mißbrauch der Kinder beteiligte. Sein Anteil kann sich darauf beschränkt haben, die Ausbeutung der Kinder zuzulassen. Das könnte erklären, wieso Jadie sich nicht erinnern konnte, wo ihre Eltern sich während der Zusammenkünfte mit Miss Ellie und den anderen aufhielten. Wenn es sich um eine organisierte Truppe von Leuten handelte, denen es einzig darum ging, ein Produkt herzustellen, braucht die Gruppe nicht so zusammengestellt gewesen zu sein, wie Jadie sie wahrnahm. Miss Ellie könnte dann eine Schauspielerin gewesen sein, vielleicht der »Star« der Filme, deren Verhalten vielleicht einfach ihrer Rolle entsprach und die persönlich mit den Kindern nichts im Sinn hatte. Es könnte aber auch anders gewesen sein, nämlich so, daß man sich ihrer sadistischen Neigungen bediente, um die Kinder bei den Dreharbeiten in Schach zu halten.

Der Gebrauch von fiktiven Namen – in diesem Fall aus der Fernsehserie »Dallas« – wird verständlich, wenn man weiß, daß den Unterlagen der Polizei zufolge sowohl bei Kindsmißbrauch in geheimen Sekten als auch bei der Herstellung von pornographischen Filmen mit Kindern häufig Namen von Figuren aus Kindersendungen und -serien verwendet werden. Man gebraucht sie als Codenamen innerhalb der Gruppe, um einer Entdeckung vorzubeugen: Sollte eines der mißbrauchten Kinder den Versuch machen, sich einem Außenstehenden anzuvertrauen, so kann man sich darauf verlassen, daß seine Geschichte als durchs Fernsehen angeregtes Phantasieprodukt abgetan wird. In Jadies Fall traf genau das zu.

Vieles von dem, was Jadie berichtet hat, stimmt mit dem überein, was über harte Kinderpornographie bekannt ist. Blutrünstiger Grusel und okkulte Rituale finden sich regelmäßig in Filmen, die Sex und Gewalt kombinieren. Die Folterung von Kindern und kleinen Tieren oder beiden wird in diesen Machwerken mit Vorliebe gezeigt und findet häufig ihre Kulmination in sexuellen Exzessen. Jadies Bericht von Jennys Tötung und den nachfolgenden sexuellen Aktivitäten paßt genau ins Bild.

Tashee müßte im Rahmen dieser Theorie ein real existierendes Kind gewesen sein. Filme, in denen jemand vor der Kamera tatsächlich getötet wird, sind zum Glück eine Seltenheit, auch wenn sie von Liebhabern der harten Pornographie als besondere Delikatesse betrachtet werden. Es ist daher wenig wahrscheinlich, daß Jadie tatsächlich Zeugin eines Mordes wurde. Eher anzunehmen ist, daß der Mord zur Verfilmung inszeniert wurde. Vielleicht wurde Jadie glauben gemacht, es geschehe tatsächlich, weil man hoffte, ihr Spiel werde daher echter; vielleicht aber war es auch so, daß sie – ein kleines Mädchen, das möglicherweise unter dem Einfluß von Drogen stand – gar nicht erkennen konnte, daß die Szene nur gespielt war. Damit wäre geklärt, wieso Jadie gelegentlich davon erzählte, Tashee nach dem vermeintlichen Mord gesehen oder gesprochen zu haben. So wäre ferner klar, wieso die Polizei bei ihrer ausgedehnten Fahndung nach Tashee nie Hinweise auf ein Verbrechen gefunden hat. Wer allerdings Tashee wirklich war, bleibt weiterhin unbekannt. Vielleicht war sie ein Kind, das entführt worden war; vielleicht war sie von zu Hause durchgebrannt. Wahrscheinlich ist, daß sie wie Jadie ein Kind war, das der Gruppe freiwillig zur Verfügung gestellt wurde.

Wenn Jadies Berichte auf wahren Erfahrungen beruhen, die sie als Opfer einer Gruppe von Pornofilmproduzenten machte, dann müssen die Beteiligten sich mit okkulten Sekten und ihren Praktiken und Ritualen gut ausgekannt haben. Ob der Satanismus wesentlicher Bestandteil des Inhalts der Filme war oder nicht, ist belanglos; sicher ist, daß diese Kenntnisse über Rituale von den Verantwortlichen dazu ausgenutzt wurden, Psychoterror auszuüben, und diese Leute genau wußten, welches Druckmittel sie in Händen hatten. Kinder, gerade die zwischen etwa vier und zehn Jahren, glauben fest an übersinnliche Kräfte. Sie glauben an den Weihnachtsmann, an den Wahrheitsgehalt von Märchen, an die Macht von Gegenständen, Glück oder Unheil zu bringen. Das ist eine ganz normale Entwicklungsphase, aber sie kann leicht ausgenützt werden. Ein Erwachsener kann an sich schon furchteinflößend genug sein; wenn er dann auch noch Schreckensbilder heraufbeschwört und sich als böser Zauberer ausgibt, kann er auch das beherzteste und aufmüpfigste Kind gefügig machen.

Im Lauf der Monate, die Jadies Enthüllungen folgten, fanden alle drei Theorien, wie ich sie hier erläutert habe, bei den Fachleuten der verschiedenen Bereiche viel Beachtung. Es war interessant zu beobachten, daß bestimmte Berufsgruppen jeweils einer bestimmten Erklärung zuneigten. Die Leute vom Jugendamt und von den psychiatrischen Dienststellen hielten fast ausnahmslos die psychologische Erklärung für die plausibelste. Polizisten und Mediziner hingegen waren mehr für das Konkrete: Die Polizei im besonderen hielt an der Auffassung fest, daß Jadie das Opfer einer Schwarzen Sekte geworden und Tashee tatsächlich im Rahmen eines Rituals ermordet worden war.

Und ich? Was glaubte ich? Ich weiß es nicht. Zehn Jahre sind seither vergangen, und noch immer ist dies der verwirrendste Fall, mit dem ich je zu tun hatte; noch immer widersetzt er sich allen Bemühungen, ihn abzuschließen und *ad acta* zu legen. Ich wollte, ich könnte wenigstens jetzt, da ich dieses Buch schreibe, mit einer eleganten Lösung aufwarten. Ich weiß, daß ein klarer Höhepunkt und ein Abschluß, der keine Frage offenläßt, sich in einem Buch viel besser machen würden; aber dann entspräche der Bericht nicht mehr der Wahrheit.

Nach all diesen gemeinsamen Stunden mit Jadie, in denen sie mir auf ihre stille, oft so nüchterne Art erzählte, kann ich einfach nicht glauben, daß ihre Erzählungen keinen realen Hintergrund gehabt haben sollen. Mein Instinkt sagt mir, daß es diese Menschen, von denen sie berichtete, in irgendeiner Gestalt gegeben haben muß und daß sie zumindest einige der geschilderten Akte tatsächlich verübt haben müssen. Mochten diese Schilderungen sich auch noch so unglaublich anhören, ich hatte immer das Gefühl, daß ihnen Wahres zugrunde lag. Und dennoch kann mich keine der drei angeführten Theorien ganz befriedigen. Die letzte, daß Jadie das Opfer eines Pornorings war, erscheint mir am einleuchtendsten, aber ganz akzeptieren kann ich sie so wenig, wie ich die anderen beiden Theorien ganz ablehnen kann.

In einer Hinsicht jedoch konnte es von Anfang an keinen Zweifel geben: Irgend etwas war nicht in Ordnung, und was immer es auch sein mochte, es war so schwerwiegender Natur, daß es nicht nur bei Jadie, sondern auch bei Amber eine tiefe emotionale Störung hervorrief. Es war trotz aller verwirrender Informationen, trotz allen Mangels an konkreten Beweisen offenkundig, daß etwas unternommen werden mußte. Meine Loyalität gehörte natürlich Jadie, und meine erste Sorge war, sie und ihre Schwestern in sichere Obhut zu bringen. Aber gleichzeitig galt es selbstverständlich zu dem Zeitpunkt, als die Mädchen in Pflege gegeben wurden, die Rechte aller Betroffenen zu schützen, zumal wir ja keinerlei eindeutige Beweise dafür hatten, daß die Menschen, die wir beschuldigten, tatsächlich auch die Täter waren.

Was wir bei der Beschäftigung mit diesem Fall – eben aufgrund seiner spezifischen Eigenart – besonders fürchteten, war die Sensationsgier der Presse. Während wir Fachleute nur mit großem Widerwillen bereit waren, einen Mißbrauch in Zusammenhang mit schwarzmagischen Ritualen in Betracht zu ziehen, griffen die Medien diese Theorie mit großem Enthusiasmus auf. Das bewirkte zweierlei: Es stieß die Konservativeren unter uns Fachleuten so sehr ab, daß sie rigide an ihrer Auffassung festhielten, satanische

Sekten samt all ihrem finsteren Hokuspokus gehörten in den Bereich schlechter Romane und Horrorfilme und könnten niemals die Erklärung für eine reale Lebenssituation liefern. Besorgt über einen wachsenden Trend zu rechtsextremen, fundamentalistischen Einstellungen, fürchteten sie, wir würden solchen Leuten gewissermaßen noch das Pulver liefern, wenn wir, also Profis, ein solches Thema ernsthaft diskutierten, und dies wiederum könnte auf lange Sicht die Einstellung der Öffentlichkeit Geisteskrankheiten gegenüber beeinflussen. Zweitens hatten wir alle Sorge, die Sensationshascherei der Medien könnte zu einer Hexenjagd führen. Jadies Eltern aber hatten ein Recht darauf, als unschuldig betrachtet zu werden, solange ihre Schuld nicht nachgewiesen war, und sie verdienten ein gerechtes Verfahren. In der harten Welt der journalistischen Berichterstattung jedoch gilt eine gute Story alles; Objektivität und Fairneß gelten wenig. Ein hübsches kleines Mädchen, das Gruselgeschichten von Folter, Mord und Sex erzählen kann, ist da, um es salopp zu sagen, ein »gefundenes Fressen«. Auch wenn ich Jadies Fall ganz anders sah als Arkie, respektierte ich doch die Vehemenz, mit der sie die Rechte von Jadies Eltern verteidigte. Sie fürchtete ein neues Salem, und ich denke, ihre Befürchtungen waren teilweise berechtigt.

Die Ermittlungen in Jadies Fall liefen mehr als sechs Monate lang auf vollen Touren. In dieser Zeit überprüfte die Polizei alle Möglichkeiten, die ihr offenstanden. Das Jugendamt veranlaßte, daß Jadie und Amber regelmäßig zu Phyllis Ruiz, der Kinderpsychiaterin in Falls River, in Behandlung gingen; dennoch kamen beide Kinder nach einiger Zeit zur stationären Behandlung und Beobachtung in eine kinderpsychiatrische Station in der Stadt. Ich kehrte zu meiner kleinen Klasse in Pecking zurück, besuchte Jadie jedoch außerhalb der Schulstunden regelmäßig.

Jadie hielt an ihrer Geschichte fest. Während ihres Aufenthalts im Krankenhaus bildete sich zwischen ihr und einer der Therapeutinnen dort eine enge Beziehung; dieser Frau berichtete sie in beinahe wortwörtlicher Wiederholung über einige ihrer Erlebnisse, von denen sie auch mir erzählt hatte.

Amber wiederum zog sich während des Krankenhausaufenthalts immer mehr in sich zurück. Sie war sehr verwirrt und tief unglücklich, schien unter den Nachwirkungen von Jadies Enthüllungen mehr zu leiden als ihre Schwestern. Vieles von dem, was für sie schwer zu ertragen war, blendete sie einfach aus, so daß die Arbeit mit ihr damals sehr schwierig war und sie heute praktisch keine Erinnerung an jene Periode ihres Lebens hat.

Trotz all ihrer Anstrengungen gelang es der Polizei schließlich nicht, konkrete Beweise zur Untermauerung von Jadies Berichten zu erbringen. Details wie zum Beispiel das Katzenskelett – für Lindy und mich und einige andere die Überreste Jennys – konnten nur Indizien sein, da es unmöglich war, eine faktische Verbindung zu Jadies Geschichte nachzuweisen. Mr. Ekdahl behauptete, er hätte die Katze tot, von einem Auto überfahren, auf der Straße gefunden; die Anzahl der gebrochenen Knochen in dem Skelett schien das zu bestätigen.

Verständlicherweise fanden viele von uns diesen Ausgang des Falls höchst unbefriedigend. Wenn man überzeugt ist, daß ein Verbrechen begangen worden ist – und ich glaube, davon waren wir alle überzeugt –, möchte man es gelöst und bestraft sehen. Aber das Leben richtet sich selten nach unseren Wünschen und Vorstellungen, und wir mußten uns mit kleineren Erfolgen begnügen.

Aber wir *hatten* Erfolge. Dank unserer Bemühungen wurden die drei Mädchen aus ihrem Zuhause gelöst, und ihnen wurden so, wie wir hofften, weitere Verletzungen erspart. Jadie insbesondere blühte fern von zu Hause auf; sie wurde offener und ausgeglichener und entwickelte sich bald so weit, daß sie eine reguläre Schule besuchen konnte. Als die Ekdahls 18 Monate später einen Antrag auf Wiedererteilung des Sorgerechts für Jadie stellten, wurde dieser abgewiesen, da das Jugendamt es für schädlich hielt, den Stabilisierungsprozeß Jadies zu stören, und die Auffassung vertrat, es sei zu

Jadies Wohl, wenn sie in ihrer Pflegefamilie bliebe. Die Ekdahls legten gegen diesen Bescheid keinen Widerspruch ein.

Unsere Bemühungen um Jadie und ihre Schwestern fanden einige Jahre später zusätzliche Bestätigung, als Mr. Ekdahl wegen sexuellen Mißbrauchs eines achtjährigen Mädchens festgenommen und verurteilt wurde. Er verbüßt immer noch seine Haftstrafe im Gefängnis.

Jadie, Amber und Sapphire leben heute in Pflege.

Jadie hat, der Vergangenheit zum Trotz, sich bewundernswert entwickelt. Heute fast zwanzig, lebt sie seit mehr als sechs Jahren bei ihrer derzeitigen Pflegefamilie und fühlt sich bei ihr völlig zu Hause. Den Kontakt zu ihren leiblichen Eltern hat sie völlig abgebrochen, doch die Verbindung zu ihren beiden Schwestern, die in anderen Pflegefamilien in ihrer Nähe leben, ist eng. Bereits zu der Zeit, als sie zu ihrer jetzigen Pflegefamilie kam, brauchte sie in der Schule keinerlei sonderpädagogische Betreuung mehr. Sie entwikkelte sich zu einer sehr guten Schülerin und machte ihren Abschluß an der *high school* als eine der Besten ihres Jahrgangs. Heute studiert sie an einer großen Universität an der Ostküste englische Literatur. Sie ist, mit ihrem dunklen Haar und den klaren blauen Augen, eine ungewöhnlich attraktive junge Frau, und von den früheren körperlichen Problemen ist nichts weiter geblieben als eine leichte Krümmung der Schultern. Wenn ich sie heute so betrachte, fällt es mir schwer, mich der stillen, in sich zurückgezogenen Jadie von damals zu erinnern. Manchmal, wenn der Wind ihre Haare faßt, die immer noch lang und immer noch ein wenig widerspenstig sind, sehe ich vielleicht flüchtig den Schatten des kleinen Mädchens von damals, aber das ist auch schon alles. Die Jadie von heute steht mit beiden Beinen fest im Leben.